日本古代の地域と交流

加藤謙吉
佐藤信
倉本一宏
編

臨川書店

はしがき

本書は、国際日本文化研究センターで二〇一五年二月七日～八日に開催されたシンポジウム「日本古代の地域と交流」の研究成果をもとにまとめたものである。このシンポジウムは、国際日本文化研究センターの倉本一宏氏を核とした二〇一四年度までの共同研究「日記の総合的研究」をふまえ、また東京のあたらしい古代史の会に集う若手参加者の一部の方にも声をかけて企画された。関東・関西で多方面に活躍中の若手（？）研究者による魅力的で有益な報告八本とアットホームな総合討論からなる、充実した内容のシンポジウムであった。シンポジウムの詳細や本書の成り立ちについては、倉本氏による「はじめに」を参照されたい。

近年大きく変貌しつつある日本古代史のあたらしい動向としては、①境界を越えた東アジア・ユーラシア的な交流のなかで日本列島の古代史が展開したことが明らかになってきたこと、②考古学による発掘調査成果の蓄積・進展によって列島各地の古代史が立体的・具体的になってきたこと、③四〇万点におよぶ木簡などの出土文字資料の発見によってやはり列島各地域の古代史像が明らかになってきたこと、そして④各地域の古代史の解明をもとに、列島の古代史を多元的にとらえるようになってきたこと、の四点を挙げることができよう。

本書の書名、すなわち今回のシンポジウムのテーマでもある「日本古代の地域と交流」の背景には、以上のような日本古代史研究の今日的到達点を俯瞰したいという意図があった。幸い、実証的な歴史的検討をふまえた、最近の研究の焦点となっている日本古代の地域・交通、国際環境・交流などの課題に取り組んだ積極的な報告を集めることができ、また、古代の時代区分という重要な視角に示唆的な提言をいただくこともできた。総合討論も、あっという間に時間が過ぎたことを思い出す。

本書は、そうしたシンポジウムの報告・討議をもとにして執筆していただいた論文に、さらに関係者からの寄稿をも得て、高いレベルで増補した内容で世に問うものである。日本古代史のこれからの研究にも寄与するところがあるものと自負もしているが、多くの方々からのご検証を、是非お願いしたいと思う。

企画に関わった一人として

佐藤　信

目次

第3部　日本古代の古代性〈シンポジウム〉

はじめに

倉本一宏

国際日本文化研究センター（日文研）を舞台に、気の合った研究仲間を集めて、小さなシンポジウムを開き、夜中まで古代史談義をやってみたいという想いは、就任以来の私の願望であった。

また、一九九五年から東京で活動を続けている「あたらしい古代史の会」（通称「あた古の会」）は、節目毎にシンポジウムや温泉合宿を敢行し、その成果を論集として刊行してきたが（『東国石文の古代史』吉川弘文館・一九九九年、『王権と信仰の古代史』吉川弘文館・二〇〇五年）、設立二〇年目の二〇一五年には、残念ながらそういった雰囲気は盛り上がらなかった。当初は若手・中堅研究者の研究会として発足した「あた古の会」であったが、二〇年も経過すると、もう若手・中堅とは言えなくなってきたのである。

というわけで、「あた古の会」のメンバーに声を掛け、なるべく（現在の）若手研究者を京都に呼び、また日文研と何らかの関わりを持ってくれている関西在住の若手研究者にもお願いして、二〇一五年二月七日と八日の両日、シンポジウムを開催した。「あた古の会」の重鎮である加藤謙吉・佐藤信両氏にも参加していただき、コメンテーターをお願いした。

なお、シンポジウムの開催に際して、日文研に提出した書類の内、「シンポジウムの目的」という部分を、以下に掲げておく（提出の際に、「余談」以下は割愛した）。

現在、日本古代史学界は、細分化した専門領域の殻に閉じこもって、総合的・学際的な見通しの付かない閉塞状況にある。しかも、関東と関西による分化、所属学会による分化が進み、相互の交流もままならない状態である。このミニシンポでは、それらの限界を打ち破り、所属学会や出身大学や居住地域を超え、現在、もっとも「活き」のいい研究者の発表を積み重ねることによって、学界の状況を打破せんとするものである。シンポジウムのテーマを「地域と交流」に設定したのも、偶然ではない。

前述のように、日本古代史学界の現状は、大変な閉塞状況にある。人文科学の危機が叫ばれて久しいなか、その一翼を担う斯界がこのような状況では、日本文化の未来は展望が効かない。現在の学界のトップレベルにある研究者が京都に集い、二日間の交流を行なって、その成果を持ち帰ることによって、それぞれの学会、大学において、何らかの刺激を還元することができるのではないかと思量する。また、これまで日文研と接触したことのない特に関東の研究者に、日文研と交流してもらうことで、日文研の認知度と名声が弥高まるのではないかと愚慮する。余談だが、発表者の中には、かつて日文研と対立していた歴史学研究会および日本史研究会の幹部経験者がそれぞれ複数含まれており、その意味でも有意義な交流になるのではないかと期待している。

シンポジウムのプログラムは、以下の通りである（肩書きはシンポジウム当時のもの）。

二月七日（土）

一四時～一八時　シンポジウム

開会のあいさつ、シンポジウムの趣旨説明（倉本一宏　日文研教授）

堀井佳代子（同志社大学講師）「朝賀・節会における外国使節の礼式について」

久米舞子（日文研プロジェクト研究員）「金剛寺聖教にみえる僧仁範の足跡」

三舟隆之（東京医療保健大学准教授）「道場法師説話群の成立―美濃・尾張の交通網―」
井上章一（日文研副所長）「『日本に古代はあったのか』をめぐって」
一八時～二〇時　情報交換会（解析室）
二〇時～二四時　情報交換会2（日文研ハウスラウンジ）
二月八日（日）
九時～一三時　シンポジウム
中村友一（明治大学講師）「対外交渉と帰化渡来系氏族」
河内春人（明治大学講師）「七世紀における「任那の調」」
河上麻由子（奈良女子大学准教授）「東アジアの勅撰経典目録について」
宮川麻紀（東京大学研究員）「近江国野洲郡の開発と交通路の発達―「近江野洲郡寺領文書写」の検討を通して―」
総合討論
閉会のあいさつ（倉本一宏）
（司会）
中町美香子（日文研機関研究員）
（コメンテーター）
加藤謙吉（成城大学講師）
佐藤　信（東京大学教授）
磐下　徹（大阪市立大学准教授）
倉本一宏（日文研教授）

（オブザーバー）
黒須利夫（聖徳大学教授）
藍原有理子
多田伊織（京都大学講師）
本庄総子（京都大学大学院生）
朴 正一（日文研外国人研究員）
Richard TORRANCE（日文研外国人研究員）
西之原一貴（臨川書店）

こうして「日本古代の地域と交流」と題し、二〇一五年二月七日—八日に日文研第3共同研究室で開催されたこのシンポジウムは、大きな成果を得ることができたと自負している。なお、七日の夕方から夜にかけては解析室（通称「畳部屋」）において、夜から深夜にかけては日文研ハウスのラウンジにおいて、活発な議論が闘わされた。それでも八日の九時からまたシンポジウムを行なったのであるから、我々の精神年齢も、まだまだ若手・中堅クラスであると言えようか。

後日、提出したシンポジウムの結果報告書は、以下の通りである（「東下」は「帰京」に書き替えて提出した）。

内容：

細分化した専門領域の殻に閉じこもって、総合的・学際的な見通しの付かない閉塞状況にある日本古代史学界の限界を打ち破る為、所属学会や出身大学や居住地域を超えて、現在、もっとも「活き」のいい研究者の発表を積み重ねることによって、学界の状況を打破せんとした。

結果的には、日本国内の「地域と交流」に留まらず、インドや中国、朝鮮、さらにはローマやゲルマン、モンゴルをも含む「地域と交流」に関わる熱のこもった研究発表が八本と、忌憚のないコメントが積み重ねられ、大きな成果を得ることができた。対象とする時代も弥生時代から中世前期までを含む、まさに「古代」全般にわたる発表であった。

また、日本に「古代」があったか否かという問題提起を行なった発表に対しては、まさに現時点における日本古代史学界の中心メンバーによって、熱心な批判や賛同、意見が寄せられ、論点が浮き彫りとなったことも、斯界にとって実りの多い成果であったと言えよう。

成果‥

現在の日本古代史学界のフロントランナーと重鎮が二日間、昼夜にわたり一堂に会して学術的交流を行なったということは、大きな意義があるものと思量する。

特に、これまで日文研と接触したことのなかった関東の研究者に、日文研と交流して東下してもらうことで、日文研の認知度と名声が関東でも弥高まるのではないかと期待する。

なお、これだけの研究発表をこのまま埋もれさせたり、個別に文字化してしまうのは惜しいとの声が上がり、コメンテーターの書き下ろし原稿も含めて、論集を刊行することになったことも付記しておく。

ここでも少し触れたが、この実り多いシンポジウムの成果を、一過性のものにするにはあまりに惜しく、ちょうど「日記」叢書の編集打ち合わせで来られていた臨川書店に論集の刊行を打診したところ、意外にも快く引き受けていただいた。このご時世の中、まことに感謝に堪えない。

第1部 日本古代の地域と交通

第1章　古代対外交渉と紀ノ川の水運

紀路・紀ノ川周辺域の豪族層の交流とその活動形態

加藤謙吉

1　紀ノ川の景観

紀ノ川は、三重・奈良両県の県境にまたがる大台ヶ原の山地に源を発する流長一三六キロメートルの大河である。上流の奈良県では吉野川と呼ばれ、吉野郡の諸町村や五條市を北西から西へと流れ、和歌山県に入って紀ノ川となり、橋本市や九度山《くどやま》町・かつらぎ町・紀の川市・岩出《いわで》市を西流して、和歌山市で紀伊水道に流入する。ただかつては河口部の流路が現在と異なり、和歌山城の東で南に曲折し、現在の和歌川（雑賀《さいか》川）沿いに和歌浦へ注いでいた（日下雅義　一九六四・一九九一）。

水源の一帯が多雨地帯であることから、紀ノ川はこれまで幾度となく水害に見舞われたが、一方でその豊富な水量により水運が栄え、古来、紀ノ川の河川交通は大和と紀伊を結ぶ大動脈の役割を果たしてきた。神功紀元年二月条には、忍熊王の謀反の際に、神功皇后が武内宿禰に命じて、皇子（応神）を懐《いだ》いて「紀伊水門《きのみなと》」に避難させたと記し（応神紀九年四月条には「紀水門」とある）、仲哀紀二年三月条には紀伊国の徳勒津《ところつ》と徳勒津宮の名を記すが、永承四年（一〇四九）の「名草郡郡許院《ぐんこいん》収納米帳進未勘文」（九条家本『延喜式』巻八裏文書）には、「吉田津」・「平井津」の名が見える。

徳勒津の所在は現和歌山市四箇郷《しかごう》、吉田津と平井津は同市吉田・平井付近にあたり、いずれも紀ノ川河口部にあった港津とみられる。さらに紀伊国名草《なくさ》郡の豪族大伴《おおともの》櫟津連《いちいづ》（『続日本紀』神亀元年十月壬寅条・『古屋家家譜《ふるやけかふ》』）のウヂ名「櫟津」も、同様に名草郡の紀ノ川河口部の津の名にもとづくと思われる。「紀伊水門」とは、徳勒津・吉田津・平井津・櫟津などの諸津をあわせた紀ノ川河口デルタ一帯の総称と解するのが妥当であろう（薗田香融　一九七〇）。

『延喜式』民部下の年料別貢雑物《ねんりょうべっこうぞうもつ》（諸国に課せられた毎年中央に貢進すべき品目）の条によれば、紀伊国の貢進物は「紙麻七十斤、鎌垣船九隻」であるが、鎌垣船という異質な品が貢進物とされることについて、薗田香融は「鎌垣《かまがき》」とは『続日本紀』天平神護元年十月乙亥条に見える「那賀郡鎌垣行宮」の所在地（現和歌山県紀の川市粉河《こかわ》）を指し、鎌垣船とは鎌垣の地で製造され、本来紀ノ川の河川就航のために用いられた船であるとする（薗田　一九七〇）。

一方、一九一四年刊行の『和歌山県誌』第二巻は、紀ノ川航路の最上流地を五條町（現五條市）とし、五條町より上流の吉野郡の上市町（現吉野町）・大淀村（現大淀町）・下市町（現下市町）などの各所へ部分的に航路が開けていたと記すから、古代から近代に至るまで紀ノ川の水運が一貫して盛んであった事実が裏付けられる。

一九八二年に紀ノ川の北岸、和歌山市善明寺の周囲を尾根に囲まれた東西五〇《メートル》、南北七〇《メートル》の舌状の台地から発見された鳴滝遺跡は、東側五棟、西側二棟（桁行・梁間ともに四間）の総柱建物群より成り、貯蔵用の須恵器大甕の破片が多数出土したことから、切妻・高床式の倉庫群と推定される。五世紀前半に造られ、建て替えの痕跡が認められず、比較的短期間で廃絶したとみられるが、当時としてはきわめて大規模な倉庫群で、建物は整然と配置されている。

その造営主体を、当時、紀ノ川河口部の名草郡・海部《あま》郡（現和歌山市）に拠った在地の首長勢力と解する説もあるが、単独の勢力がつくったとするには、この倉庫群はあまりにスケールが大きく計画的である。さらに立地上、大和から紀伊へと通じる紀ノ川のルートと密接に結びついている。したがって現地の勢力が造営に関与したことは事実としても、造営の主体はさらにそれより大きな政治権力、すなわち大和政権の連合勢力を想定すべきであろう。

ではこの倉庫群は一体どのような機能を有したのか。南大和から水路で北九州や朝鮮半島に向かう場合、大和川を利用すると、大和国内の諸支流はいずれも河底が浅く、舟運に不向きであり、合流後も河内に出るために亀《かめ》ノ瀬《せ》峡谷という難所を通過しなければならない。これに対して吉野川・紀ノ川ルートは水量に恵まれ、短時間で海に出ることができる（薗田香融 一九七〇）。鳴滝遺跡の倉庫群は紀ノ川と大阪湾・瀬戸内海を結ぶ航路に設けられた物資・食糧収納用の施設であった可能性が高い。しかも吉野川・紀ノ川の流域や、これと連絡する大和の古道（葛城《かずらき》道・巨勢《こせ》道）の沿線に拠点・居所を持つ豪族たちの性格を勘案すると、鳴滝遺跡の倉庫群は、第一義的には兵站基地としての役割を担ったと推量することができる（栄原永遠男 二〇〇四）。

以下、陸路・水路を含めたこれらのルート上に展開する諸豪族の実態を検討することによって、紀ノ川水系の古代史上に占める政治的・軍事的性格を明らかにしていきたい。

２　葛城道・巨勢道沿道の豪族とその動向

一九九二年、大和と紀伊を結ぶ高野街道上にある風の森峠付近（御所市鴨神《かもがみ》）から、南北に走る約一三〇メートル、幅員二・七～三・三メートルの道路状遺構が発見された。五世紀後半に整備され、道路の硬い部分にはバラスを敷き、軟弱な部分には地山を掘削して砂を盛り路面を造るなど、地形や地盤の状況にあわせて種々の工法が用いられている（近江俊秀 二〇〇六）。この道路状遺構は六世紀後半に廃絶した後、東側に付け替えられ、新道（後の高野街道）が成立。葛上郡から宇智郡へと至るが、すでにそれ以前、御所市街の東南方と五條市街の北方で、東北より西南に連なる二本の直線の斜向道路の痕跡（「葛上の斜向道路」・「宇智の斜向道路」）が検出されており、五・六世紀の古道の跡と推察され

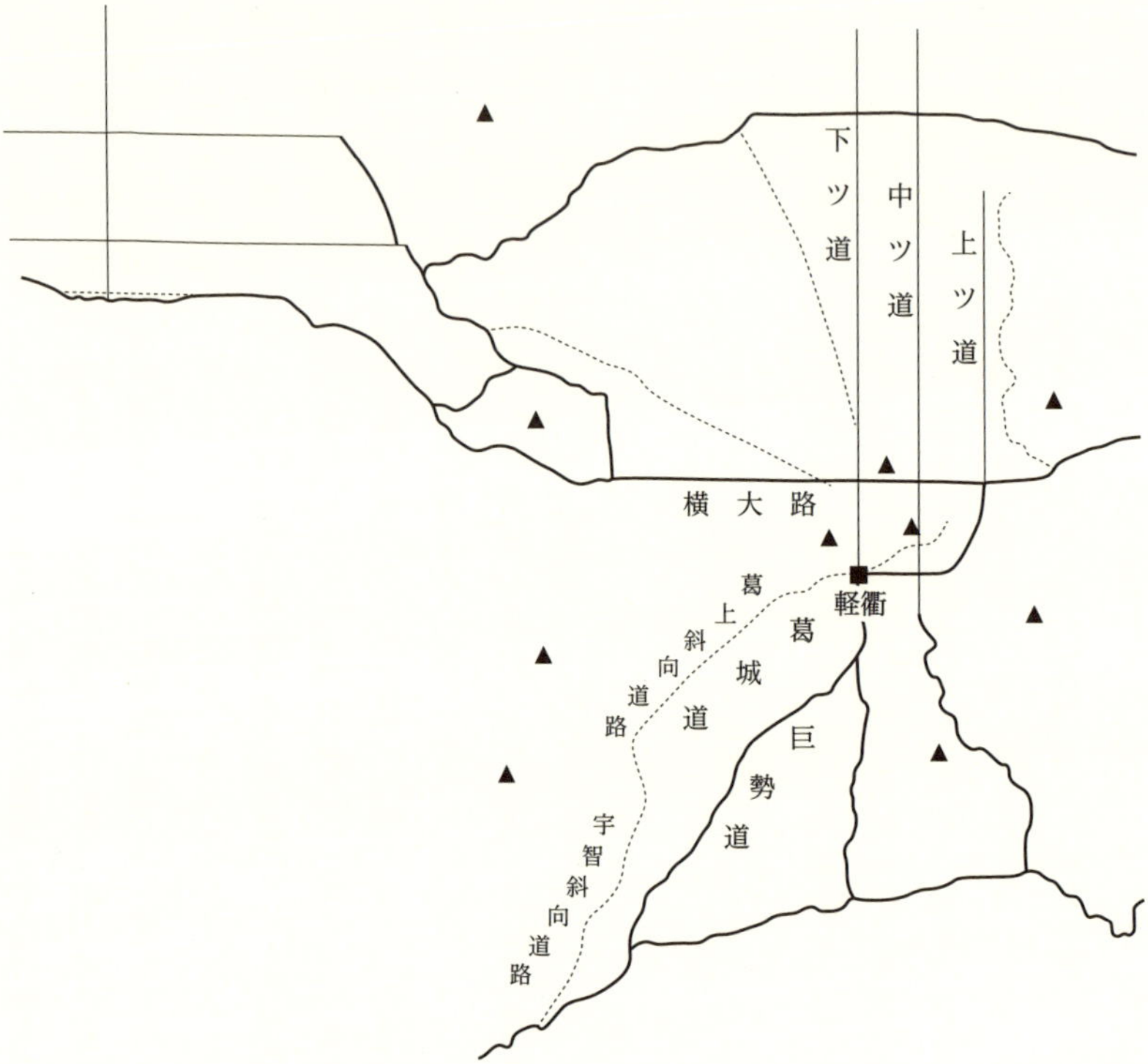

図1-1　大和を中心とした古道と葛城道・巨勢道
奈良県立橿原考古学研究所附属博物館特別展図録第41冊『吉野・紀ノ川悠久の流れ』〔1993年〕所収の地図をベースとして作成

ている（秋山日出雄 一九七五）。この二本の斜向道路は、鴨神遺跡の道路状遺構と接続するとみられ、下ツ道と安部山田道の交叉する軽衢《かるのちまた》を起点として西進し、葛城地方を斜めに縦断。風の森峠越えで宇智郡から紀伊国に入り、紀ノ川北岸沿いにその河口部に至る古代の陸路を復原することができる。

いま、この古道を「葛城道」と仮称すると（和田萃 一九七九）、葛城道は、同じく大和と紀伊を結ぶ古道である巨勢道と宇智郡内で合流して一本の道となる。巨勢道は紀路とも言い、ともに『万葉集』にその名が見えるが、この道は下ツ道の延長路から高市郡巨勢郷を通り、重阪《へいさか》峠越えで宇智郡に出、葛城道と合流後に、真土《まつち》山を越えて紀伊に入る。ただ巨勢道が大和・紀伊間の幹線道路としての役割を担うようになるのは、都が飛鳥に遷る六世紀末以降であり、それ以前は葛城道が紀路の本道の役割を果たしていたと推察される。葛城道も巨勢道も、南大和の磐余《いわれ》・磯城《しき》・飛鳥の宮都から海へ出るための捷路であるが、途中で吉野川・紀ノ川の水路を取れば、行旅に費やす時間はさらに短縮することが可能であった。

葛城地方は古代の有力在地土豪の葛城氏が勢力を振るった地域である。葛城氏については、別に詳しく論じたことがあるので（加藤謙吉 二〇〇二）、ここではその概要だけを述べるが、葛城氏の活躍期は主に五世紀代で、ウヂの組織が形成される以前である。ウヂとは王権への隷属と奉仕を前提として成り立つもので、大和政権が王（大王）を盟主としつつも、連合政権的な体制にとどまっている段階ではウヂはまだ存在しない。葛城氏はワカタケル大王（雄略）の武力によって壊滅するが、ウヂの成立期は、ワカタケルの軍事的専制王権が樹立される五世紀末以降、おそらくは六世紀に入ってからと推量される。したがって正確に言えば、葛城氏とは葛城地方に割拠した土豪たちの連合体であり、彼等は自身の勢力を大和政権内に保持する必要から結束し、擬制的な同族団組織を作り上げたと見ることができる。以下、本稿では葛城氏のこのような実態を踏まえて、この在地土豪の同族団組織を「葛城氏」と表記することにしたい。

『古事記』孝元天皇段には、タケシウチ（「建内」・「武内」）宿禰の七男の一人として葛城ソツヒコ（『古事記』は「長江曾都毗古」、『書紀』は「襲津彦」に作る）の名を挙げ、玉手《たまて》臣・的《いくは》臣・生江《いくえ》臣・阿芸奈《あぎな》臣らの祖とする。ソツヒコは「葛城氏」の始祖にあたる人物であるが、ソツヒコ後裔氏族中に葛城臣の名が見えないのは、タケシウチ宿禰の後裔氏族系譜の成立した時点で、「葛城氏」がすでに滅亡しており、存在しなかったためであろう。

『古事記』の「長江曾都毗古」の「長江」は、『紀氏家牒《きしかちよう》』に「家二大倭国葛城県長柄里一。故名二葛城長柄襲津彦宿禰一。」と記すから、大和国葛上郡の長柄《ながら》の地名（現御所市名柄）と結びつき、「ながら」は「ながえ」より転じたものと解することができる。長柄の地は、前述の一言主大神を祭る葛城坐一言主神社（延喜式内社）の鎮座地である森脇《もりわき》などとともに令制下の葛上郡高宮《たかみや》郷の郷域に含まれるが、高宮郷は神功紀五年三月条に、ソツヒコが新羅より連れ帰った俘虜を分置したとする四つの邑の一つ、「高宮邑」にあたり、さらにソツヒコの娘、イワノヒメ命が那羅山《ならやま》で詠んだ望郷歌（『記紀』）には、「葛城高宮吾《わぎ》（我）家《え》のあたり」とあって、高宮がソツヒコやイワノヒメ命の所縁の地、おそらくその本貫地と推察される。

『書紀』は神功紀から仁徳紀にかけて五箇条にわたってソツヒコに関する記事を掲げる。それらはすべて将軍・外交使節として朝鮮に派遣された内容より成るが、このうち神功紀六十二年条は、ソツヒコを遣わして新羅を撃たせたとするもので、分注に百済側史料である『百済記』やその別伝とみられる一書を引用し、ソツヒコが大王（天皇）の命に反して加羅を伐ったこと、そのため大王の怒りに触れ、石穴に入って自殺したことを記している。

『百済記』は壬午年に沙至比跪《さちひこ》が派遣されたとするが、サチヒコは『書紀』本文のソツヒコと同一人を指すとみられ、壬午の年は『書紀』の紀年より干支二運下げると、西暦三八二年となる。そのため『百済記』の記事に信を置いて、ソツヒコをこの年に新羅に派遣された実在の将軍と見る説が有力であるが（井上光貞 一九六五）、分注の『百済記』や一書の記事は内容が物語的な構成から成り、そのすべてを史実と見なすことはできない。『百済記』は『百済新撰』・『百済本記』とともに『書紀』の対朝鮮外交史料として引用され、『書紀』本文の記事に比べて史料的価値が高いとみられているが、これらの書は、かつて述べたように、百済で撰述された原記録をもとに、七世紀末に亡命百済人の手によって大幅に書き改められ、『書紀』編纂の資料として提出されたもので、『書紀』的歴史観に基づき、最初から「日本」の「天皇」に対する百済の臣属を前提として作成された可能性が大である（加藤謙吉二〇〇四）。

したがって『百済記』の記述をそのまま額面通りに受け取ることは控えなければならないが、『書紀』のソツヒコ関係記事は、いずれも前後の脈絡なく、互いに孤立した内容から成り、ソツヒコという一人の歴史上の人物の活動を、時系列に叙述したものとは到底考えがたい。『書紀』のソツヒコ像には一貫性がなく、その実在性が疑われるのである。ただイワノヒメ命が仁徳の大后で、履中・反正・允恭三大王の母とされる以上、ソツヒコやイワノヒメ命の名は、『記紀』原資料の帝紀に記載されており、ソツヒコが早くから世に知られた人物であったことは確かである。

ソツヒコについては、次のように考えるべきではないか。すなわち、四世紀末以降の大和政権（連合政権）の朝鮮半島進出に際して、葛城地方の在地土豪たち（「葛城氏」）が、政権を構成する主要勢力の一つとして、軍事行動や渉外活動に積極的に関与し、そうした「葛城氏」の動向を、ソツヒコという一人の人物像に収斂し、伝承化したものではないかと。ソツヒコの名は『万葉集』にも「葛城の襲津彦真弓荒木にも……」と歌われている（巻十・二六三九）。「有名な葛城ソツヒコの使う新木《あらき》の真弓のように」の意となるが、ここではソツヒコは伝説化された英雄的将軍として歌われ、彼が後の時代まで人口に膾炙する存在であったことが知られる。しかしそれ故に逆に個としての実在感が稀薄な印象を拭えない。

旧宇智郡の五條市今井町には『万葉集』に「大荒木の浮田の社《もり》（杜）」（巻十一・二八三九）とされる式内の荒木神社があり、葛城道・巨勢道合流後の紀路の沿道に位置するが、神社の社名と右の「襲津彦真弓荒木にも……」とを結びつけて、万葉歌は「荒木」と「新木」をかけたものする説も存する（和田萃一九七九、平林章仁二〇一三）。その蓋然性はあながち否定できないが、『万葉集』の時点では、ソツヒコは実在性とは関わりなく、語り物的な世界の人物として伝えられていたと見るのが妥当であろう。

かようにソツヒコの実在性は疑われるものの、ソツヒコ像のモデルとなる人物が存在した可能性はある。四世紀末から五世紀前半の葛城地方の盟主的首長の本拠地は、高宮郷とその周辺地域とみられ、御所市室《むろ》にある五世紀前葉の宮山古墳（前方後円墳）は、近年の再調査により全長が二五〇メートルに及ぶ大王級の巨大古墳であることが判明した。さらに宮山古墳に近接する御所市池之内・條地区には、現在発掘調査中の古墳時代前期の秋津《あきつ》遺跡がある。計画的に配置された七基の方形区画施設とそれに囲まれた掘立柱建物群（その多くは妻側に独立した棟持柱《むなもちばしら》を備えた特異な建物）、溝で区画された南側に二十二棟の大型竪穴住居が検出されており、垣根に囲まれた特殊棟持柱建物より成る北側のエリアは非日常的な祭祀空間、溝の南側は日常的な生活空間と推察される（奈良県立橿原考古学研究所二〇〇六・二〇〇九・二〇一一年度）。宮山古墳は高宮郷を拠点とした盟主的首長の奥津城、秋津遺跡はこの首長の系統へと連なる前身勢力の「まつりごと」を執行した場である可能性が高いと思われる。

『記紀』によれば、ソツヒコ以後の「葛城氏」の首長には、アシダ（葦田）宿禰、タマタ（玉田）宿禰、ツブラ大臣（円大臣・都夫良意富美）・アリ（蟻）臣がいるが、その続柄については『記紀』や『公卿補任』・『紀氏家牒《きしかちょう》』でそれぞれ異なり、系譜的な関係は今ひとつ明確でない。したがって『記紀』に見える「葛城氏」の首長が必ずしも同じ血統に属していたかは疑問で、五世紀代のそれぞれ異なる時期に台頭し、盟主的地位に就いた独立した首長たちが、後にその活動期にあわせて世代順に同一の系譜に配列され、血縁関係を擬定された蓋然性が高いと見るべきであろう。

ツブラ大臣の本拠地は葛城御県《みあがた》神社のある葛城市（旧北葛城郡新庄町）葛木の周辺、すなわち令制下の忍海《おしぬみ》郡を中心として一部葛下郡の南部に及ぶ一帯と推量されるが（加藤謙吉二〇〇二）、葛城御県神社の社地に隣接する葛城市南藤井には五世紀後半の大型前方後円墳（全長一四五メートル）の屋敷山古墳がある。この古墳は時期的な一致から、被葬者をツブラ大臣に比定することも可能であるが、屋敷山古墳の南方五〇〇メートルの所には五世紀中葉築造の全長九〇メートルの神塚古墳があり、屋敷山古墳と同一の系統に属する首長墳と推定されている。すると宮山古墳やその北東二キロメートルの御所市柏原にある掖上《わきがみ》鑵子《かんす》塚《づか》古墳（全長一五〇メートル、五世紀中葉築造）の系統とは異なる新首長勢力が五世紀中葉の新庄地区に台頭し、神塚古墳を経て、屋敷山古墳の被葬者（ツブラ大臣？）の時期に勢力がピークに達したと解することができそうである。すなわち「葛城氏」の盟主的首長権は葛上郡から忍海郡へと移動したことになり、その地位が一系的に継承されるものでなかった事実がうかがえるのである。

以上、「葛城氏」の実態について検討したが、『記紀』によれば、五世紀代（実年代）に相当する仁徳以下仁賢までの九人の大王のうち、「葛城氏」出身の女性を母とする大王が六人（履中・反正・允恭・清寧・顕宗・仁賢）、后妃とする大王が三人（仁徳・履中・雄略）おり、安康を除く八人が「葛城氏」と結びつく人物とされる。『記紀』のこの間の王統譜には不確実な要素が少なくなく、実際には即位しなかった大王がいた可能性も存するが、大王家と「葛城氏」の間に継続的な婚姻関係が形成され、その婚姻策により、両者の政治的連携が保たれていたことは、最低限認めてよいであろう。連合政権的下にあっては大王の力はそれほど強固ではなく、畿内においても葛城地方の土豪たちの集合体である「葛城氏」の勢力が大王家と拮抗し、両者の微妙な政治的バランスのもとに、共存関係が成り立っていたと推測することができる。

では「葛城氏」の勢力が巨大化した原因は奈辺に求めるべきであろうか。『書紀』の葛城ソツヒコに関する記事は、前述のように、すべて朝鮮諸国に将軍・外交使節として派遣された内容より成る。このことは「葛城氏」が大和政権の初期の対外活動（出兵・外交）において、実際に指導的な役割を果たしていた事実を意味すると思われる（井上光貞一九六五）。

一九九二年以降、奈良県立橿原考古学研究所が継続的に行った御所市南郷《なんごう》遺跡群の発掘調査により、同市南郷・井戸・佐田・下茶屋《しものちやや》・多田《おいだ》の一帯、約一・四平方キロメートルに及ぶ地域から、五世紀代を中心とする住居址・集落址・祭祀遺跡・生産工房・倉庫群・墓地などが検出された。遺跡群を支えた主体は、多種の手工業製品の生産に従事した渡来系の技術者集団であるが、南郷遺跡群の中央部に位置する南郷角田《かどた》遺跡では、金属・ガラス・鹿角《ろつかく》・玉など様々な原材料を用いて大規模かつ複合的な生産活動が行われ、コンビナート的な役割を果たした特殊工房であったことが指摘されている。また下茶屋カマ田遺跡では、五世紀前半～後半の竪穴住居から、緑色凝灰岩《りよくしよくぎようかいがん》の剥片や管玉《くだたま》を加工する際の未成品が出土し、金属器生産とともに玉生産が行われていたことが判明する（坂靖・青柳泰介二〇一一）。

　渡来系技術者たちの定住は五世紀前半にはすでに始まっていたことが知られるが、石垣の基盤を持つ渡来人特有の大壁建物《おおかべたてもの》に住む指導者（監督者）層と竪穴住居に住む一般工人層がそれぞれ居住区を異にし、遺跡群が多様な機能を有することから、彼等は「葛城氏」の手によって計画的にこの地に配置され、生産活動を分掌していたと推察される。南郷遺跡群の南東端の極楽寺ヒビキ遺跡から検出された床面積が二二〇平方メートルもある巨大な掘立柱建物は、南郷遺跡群の渡来系技術者を統率した「葛城氏」の有力首長の居館（高殿《たかどの》）と推定でき、やはり床面積が二八九平方メートルに及ぶ南郷安田《やしだ》遺跡の巨大掘立柱建物は首長一族の祭殿、導水施設から成る南郷大東《おおひがし》遺跡はその祭祀のための遺跡とみられる。南郷遺跡群の渡来人が、「葛城氏」の首長の直接的な支配下に置かれていたことがうかがえる。

　さらに井戸大田台《いどおただ》遺跡からは五世紀後半の三棟の大規模な総柱構造の掘立柱建物（倉庫）が発見されており、鉄器やさらに沿海部の地方との交易によって持ち込まれた塩を保管していたとみられる。倉庫群が建造される時期は「葛城氏」の滅亡後であろうが、交易品の保管は「葛城氏」の健在期においても行われたと解して差し支えない。渡来人の工房で生産された品々は、いったん倉庫に収納され、その後交易品として取引されたのであろう。そして交易によって得られる莫大な利益は、そのまま「葛城氏」の独占物となり、それが彼等の富と権力の源泉となったと推察することができる。

前述のごとく、神功紀五年三月条はソツヒコが新羅より俘虜を連れ帰ったと記し、この時の俘虜が桑原《くわはら》・佐糜《さび》・高宮・忍海の四邑の漢人《あやひと》らの始祖であるとする。この条には蹈鞴津《たたらのつ》や草羅城《さわらのさし》のような慶尚南道《キョンサンナムド》所在の地名が見えるから、俘虜は新羅ではなく伽耶《かや》からの渡来者で、「葛城氏」の滅亡後、葛城の地に進出した東漢氏の手により、その支配下の漢人に編入された人々と推測することができる。南郷遺跡群の渡来人は伽耶・百済系とみられるが（坂・青柳二〇一一）、すると神功紀のソツヒコの俘虜の話は全くの作り話でなく、一定の歴史的事実を踏まえて構成された可能性が高いと思われる。

四邑のうち高宮邑に含まれる御所市名柄地区では五世紀後半～六世紀前半にかけての渡来人の工房跡とみられる豪族居館が発見されており（名柄遺跡）、忍海邑の跡と推定される葛城市の笛吹《ふえふき》・脇田《わきだ》では、七世紀後半の寺跡、地光《じこう》寺《じ》跡の下層にある脇田遺跡から鉄滓《てつさい》や鞴《ふいご》羽口《はぐち》が大量に出土している。さらに佐糜邑の跡地とされる御所市南部の佐味・鴨神の一帯でも地表に鉄滓の残存が認められるから、四邑のうち三邑で実際に渡来系の工人による手工業生産が行われていた事実がうかがえる。残る桑原邑の所在は不明であるが、あるいは南郷遺跡群の所在地を桑原邑に比定し、この地の渡来系工人を「桑原邑の漢人」の祖にあてることが可能なのではなかろうか（和田萃　一九九四、加藤謙吉　二〇〇二）。

では葛城地方の渡来人たちは、どのようなルートを経て葛城の地に定住するようになったのであろうか。彼等が「葛城氏」の対外活動を通してこの地に至ったとすれば、紀伊水門から紀ノ川・紀路・葛城道へと通じるルートを想定するのがもっとも妥当であろう。佐糜邑のある御所市鴨神・佐味の地が風の森峠の近辺にあり、鴨神からは前述のように、葛城道の一部をなす古代の道路状遺構が発見されている。「葛城氏」は主にこのルートを経由して海外と通交したと推察することができる。さらに五世紀半ばの「葛城氏」の盟主的首長の奥津城とみられる御所市柏原の掖上鑵子塚古墳は、巨勢道の沿道に位置するから、紀ノ川・紀路・巨勢道のルートもバイパス的な形で利用されたと考えてよいであろう。

葛城道や巨勢道は風の森峠や重阪峠を越えて、大和国宇智郡に入る。五條市北方に展開する向山丘陵は葛城道が丘陵の西側、巨勢道が東側を通過する交通の要地であるが、この丘陵地帯には五世紀代の方墳や円墳より成る近内《ちかうち》古墳群が存在する。現在確認できるものは三〇基ほどであるが、もとは百基を超える大古墳群であったとみられている。丘陵西南端谷部の一辺約二七メートルの方墳、五條猫塚《ねこづか》古墳（五世紀中葉）からは、副葬品として蒙古鉢形眉庇付冑《もうこばちがたまびさしつきかぶと》や金銅装眉庇付冑、金銅製帯金具《おびがねぐ》、挂甲《けいこう》、鉄製鍛冶具など、朝鮮半島との国際交流によって得られた鉄製品とみられる品々が出土しており、猫塚古墳の直後に築造された塚山古墳（一辺二四メートルの方墳）からも同様に多量の武具・武器類が出土している。

向山丘陵部の最高所には五世紀前半築造の径八五メートルの奈良県下最大級の規模を誇る大円墳、近内鑵子塚古墳（五世紀前半）があり、近内古墳群の盟主墳的地位を占める。このほかにも大型円墳の丸山古墳や大型方墳のつじの山古墳などがあるが、この古墳群の被葬者たちは宇智郡きっての勢力を有し、葛城道・巨勢道から紀路・紀ノ川ルートを利用して、海外へと飛躍していったのであろう。

欽明紀十四年六月条と同十五年十二月条には、百済救援のため船師を率いて百済に渡り、新羅を攻略した武将、内《うち》（有至）臣（闕名）の記事を掲げる。そのためこの人物を宇智郡の在地土豪の出身とし、近内古墳群の被葬者を内臣一族に比定する説があるが（和田萃　一九七九）、筆者はこの説には同意できない。欽明紀の内臣は実は山背国綴喜《つづき》郡有智《うち》郷を本貫とした豪族と見るべきであろう。

天平勝宝五年（七五三）の文書に山背国綴喜郡内郷の戸主内臣咋麻呂と同戸口の内臣東人の名を記し（『大日本古文書』二十五巻一六七頁）、『古事記』孝元天皇段には建内宿禰の弟の味師内宿禰《うましうち》について、「此者山代内臣之祖也」と注記する。『新撰姓氏録』は大和国皇別条に内臣の名を記し、「孝元天皇皇子彦太忍《ひこふつおしの》信命之後也」とするが、彦太忍《ひこふつおしの》信命《まことのみこと》は『古事記』に味師内宿禰の父とされ、内臣の同族である山公が『姓氏録』に味内（味師内）宿禰の後裔と記されるので、内臣も同様に考えてよく、『古事記』と『姓氏録』の記事が符合する。『姓氏録』は大和国皇別条に内臣の本系を掲げ、大和国に拠点を構える一族も存したことになるが、おそらくそれは二次的な進出によるもので、その本拠地は雄略紀十七年三月条に見える「山背国内村」の地、すなわち『和名抄』の山背国綴喜郡有智《うち》郷（現京都府八幡市内里）と判断して差し支えない。

有智郷の地は男山丘陵に近い木津川左岸にあるが、継体二十三年、伽耶再建のため安羅《あら》に派遣された近江臣毛野《けの》が、淀川水系を利用して朝鮮半島へ渡ったことからうかがえるように（継体紀二十四年是歳条）、継体朝の成立以降、近江国の豪族が対外交渉に従事するケースが増加する。これは山背国の豪族にもそのままあてはまるとみられ、綴喜郡の内臣もまた、欽明朝に山背河と呼ばれた木津川から淀川を経て百済に赴いたのであろう。

かくして近内古墳群を築造した五世紀の大和国宇智郡の首長たちは、欽明紀の百済救援の将、内（有至）臣とは系譜的に無関係とみられるが、宇智郡の首長たちが大和政権の対外的な軍事活動・外交に関与し、紀路・紀ノ川ルートを媒介として大陸と往来していたことは事実と見て間違いない。つまり彼等の海外進出は「葛城氏」のそれと同じであり、互いに連携して海外に向かったと推察することができる。おそらく両者の勢力関係から判断して「葛城氏」が主、宇智郡の首長が従であり、朝鮮出兵の際などには後者が前者の統率下に入ったと考えてよいのではないか。

3　紀路・紀ノ川沿いの豪族とその動向

雄略紀九年三月・五月両条は、新羅征伐軍の派遣とその顚末について記したもので、いくつかの話を組み合わせた物語的な構成から成る。大伴氏や紀氏の家記がその出典とみられ、史実性には乏しいが、大将軍とされる①紀小弓《おゆみ》宿禰（紀臣）以下、②蘇我韓子《からこ》宿禰（蘇我臣）・③大伴談《かたり》連・④小鹿火《おかひ》宿禰（角《つの》臣）の四将軍が新羅に遣わされたとし、新羅との戦いで大伴談連と⑤紀岡前《きのおかざきの》来目《くめ》連が戦死し、談連の従者の⑥大伴連津麻呂も戦死したこと、小弓宿禰も陣中で病死し、小弓に付き添っていた吉備上道《きびのかみつみちの》采女《うねめ》大海《おおしあま》の申し出により、雄略が大伴室屋《むろや》大連に命じて、墓を造り、小弓の遺骸を田身輪《たむわ》邑（大阪府泉南郡淡輪《たんのわ》）に葬ったこと、小弓の死後、子の⑦紀大磐《おいわ》宿禰が新羅に赴き、専権をふるって小鹿火宿禰と対立、さらには蘇我韓子とも仲違いして、これを射殺したこと、小弓の喪に従って帰国した小鹿火宿禰は紀大磐とともに朝廷に仕えることを嫌い、そのまま角国（周防国都濃郡）にとどまって角臣となったことなどを記している。

いま、新羅討伐軍に従軍した右の七人の将士のうち、②の蘇我韓子を除く六人は、紀ノ川流域の諸郡（那賀・名草・海部）に本拠・拠点を有するか、もしくはその関係氏族の出身者である。まず①と⑦の紀小弓・大磐父子は、タケシウチ宿禰七男の一人、紀角《きのつの》（木角）宿禰を祖とする紀臣の一族で、④の小鹿火宿禰（角臣）も周防国都濃郡都濃郷（現山口県周南市須々万・中須・須万、下松市中須南付近）を本拠とした紀角宿禰を祖とする紀臣の同族である。

角臣は『先代旧事本紀』巻十「国造本紀」に都怒足尼（紀角宿禰）の子男嶋足尼《おじまのすくね》を国造に任じたとする都怒《つの》国造と同一氏で、天保十三年（一八四二）撰の『防長風土注進案』に「須万《すま》・須々万《すすま》・中須《なかず》一郷にして文治・建久の比迄は紀ノ村と唱へ来候」とあるように、都濃郷の地は鎌倉時代初期までは「紀ノ村」と呼ばれていた。周防国の佐波《さば》郡や玖珂《くが》郡には紀臣関係者の分布が認められるから、都濃郡にもこの氏の勢力が及んだことは間違いなく、角臣は現地に進出した紀臣との間に擬制的な同族関係を結ぶに至ったのであろう。

紀臣については、『延喜式』神名帳の平群坐紀氏神社の鎮座地（奈良県生駒郡平群町椿井《つばい》）や、『紀氏家牒』に記す紀角宿禰の居所（「大倭国平群県紀里」）などとの関係にもとづき、大和国平群郡とする説（津田左右吉 一九五〇、寺西貞弘 二〇一三）があるが、この地は紀氏が中央豪族化する過程で紀伊から移住した地域であり（岸俊男 一九六六、加藤謙吉一九九一A、栄原永遠男二〇〇四）、もとは紀ノ川流域の紀伊国名草郡・海部郡・那賀郡を本拠とし、有田・日高など紀伊国の他の諸郡にも勢力を及ぼした豪族とみられる。

さらに言えばこの氏、およびその前身となる勢力の基盤は紀ノ川北岸にあり、和歌山市木ノ本にある全長八六メートル（外堤を含めると一一二メートル）の和歌山県下最大級の前方後円墳、車駕之古址《しゃがのこし》古墳（五世紀中葉～後半）や同市大谷の全長七〇メートルの大谷古墳（前方後円墳、五世紀後半）は、この土豪勢力の首長墳とみられる。車駕之古址古墳からは韓国の玉田《オクチヨン》古墳群（慶尚南道陜川《ハプチヨン》、陜川は伽耶諸国中の一国、多羅《たら》［多伐《たばつ》］国の所在地）で発見されたのと同類の金製勾玉が出土しており、大谷古墳群から出土した馬冑もやはり玉田古墳群出土の馬冑と共通し、一緒に出土した馬甲とともに伽耶諸国からの舶載品と推察される。大谷古墳の西側に位置する楠見遺跡から出土した陶質土器も伽耶諸国との交流を裏付けるものであろう。

前述のように、紀ノ川北岸、和歌山市善明寺の鳴滝遺跡の倉庫群は、大和政権の総意に基づき、現地勢力が加わる形で造られた対外出兵用の兵站基地とみられる。岸俊男は紀臣が大和政権の朝鮮経略と深い関係を持ち、紀臣とその同族が紀伊・和泉から瀬戸内海の四国沿岸、周防を経て九州の豊前に至る航路を掌握していたとし、この氏が大和政権の外征軍の主力となっていた事実を論証した（岸一九六六）。したがって五世紀代前半のこの倉庫群の造営に、紀臣の前身勢力が深く関与していたことは確かであろう。

さらに岸は、雄略紀に紀小弓を田身輪邑に葬ったとすること、田身輪邑の所在地、和泉国日根郡淡輪（大阪府泉南郡岬町淡輪）に、五世紀半ば～後半の周濠を持つ二基の大型前方後円墳、淡輪ニサンザイ古墳（宇土墓《うどばか》古墳とも言う。墳丘長一七五メートル）と西陵《さいりょう》古墳（墳丘長二一〇メートル）、および同時期の、類例の少ない見事な鉄地金銅装四方白眉庇付冑《しほうじろまびさしつきかぶと》を出土した円墳の西小山古墳（径五十メートル）などより構成される淡輪古墳群が存することに注目し、淡輪が和泉と紀伊の国境地帯に位置することから、紀淡海峡に面するこの地は、地域的にはむしろ紀伊に含まれる可能性が高いことを指摘した。

『古事記』神武天皇段には、難波から上陸し大和入りを果たそうとして失敗した神武一行が、南の「血沼海《ちぬのうみ》」（和泉灘）に迂回し、「紀国男之水門《をのみなと》」に至ったと記す。この水門は『和名抄』の和泉国日根郡呼唹郷《おお》（現泉南市男里）の地に比定することができるが（『延喜式』には和泉国の噫唹駅《おお》や、日根郡の男神社の名が見える）、神武即位前紀には「茅渟山城水門《やまきのみなと》（山井《やまい》水門）」と記し、神武の兄の五瀬命のあげた雄叫びに因んで「雄水門」と称したとする。したがって『記紀』の水門は、同一のものを指すと見てよいが、和泉国日根郡内にある水門を、『古事記』が「紀国」と表記したのは、岸が指摘するように、日根郡の水門の所在地の周辺が、紀伊国の領域内と認識されていたことによると思われる。

和泉と紀伊を結ぶ古道には孝子《きようし》峠越と雄《お》ノ山《やま》峠越の二つの道があり、前者は和泉国日根郡の淡輪・深日《ふけ》の地から紀伊国名草郡喜志《きし》の地に至る。天平神護元年（七六五）十月、称徳天皇は紀伊行幸の帰途、岸《きし》村の行宮からこの道を通って深日の行宮に向かったが、孝子峠の標高は一〇六メートルと低く、『紀伊続風土記』は「路程泉州境まで廿四町谷路平坦なり」と記している。峠によって南北に区分されるものの、地勢的にはこれらは同一の地域に属すると判断して差し支えない。車駕之古址古墳はこのルートの沿道にあり、大谷古墳や鳴滝遺跡もその近傍に位置するから、淡輪古墳群と紀ノ川北岸の右の古墳・遺跡を構築した主体は、同じ政治勢力を構成する人々で、おそらくそれは紀臣の前身勢力であったと推断して誤りないであろう。

しかし紀ノ川北岸や淡輪の地では、五世紀末の大谷古墳以後、大型の前方後円墳が姿を消し、六世紀に入ると、紀ノ川南岸の和歌山市岩橋《いわせ》の山塊に造営された岩橋千塚古墳群（総数約七百基、五世紀初め～七世紀中葉）中に大日山三五号墳、大谷山二二号墳、井辺《いんべ》八幡山《はちまんやま》古墳、天王塚古墳などの大型前方後円墳が出現する。

この南岸勢力については、後に紀伊国造に就任し、檜前《ひのくま》国懸《くにかかす》神社を奉斎した直姓の紀氏にあてる説が有力であるが、栄原永遠男は、紀伊の在地勢力がもと「紀氏集団」とでも称すべき連合体（部族同盟）を形成しており、紀ノ川水運を掌握し、海人集団を従属させて水上交通をおさえ、強大な水軍を擁したこと、「紀氏集団」の政治的主導権が五世紀末以降、紀ノ川北岸の勢力から南岸の勢力に移動し、「紀氏集団」の内部矛盾が進展すること、倭政権（大和政権）は「紀氏集団」の分断工作を進め、南岸勢力（紀直の前身）を国造に編成したこと、これによって北岸（紀臣の前身）と南岸の両勢力の対立が決定的となり、北岸勢力の一部は大和の平群谷に移ること、平群谷へ移動した勢力は現地の平群氏を駆逐してこの谷を制し、やがて中央政界に台頭したことなどを推測する（栄原 一九九九・二〇〇四）。

しかしこの説にはいくつか疑問がある。確かに栄原が指摘するように、紀ノ川南岸と北岸の勢力が、もとは「紀氏集団」という同一の連合体に属し、そこから分離した可能性は一概に否定できない。だがこの二つの勢力を大和政権の政治工作によって分断された対立的な存在として位置づけることは、問題があるのではないか。淡輪古墳群は比較的短期間で途絶するが、この古墳群の被葬者が後に中央の有力豪族となる紀臣・朝臣の前身であるとすると、古墳群の終焉と彼等の没落とを短絡的に結びつけることはできない。紀角宿禰の後裔とされる諸氏（紀臣の同族）には、和泉国日根郡から和泉郡坂本郷へ移住したとみられる坂本臣（加藤謙吉 二〇〇一）を初め、紀辛梶《からかじ》（韓鍛冶《からかぬち》）臣、掃守田首《かにもりた》のような和泉郡を本拠とするものが存在するが、これらは逆に淡輪の勢力の政治的進出の結果によると理解すべきであろう。

かように見れば、淡輪の勢力と一体的な紀ノ川北岸の勢力が、大谷古墳の築造から程なくして没落したと解することも危険で、淡輪・紀ノ川北岸勢力の紀ノ川南岸への進出という状況も想定してみる必要があろう。岩橋千塚古墳群の首長墳の被葬者は、紀直へと連なる南岸勢力と推定されているが（薗田香融 一九六七、越原良忠 一九九四）、岩橋山塊の全域にわたり、七つの支群に分かれて展開する総数七百基に及ぶ岩橋千塚古墳群の築造主体を、一つの集団、一つの勢力に限定してしまうことは果たして妥当であろうか。

紀臣は用明二年（五八七）の丁未《ていび》の役の際に男麻呂《おまろ》が、推古三六年（六二八）の王位継承をめぐる群臣会議の折には塩手《しおて》がそれぞれマエツキミ（大夫・群臣）の職位にあり、紀臣同族の坂本臣についても、糠手《あらて》が推古十八年（六一〇）の新羅・任那使入京時に、大伴連咋《くい》・蘇我臣蝦夷・阿倍臣鳥子《とりこ》の有力者とともに「四大夫《よたりのまえつきみ》」として小墾田《おはりだ》宮の庭中に侍っている。

これによれば紀臣や坂本臣は、六世紀後半～末には、国政に参議し、奏宣の任にあたる議政官のマエツキミを出す有力氏であるが（加藤謙吉 一九九一B）、さらに欽明紀二十三年七月条のいわゆる任那日本府の滅亡記事では、紀男麻呂が任那救援の大将軍として派遣されたことを伝えている。この記事は紀臣の家記などに依拠したもので、史実にもとづく記述とは考えがたいが、男麻呂が六世紀半ばの朝鮮派遣軍の最高指揮官の地位にあったことは事実と見て誤りないであろう。すると淡輪や紀ノ川北岸から大型の古墳が消滅することを根拠に、五世紀末以降紀臣の勢力が衰退したと解することはできず、また六世紀後半頃に中央政界で再度勢力を回復したと見ることにも多分に無理が生じる。この氏は紀伊において依然優勢であり、五世紀末以降、紀ノ川南岸に勢力を拡大して、墳墓も南岸の地に営まれるようになったと推察してよいのではないか。

前述のように、紀臣はその中央豪族化の過程で、大和国平群郡の平群谷に拠点を移している。栄原はその時期を六世紀末から七世紀前半頃とし、移住後、紀臣が平群氏に代わって平群谷の地を制し、谷から次第に平群氏を駆逐したとする。しかし平群氏（臣）からは用明・崇峻朝に神手《かみて》、推古朝に宇志《うし》の二人のマエツキミが出ており、孝徳朝に東国国司の長官に任ぜられた平群臣（闕名）も「良家大夫《たかきいえのまえつきみ》」と記されるように、六・七世紀を通じてマエツキミを出す資格のある家柄（「良家」）であった（加藤謙吉 一九九一B）。天武十三年（六八四）には朝臣に改姓し、持統五年（六九一）には有力十八氏中の一氏として墓記の上進を命じられている。

平群氏が七世紀の末までは少なくとも名門として処遇されていたことは確かで、紀氏によりこの氏が平群谷から撤退するような状況は考えにくい。九世紀以降も平群郡内に平群・紀両氏の氏人の居住が確認でき、紀氏の系譜の中に平群氏の系譜と混交したものが存する（『群書類従』・『続群書類従』・『尊卑分脈』所収の『紀氏系図』）ことなどを勘案すると、両氏は長期間、平群谷で共存関係を維持していたと解するのが妥当である。

紀氏の平群郡移住の目的は大和政権のお膝元である大和国に新たに拠点を設け、中央政界への進出をはかることにあったと見るべきであろうが、それとあわせて重視しなければならないのは、この地が河内から難波へと通じる大和川の水路や竜田道などの陸路に面した軍事・交通上の要地であった事実である。大和川は亀ノ瀬の峡谷を越えて河内に入り、幾筋かの支流に分かれて北流し、草香江《くさかえ》（古代の河内低地に存した湖沼）に流入していた。草香江の西端には南から北に伸びる砂嘴状の天満《てんま》砂洲が存し、難波の海（大阪湾）との通行を阻む遮蔽物となっていたが、「難波堀江《なにわのほりえ》」の開削によって両者は直接結ばれることになり、その結果難波の海に面する難波津が、倭国を代表する国際港として重要な役割を担うようになる。

仁徳紀十一年十月条は難波高津宮の北の郊野を掘って、南の水を引き、西の海（難波の海）に流したとし、仁徳記にも「堀江」の名を記している。すなわち『記紀』は難波堀江の開削期を仁徳大王の時代とするが、土木技術の水準より推して、そのような大工事が五世紀初頭に実現可能であったとは考えられない。そのため開削期を五世紀中葉から六世紀はじめとする見方が有力であるが、最終的な完成期はもう少し時代を下げて六世紀半ば頃とするのが妥当かもしれない。そうすると紀臣の平群郡移住もこの草香江—難波堀江—難波津の水上ルートの開通と密接に関連すると見てよかろう。

亀ノ瀬の峡谷は古来交通の難所として有名で、船で航行することはかなりの困難をともなうが、竜田越で陸路河内へ抜けた後、長瀬《ながせ》川など大和川の分流を利用して、水路で草香江に入ることができた。さらに生駒山から『古事記』

雄略天皇段に見える「日下《くさか》の直越《ただごえ》の道」を取ると、草香江の東端の港津、草香津（神武即位前紀に「草香津」の名が見える。現東大阪市日下町）に出ることが可能である。兵士や兵器を難波津まで迅速に移送するには、これらのルートが好都合であり、対外的な軍事活動に従事することの多かった紀氏が、その職掌にあわせて大和に拠点を設ける場合、平群とその周辺がもっとも条件に適う地であったと推量される。

紀氏の畿内進出地としては、さらに山背国紀伊郡をその候補としてあげることができるかもしれない。紀伊郡の郡名は欽明即位前紀に「紀郡」とするように、本来は「紀」の一字で表記された。この地を本拠とする豪族には百済系渡来氏族の木日佐《きのおさ》がおり（『新撰姓氏録』・『仁和寺文書』）、紀伊国のケースと同様に、「紀」は「木」に通じる。『詞林《しりん》采葉抄《さいようしょう》』第一所引の『山城国風土記』逸文によれば、紀伊郡から宇治郡にかけての一帯は、古くは「許《こ》の国」と称する地域であったが、「許」は「木」（コ）と同じく、上代特殊仮名遣いではコの乙類に属する。したがって「許の国」とは、「木（紀）の国」の転訛と解することができよう。

宇治郡や紀伊郡の地は、淀川水系によって難波津と結ばれ、綴喜郡の内（有至）臣は欽明朝にこのルートを通って、百済へ渡海している（前述）。六世紀以降は畿内と海外を結ぶ主要航路の一つとなり、紀氏の進出地にふさわしい条件を備えている。大和の平群谷とともにこの地に紀氏が移住した蓋然性は低くないと思われる。

以上、紀臣の本拠地とその移住地域、この氏の勢力の変遷の有り様について検討を加えたが、この氏およびその前身勢力は五世紀から六世紀にかけて、紀伊国（淡輪を含む）の「紀氏集団」の連合体の中で一貫して政治的優位性を維持していたとみられる。一方、紀直系の「紀氏集団」の拠点は紀ノ川南岸の地であるが、五世紀末以降、紀臣系の南岸地域への勢力拡大を許し、少なくとも紀国造に就任する六世紀半ばまで、政治的地位は紀臣系の集団の下位にあったと推定される。この集団が紀伊国において政治的主導権を確立するのは、紀臣系の畿内（大和・山背？）移住後と見るべきであろう。

紀直の活動が『書紀』に見えるのは、祖先伝承的な記事を除くと、敏達紀十二年七月・十月条が唯一のもので、紀国造押勝《おしかつ》が日系百済官人の日羅《にちら》招聘のために吉備海部直羽嶋《はしま》とともに百済に派遣され、目的を果たせず帰国したと記す。この氏もまた紀臣と同じく対朝鮮の外交や軍事活動に従事していたことが知られ、国造就任後は海部《あまべ》に編入された紀伊国海部郡の海人《あま》集団も統轄したと推察される。海人集団は有事の際には水軍として活動したから（薗田香融 一九七〇）、紀直も配下にそのような軍事集団を擁していたことになる。

しかしこの氏は天武朝の賜姓事業で、直姓国造の有力氏が連・忌寸と改姓したにもかかわらず旧姓の直にとどまり、平安時代前期の承和二年（八三五）に至って、はじめて直から宿禰に改姓している。勢力的にはさほど有力ではなく、農耕神である檜前国懸神社の奉斎氏族であることとあわすと、紀直と紀伊国の海人との関係も本来的なものとは思われない。『紀氏家牒』は、紀角宿禰の母を紀（伊）国造宇豆彦《うずひこ》の娘の宇乃媛《うのひめ》とし、紀直（国造）を紀臣の外戚であったかのように記すが、この伝承がある程度史実にもとづくものであるとするならば、紀臣と紀直、さらにはその前身にあたる集団間に婚姻などを媒介とした結合関係が存在したことは間違いないであろう。ただ両者の関係は、あくまでも紀直が紀臣に依存する形態を取ったと推察されるのである。

次に紀臣や同族の坂本臣の対外交渉に関与したと推察される紀伊・和泉の吉士集団について言及したい。吉士については かつて別稿で詳述したが、伽耶系の渡来人より構成され、難波吉士と紀・坂本系の吉士の二系統に分かれ、他に系統未詳の吉士が数氏存する。吉士は古代朝鮮で族長・首長を意味するキシの語に由来するが、本来は大和政権の外交・対外的軍事活動に従事した諸豪族の下に所属し、直接外交折衝にあたった実務者の集団である。紀・坂本系の吉士系統には、紀臣の配下で紀伊国日高郡や名草郡・海部郡などを活動拠点とした日鷹《ひたか》吉士、和泉国和泉郡坂本郷を本拠とし、坂本臣と結びつく坂本吉士、紀臣の進出地である筑前国穂浪《ほなみ》郡の穂浪吉士などが存する。これに対して難波吉士は六世紀後半頃に草香部吉士や三宅吉士・飛鳥部《あすかべ》吉士・大国吉士らを集めて、難波津を拠点に、伽耶諸国滅亡後の「任那問題」の処理と、新羅による「任那の調《みつき》」の代納の交渉に専従させるため、王権が計画的に編成した擬制的な同族団組織である（加藤謙吉 二〇〇一）。

『日本霊異記』下巻二十八縁には紀伊国名草郡貴志《きし》里の貴志寺の霊異の話を載せるが、この地は前述の天平神護元年の岸村の行宮の所在地であり、紀ノ川北岸に位置する。紀ノ川を溯った那賀郡にも「貴志」の地名が残り、紀ノ川支流の貴志川の流域には平安期以降、「貴志荘」という荘園（現紀の川市貴志川町）が置かれていた。これらの地には日鷹吉士の一族、もしくはその分派の吉士が拠点を構え、和泉国和泉郡坂本郷の坂本吉士ともども、紀臣や坂本臣のもとで外交事務に従事していたと推測することができる。

次に雄略紀九年三月・五月両条に立ち返って、新羅に派遣された七人の将士のうち、大伴氏一族の③大伴談連・⑥大伴連津麻呂と、大伴氏関係者の⑤紀岡前来目連に注目してみよう。

前述のように、彼等はいずれも紀ノ川沿岸の諸郡に本拠や拠点を持つ人々であった。⑤は大伴氏配下の軍事的トモである来目集団（来目部）を率いた紀伊国の伴造であり、紀伊国名草郡岡前（現和歌山市西・井辺《いんべ》・森小手穂《もりおてぼ》付近）がその本拠地である。来目部を率いる伴造は一般に「直」姓を帯するが、紀岡前来目連は「連」姓であり、大伴氏とはより密接な関係にあったとみられる（加藤謙吉 二〇〇二）。

大伴氏については、岸俊男が古代の紀伊国名草・那賀両郡に大伴氏の一族の者が多く分布している事実を指摘。その上で雄略紀九年五月条に「又汝大伴卿与二紀卿等一、同国近隣之人、由来尚矣」（又汝大伴卿、紀卿等と、同じき国近き隣の人にして、由来《ありく》ること尚し）と記すことに着目し、『書紀』は摂津から和泉にかけての大阪湾沿岸に拠点を持つ大伴氏と、紀伊の名草・那賀両郡から和泉・紀伊国境に近い淡輪にかけての地を勢力圏とする紀臣の両氏の関係にもとづいて、「同国近隣」と称したのだと推定し（岸 一九六六）、この見解がその後長く定説とされてきた。

これに対して前田晴人は大伴氏の本拠地を摂津・和泉の大阪湾沿岸や大和・河内に求める説を否定し、これらの地

表4-1　紀伊国の大伴氏

年次	出典	人名	備考
敏達～推古	日本霊異記上巻第五	大部屋栖野古連	紀伊国名草郡宇治大伴連等先祖 大信位・上宮太子之肺脯侍者
神亀元年	続日本紀	大伴樔津連子人	名草郡少領正八位下
天平廿年	大日本古文書	大伴連伯万呂 大伴連苌万呂	那賀郡那賀郷戸主 那賀郡那賀郷戸主・出家人
天平勝宝二年	大日本古文書	大伴若宮連真虫 大伴若宮連部良 大伴若宮連大淵	名草郡忌部郷戸主 名草郡忌部郷戸主 名草郡忌部郷戸主
天平勝宝八歳	正倉院宝物銘文集成・ 調庸銘	榎本連真坂 榎本連千嶋	名草郡戸主 前名草郡少領少初位上
天平神護元年	続日本紀	榎本連千嶋	前名草郡少領
神護景雲三年	続日本紀	大伴部押人 大伴部直	陸奥国牡鹿郡俘囚外少初位上勲七等 押人先祖・紀伊国名草郡片岡里人
神護景雲三年前後	日本霊異記下巻第十	牟婁沙弥	榎本氏・紀伊国牟婁郡人・居住安諦郡荒田村
宝亀年中	平安遺文三五三 粉河寺縁起	大伴連孔子古	紀伊国那賀郡粉河寺草創
奈良時代	日本霊異記下巻第十七	沙弥信行	紀伊国那賀郡彌気里人・俗姓大伴連
貞観三年	平安遺文一三〇	伴直継岡 榎本連	紀伊国名草郡直川郷刀祢 名草郡主帳外少初位下
貞観六年	三代実録	伴連宅子	節婦・紀伊国名草郡人
貞観十四年	三代実録	伴連貞宗 伴連益継	紀伊国那賀郡人左少史正六位上・益継子貞 宗・改本居貫隷右京

前田晴人『古代王権と難波・河内の豪族』二二三頁（清文堂・二〇〇〇年）

は雄略王権直属の伴造である大伴氏の政治的軍事的活動拠点として計画的に設定されたものにすぎないとし、その本拠地は紀ノ川流域の紀伊国名草・那賀両郡であり、『書紀』の「同国近隣の人」は、まさしく紀伊国における大伴・紀両氏の居住状態を前提とした言葉であったとする（前田 一九八八）。

大阪湾沿岸の摂津・和泉を大伴氏の本拠地とする説は、清寧即位前紀に河内《かわちの》三野県主《みののあがたぬし》小根《おね》が大伴室屋に献上したとする「難波の来目邑の大井戸の田」や欽明紀元年九月条に大伴金村が朝廷に出仕せず引きこもったとする「住吉の宅」の例を除くと、大伴氏がこれらの地に居住していたことを示す事例は存在しない。『万葉集』に見える「大伴の御津《みつ》」「大伴の高師《たかし》の浜」の「大伴」の枕詞も、特定のウヂ名を表したものでなく、「八十伴男《やそとものお》」と同義で、「多くの職務に従事する人々（トモ・トモノヲ）」の意に取るべきであろう。

したがって前田が説くように、雄略紀の「同国近隣」は、大伴氏の拠点や勢力圏が紀伊国名草・那賀両郡に存したことにもとづく表現と解するのが妥当である。ただ筆者は大伴氏を『万葉集』の大伴家持の「陸奥国より金を出せる詔を賀《ほ》く歌」（巻十八・四〇九四）や「族《やから》に喩す歌」（巻二十・四四六五）に見える「大伴の遠つ神祖のその名をば大来目主と負ひ持ちて」、「大久米の大夫武雄《ますらたけお》を先に立て」の表現と結びつけて、その本来の職務は大和の弓矢兵より成る来目集団（来目部）を率いたワカタケル大王（雄略）配下の軍事氏族であり、後に多くの軍事的トモを管轄する伴造に発展したことにより、ウヂ名を「来目」から「大伴」に改めたと推測している。

そのため彼等が最初に拠点とした所も、神武紀二年二月条に記す大和国高市郡の「築坂《つきさか》邑」や「来目邑」の地（奈良県橿原市鳥屋町、同市久米町）であり、そこからさらに壬申紀に見える大伴吹負《ふけい》の「百済の家」（十市郡、現桜井市吉備付近）、『万葉集』にこの氏の別業《なりところ》と記す「跡美《とみ》庄」（城上郡、現桜井市外山《とび》）や「竹田庄」（十市郡、現橿原市東竹田町）の地、すなわち磐余や磯城の大王宮の近辺へと勢力を拡大したものとみられる（加藤 二〇〇二）。

前田が大伴氏の本拠地とする紀伊国の名草・那賀両郡は、むしろこの氏の二次的な進出地と見るのが妥当であろう。

大和国の葛城地方から宇智郡を経て紀伊国に至る一帯の交通路を抑え、対外的な軍事活動や外交に従事することによって、紀ノ川水運の主導権を掌握していたとみられる「葛城氏」が滅んだ後、雄略の王権の支配が直接これらの地に及び、大伴氏がその先兵としてこの地に乗り込んできたと見ることができよう。

紀伊国の大伴氏には、大伴櫟津連（名草郡）、大伴若宮連（名草郡忌部郷）、大伴榎本（朴本）連（名草郡）、大伴大田連（名草郡大田郷?）、大伴良（吉）田連（名草郡吉田?）、大伴山前連（那賀郡山埼郷?）、宇治大伴連（名草郡宇治）のように、複姓の氏が少なくない。大伴大田連が神護景雲元年（七六七）、大伴良田連が嘉祥二年（八四九）頃に宿禰を賜姓されるが、他は連姓にとどまっており、複姓であることとあわせると、これらの氏は大伴氏の中でも傍流の一族と推察することができる。大伴氏は「葛城氏」にかわり、紀氏とともに紀ノ川ルートによる外交・軍事活動に主導権を発揮するため、名草郡や那賀郡に勢力を扶植したものの、本流の一族はこの地に移住せず、もっぱら傍流の諸氏がこれらの地域に配置されたと推察してよいと思われる。

最後に吉士以外の渡来系諸氏について見よう。紀ノ川流域には東漢氏系の枝氏やその配下の村主・漢人系の諸氏が少なくない。『日本霊異記』中巻十一縁には伊都郡の桑原《くわばらの》狭屋《さや》寺《でら》にまつわる桑原村の凶人、文忌寸（字は上田三郎）の話を掲げるが、延喜十一年（九一一）の文書によれば、文忌寸は伊都郡の郡領氏族であり（『平安遺文』一巻二〇五号）、『坂上系図』所引『新撰姓氏録』逸文に見える紀伊国伊都郡の文忌寸にあたる。桑原（現かつらぎ町佐野《さや》）の地からは広大な寺域を持つ法起寺式伽藍配置の古代寺院址、佐野廃寺が発見されているが、『霊異記』の桑原狭屋寺に比定することができ、伊都郡の文忌寸の氏寺と推量される（加藤謙吉 二〇〇二）。

右の延喜十一年の文書によれば、同じく東漢氏の枝氏である平田宿禰も伊都郡に居住しており、長承元年（一一三二）以降、伊都郡相賀《おうが》荘の下司職《げし(す)しき》を相伝し、武士団として繁栄する坂上氏も、東漢氏系の坂上大宿禰の子孫か、伊都郡の文忌寸の末裔とみられる。桑原の地名は、前述の大和国葛城地方の「桑原邑」と関連し、この地に東漢氏配下の桑原村主や漢人が居住していた可能性を示唆するが（天平年間の紀伊国安諦《あて》郡には桑原村主同族の桑原史が存した）、佐野廃寺出土の古瓦には奈良県御所市朝妻《あさづま》の朝妻廃寺より出土した瓦と共通するものが認められるから、実際に葛城道を介して、桑原村主や漢人が葛城地方からこの地に移住した事実がうかがえる。文忌寸や東漢氏系の諸氏も、同様に高市郡の檜前の地から巨勢道を経由して伊都郡に至ったと見てよいであろう。

紀伊国には、ほかにも東漢氏の枝氏やその系列の村主姓氏族の存在が確認できる。すなわち名草郡に民《みたみ》忌寸磯麻呂（天平神護元年、『続日本紀』）、同郡直川《のうがわ》郷に川原伊美吉尊麿（貞観三年、「紀伊国直川郷墾田売券」）、那賀郡山前郷に大蔵忌寸真豊・川原（忌寸?）賀都伎・平田（宿禰?）麿（承和十二年、「那賀郡司解」）らが在するが、所在の郷名の判明するものは、いずれも紀ノ川・紀路に沿う地域に位置する。『日本霊異記』下巻三十縁は、名草郡能応《のお》村の能応寺の檀越《だんおち》で、仏師の武蔵村主多利丸《たりまろ》の名を記すが、武蔵村主の氏名は「牟佐」・「身狭」にも作り、大和国高市郡身狭の地（現橿原市見瀬町）を本拠とした東漢氏系の村主である。前述の貞観三年の墾田売券には名草郡擬少領の牟佐村主の署名が見え、この氏が名草郡の有力氏であったことが分かる。能応寺の所在地は未詳であるが、牟佐（武蔵）村主もまた右の東漢氏の諸氏とともに巨勢道・紀ノ川・紀路ルートで紀伊国に進出したのであろう。

東漢氏系以外にも岡田村主（西漢氏系）や秦忌寸（宿禰）・呉勝《くれ》・三間名干支《みまなかんき》・日置《へき》造などの渡来系氏族が名草郡や那賀郡に居住していたことが知られるが、煩雑になるので、ここでは個々の検討は省略する。ただ三間名干支については、「三間名」は任那の国名、「干支」は朝鮮諸国の王・首長を表す称号に因む。『新撰姓氏録』未定雑姓の部に弥《み》麻奈国主《まなのこにきし》、牟留知王《むるちおう》の後裔とする三間奈公の関連氏族の可能性が大であるが、紀ノ川北岸の車駕之古址古墳からは、前述のように、伽耶諸国中の多羅（多伐）国の王家の奥津城とみられる玉田古墳群で発見されたのと同類の金製勾玉が出土し、楠見遺跡からは伽耶系の陶質土器が出土している。紀ノ川北岸の勢力と伽耶諸国との交流が活発であったことがうかがえ、三間名干支の渡来も、そうした交流の一環として行われたと理解することができよう。

おわりに

以上、葛城道・巨勢道から紀路・紀ノ川を経て、紀伊水門に至る紀ノ川ルートが、古代のある時期、瀬戸内海から朝鮮・中国へと向かう航路と結ばれ、主要な交通路としての役割を果たしていた事実を、このルート上に展開する諸氏族の動向を通して明らかにした。薗田香融は紀伊水軍の朝鮮半島での活動期と対応させて、紀ノ川水運の栄える上限を五世紀後半とするが（薗田 一九七〇）、「葛城氏」や宇智地方の豪族たちの活動の時期を勘案すると、おそらくそれは四世紀末～五世紀初頭頃にすでに始まっていたと見るのが妥当であろう。下限は難波津が紀伊水門に代わって脚光を浴びるようになる六世紀前半～半ば頃と推定することができる。

この期間は五世紀後半を境として二つの段階に区分することができる。第一期は「葛城氏」と紀臣の前身勢力が、互いに連携して紀ノ川ルートの主導権を握った段階で、「葛城氏」の手によって朝鮮半島から倭国に連れてこられた渡来人たちが、紀伊水門から紀ノ川を搬送されて、葛城地方の各所に分住し、南郷遺跡群の工人に代表されるような大規模な手工業生産を開始する。一方、紀臣の前身勢力は紀ノ川の下流域から河口部を抑え、淡輪から紀ノ川北岸にかけて大型の前方後円墳を築造。伽耶との交流により、文物の導入が進められる。ただ大和国の宇智地方の豪族たちも朝鮮半島へ渡海しており、大和政権を構成する諸勢力がこのルートを利用したとみられ、有事の際には連合軍が編成されて共同で出兵したのであろう。和歌山市善明寺の鳴滝遺跡の倉庫群はその際の兵站基地と推察される。

第二期は「葛城氏」の滅亡を契機とする。平林章仁は葛城氏（平林の氏名表記に従う）滅亡の理由として、葛城氏が紀氏や吉備氏と連携して掌握していた対外交渉の主導権を、王権が直接手中に収めようとして、その連携を遮断したことを指摘する（平林 二〇一三）。平林の説く葛城氏と個々の豪族との連携については賛同できない面もあるが、王権と「葛城氏」との対立の原因を対外交渉の主導権に求めたことは、傾聴に値する。特に紀ノ川ルートについては、王権による紀臣前身勢力の抱き込み・切り崩しによって、紀ノ川の利用が事実上困難になったことが、「葛城氏」に致命的なダメージを与えたと想像することができよう。

王権直属の軍事的伴造である大伴氏が紀ノ川ルートに介入し、雄略紀に示すように、紀臣と連携して名草郡や那賀郡に勢力を扶植したことは、この事実を裏付ける材料となる。筆者が特に注目したいのは、雄略紀九年三月・五月両条の新羅討伐軍の七人の将士の中で、紀氏・大伴氏関係者以外の人物が、蘇我韓子一人に限られることである。蘇我氏は別稿で論じたように、葛城地方の出身で、葛上郡の高宮辺りを勢力圏とした「葛城氏」の初期の盟主的首長の流れをくむ一族と推察される。この氏が高市郡の宗我の地へ拠点を移す時期は、蘇我稲目の政治的台頭とそれほど隔らない頃で、五世紀後半～末の段階では、滅亡を免れた「葛城氏」の残党勢力として、まだ葛城地方にとどまっていたとみられる（加藤謙吉 二〇〇二）。

一方、稲目より前の蘇我氏の系譜は、天武朝にウヂ名を「蘇我」から「石川」に改めた蘇我倉家（馬子の子の雄当《おまさ》の家系）の手により、後に架上的に付け加えられたもので、蘇我韓子の「韓子」の名も日朝混血児を指す言葉であり、実名とは考えがたい（「子」を当時の男子の名に付された接尾語と取ることもできるが、その場合も「韓」は実名としてやはり具体性を欠く）。しかし蘇我韓子は雄略紀では討伐軍の内輪もめの結果、紀大磐に射殺された将軍として描かれており、五世紀代に後の蘇我氏の祖にあたる人物が、現実に紀氏などとともに朝鮮に出兵した事実にもとづき、この話が構成されたと推測することは許されるであろう。おそらく中心勢力の滅亡により弱体化した旧「葛城氏」勢力の一部が、王権を主体とする朝鮮派遣軍に動員されるような状況が、この頃には実際に存在したと推察されるのである。

参考文献

秋山日出雄「日本古代の道路と一歩の制」（創立三十五周年記念『橿原考古学研究所論集』所収、吉川弘文館、一九七五年）

井上光貞「帝紀からみた葛城氏」（同著『日本古代国家の研究』所収、岩波書店、一九六五年）
近江俊秀『古代国家と道路』青木書店、二〇〇六年
加藤謙吉『大和の豪族と渡来人』吉川弘文館、二〇〇二年
加藤謙吉「『日本書紀』とその原資料」（『日本史研究』四九八号、二〇〇四年）
加藤謙吉「平群地方の地域的特性と藤ノ木古墳」（同著『大和政権と古代氏族』所収、吉川弘文館、一九九一年A）
加藤謙吉「大夫制と大夫選任氏族」（同右、一九九一年B）
加藤謙吉『吉士と西漢氏』白水社、二〇〇一年
加藤謙吉『大和政権とフミヒト制』吉川弘文館、二〇〇二年
岸俊男「紀氏に関する一試考」（同著『日本古代政治史研究』所収、一九六六）
日下雅義「紀ノ川下流域平野の開発に関する基礎的考察」『人文地理』一六、一九六四年
日下雅義『古代景観の復原』中央公論社、一九九一年
越原良忠「二つの紀氏」『和歌山地方史研究』二十七号、一九九四年
栄原永遠男「古代豪族　紀氏」（『謎の古代豪族　紀氏』所収、清文堂、一九九九年）
栄原永遠男『紀伊古代史研究』思文閣、二〇〇四年
薗田香融「岩橋千塚と紀国造」（『岩橋千塚』所収、和歌山市教育委員会、一九六七）
薗田香融「古代海上交通と紀伊の水軍」（旧版『古代の日本』5畿内所収、角川書店、一九七〇年）
津田左右吉『日本古典の研究（下）』岩波書店、一九五〇年
寺西貞弘『紀氏の研究』雄山閣、二〇一三年
奈良県立橿原考古学研究所『大和を掘る』二五・二八・三〇（二〇〇六・二〇〇九・二〇一一年度）
坂靖・青柳泰介『葛城の王都・南郷遺跡群』新泉社、二〇一一年
平林章仁『謎の古代豪族　葛城氏』祥伝社、二〇一三年
前田晴人「雄略王権と大伴氏の本拠地」（『続日本紀研究』二五八号、一九八八年）
和田萃「紀路と曽我川」『古代の地方史三・畿内編』所収、朝倉書店、一九七九年
和田萃「渡来人と日本文化」（岩波講座『日本通史』第三巻所収、岩波書店、一九九四年）

第2章　古代の僧侶の交通

『日本霊異記』を中心として

三舟隆之

はじめに

『日本国現報善悪霊異記』（以下、『霊異記』）には、中央の官僧や在地の僧侶など、さまざまな僧侶の往来によってこれらの説話が形成された可能性が考えられる。鈴木景二氏によれば、中央の官大寺僧が地方に行き、そこでの唱導などの活動から説話が形成され、それが『霊異記』などの説話集の成立につながったとされる[1]。しかし中央の官大寺僧がどのようなルートで地方に向かったか、また官大寺僧以外の僧侶の交通についてはまだ明らかでない点が多い。そこで本稿では『霊異記』などを中心に、古代の僧侶の交通について考察を進めていきたい。

1　僧侶の交通

地方から中央へ

『霊異記』を見ると僧侶の交通については、（1）地方から中央へ上京する僧侶と、（2）中央から地方に下向する僧侶、（3）遊行する僧侶の姿が見られる。まず、地方から中央へ上京する僧侶の例を見てみよう。

地方から上京する僧侶の姿では、上巻三縁の道場法師の例が挙げられる。この説話は、尾張国愛知郡片輪里の少子《ちいさこ》が飛鳥元興寺で強力を発揮することによって得度し、道場法師と名乗る内容である。このように地方から上京して僧侶となる例は、中巻二六縁の広達の例でも同様である。広達は上総国武射《むさ》郡あるいは畔蒜《あひる》郡の下毛野《しもつけの》朝臣氏で、大和国吉野郡の金峰山で修行し、同じ郡の桃花《つき》里（未詳、秋野川流域か）の橋で霊木の悲鳴を聞き、その霊木から阿弥陀像などの仏像を作り、吉野郡越部村の岡堂に安置したという造像縁起譚に登場する。また中巻一三縁では、和泉国和泉郡血渟《ちぬ》山寺で信濃国の優婆塞《うばそく》が修行をしている。このように地方から上京して僧侶になったり修行を重ねる例は、『霊異記』にはいくつか見られる。

川尻秋生氏はこうした地方出身の僧侶について、『多度神宮寺縁起并資財帳』の元興寺僧である尾張国大僧都《そうず》賢璟が尾張国荒田井氏の出身で、伊勢・美濃・尾張・志摩国の道俗知識を率いて多度神宮寺の三重塔を建立し、同族の荒田井直族子麻呂を得度させた例などを挙げて、在地の有力氏族が中央の大寺院の僧侶になるとともに、在地の関係を保ち続けていたと指摘する。(2)『正倉院文書』に残る優婆塞貢進文などは、川尻氏が指摘するような思惑が在地側にあったことを示していると思われる。

地方から上京したのは、このような在地豪族層出身の僧侶だけではない。『続日本紀』宝亀一〇年（七七九）八月癸亥条には「治部省言、今依二検造僧尼本籍一、計二会内外諸寺名帳一、国分僧尼、住レ京者多。望請、任二先御願一、皆帰二本国一者」とあって、(3)諸国の国分寺僧が上京したまま在京していることが判明し、その国分寺僧らを帰国させるよう命じている。このように在地出身の国分寺僧も上京していることがわかるが、これに対する太政官処分は知行具足の僧尼以外については帰国を命じており、上京している僧尼の中には修行不十分の者がいたことが知られる。このような国分寺僧尼の上京の目的については不明であるが、地方から上京する僧侶は少なくなかったことが知られる。

その他上巻七縁では、備後国三谷郡三谷寺の僧弘済《ぐさい》が仏像を作るための資材を求めて上京し、帰路は船を雇って難波津から備中まで行っていることが知られる。このように法会や修行以外でも、寺院造営や仏像造像のための技術・

資材を求めて僧侶が交通することがあったことを示している。(4)

中央から地方へ

一方、中央から地方に下向する僧侶としては、まず国師が挙げられる。国師は『続日本紀』大宝二年（七〇二）二月丁巳条に「任二諸国国師一」と簡単な記事があるが、(5)その職掌や定員などの詳細については不明な点が多い。(6)しかし、和銅二年（七〇九）に大宰府とその管内諸国において官人の事力の数が削減されたときも、薩摩国司と大宰府管内の諸国国師の事力は削減されていないから、国司並みの待遇であったことは推定できる。霊亀二年（七一六）五月庚寅条のいわゆる寺院併合令では、国師は国司とともに寺院併合や寺院の資財管理を命じられているから、寺院の資財や造営・補修などの管轄という職務を行っていたと思われる。また天平一〇年（七三八）の『駿河国正税帳』には常陸国師で下総国の国師を兼ねた賢了が、供僧・童子を引き連れて駿河国を通過したことが知られるし、また同じ『駿河国正税帳』には、部内六郡を巡行する駿河国師明喩の一行に、六日分の食料が支給されていることが判明するから、国師の任務としては部内を巡行して国内の僧尼や寺院を検察したと思われる。

国師の居所は「国師所」と呼ばれるところに居たと思われ、最近の研究では天平勝宝元年（七四九）頃には、国分寺に移拠した可能性が指摘されている。(7)安芸国分寺跡では「国師所」と推定される建物跡も検出されており、国師は国分寺の中で止住していたと考えられる。このように国師は、在地の寺院や僧尼の管轄のために地方に下向したと思われ、天平勝宝四年（七五二）閏三月八日の太政官符では、国師の交替の際の解由状作成についての指示が見られる。(8)

国師の主な職務はこのような寺院や僧尼の管理であるが、やはり職務のひとつとして重要なのは在地における仏教行事の指導であろう。『霊異記』下巻一九縁では、筑紫国府の大国師である大安寺僧戒明が宝亀七・八年頃に赴任し、肥前国佐賀郡の大領である佐賀君児公が主催する安居会に、『華厳経』講説の講師として招聘されている。また国師でなくともこのような官大寺僧が、地方寺院の法会の講師として赴くことはあったらしく、中巻一一縁では、奈良の右京の薬師寺僧題恵が紀伊国伊刀郡桑原の狭屋寺に赴き、十一面悔過会を行っている。さらに上巻一一縁でも、元興寺僧慈応が播磨国飾磨郡の濃於《のお》寺で、檀越の要請で夏安居の講師として『法華経』を講説している。

このように在地の法会で講師を務めることも官大寺僧では当然であったようで、『東大寺諷誦文稿』はその法会で講説するための手控えと考えられている。[9]『霊異記』においても、在地における法会での説話を収録したと考えられるから、[10]国師の職務のひとつとして法会での講説などがあったと思われる。

国師と同様に地方へ下向した官大寺僧には、『延喜式』主税上によれば「凡在京僧入二諸国国分寺一者、路次国充レ馬。食僧日米二升、塩二勺。童子一人、日米一升五合、塩一勺五撮」とあり、[11]在京僧が国分寺僧となって下向する際の規定が見える。このような僧の下向の姿は、『霊異記』の中でも数多く見られる。例えば下巻一・二縁の興福寺僧永興は、摂津国手嶋郡の芦屋君もしくは市往《いちき》氏の出身と言われ、興福寺僧でありながら紀伊国牟《む》呂郡熊野村で修行を行っていた。先述した中巻二六縁の広達も元興寺の法相宗の僧で、『続日本紀』宝亀三年（七七二）三月条には永興らとともに「十禅師」に任命されながら、永興のように吉野郡の金峰山で修行しており、出身は上総国でありながらも官大寺僧の下向の例と見て良い。このような官大寺僧の地方への下向の目的の一つに、山林修行がある。

例えば上巻二六縁でも、百済僧多羅《たら》常《じょう》が大和国高市郡の法器山寺で浄行を行っているし、下巻一七縁でも紀伊国那賀郡の弥気《みけ》山室堂には、自度僧の信行とともに元興寺僧の豊慶が止住している。さらに下巻二四縁では、大安寺僧の恵勝が近江国野洲郡の御上の嶺の神社の辺の堂で修行をしており、また山階寺（興福寺）の満預も近江国浅井郡で『行事抄』六巻を読む法会を行っている。このように官大寺僧は、京に居ながら修行や講説のために地方の山寺などに赴くことがあり、[12]官大寺僧の交通は頻繁であったと思われる。[13]

遊行する僧侶

『霊異記』などでは、中央から地方へ、また地方から中央へという双方向性で僧侶たちが交通していることが判明するが、その一方で地方を遊行する僧侶の姿も見られる。下巻一九縁では、肥後国八代郡豊福郷の尼を嘲った国分寺僧と豊前国宇佐郡の神宮寺僧が登場するが、国分寺のような官僧や宇佐八幡宮の神宮寺僧なども在地間を交通していることが知られる。また上巻一〇縁と中巻一五縁は化牛説話で同類異話であるが、どちらも村里を遊行する自度僧の姿が見られ、上巻一五縁などと共に托鉢を行う僧侶の姿が明らかである。

しかしこれらの遊行僧は迫害に遭うことも多く、上巻一五縁では飛鳥古京で、上巻二九縁では備中国小田郡、下巻一五縁では平城京の佐紀村、下巻三三縁では紀伊国日高郡別里《わけ》で遊行する僧が迫害を受けている事例が見られる。このような迫害を行ったのは一般の庶民だけでなく、中巻一縁では元興寺の法会の際に長屋王が沙弥を打ち、中巻三五縁では下毛野寺の沙門諦鏡が、平城京から山背国綴喜《つづき》郡に向かうところで宇遅《うぢ》王から迫害を受けている。このような事例が多いところを見ると、逆に自度僧のような僧侶たちが活発に村里で托鉢や布教を行っている様子がうかがえるのではなかろうか[14]。藤本誠氏は、僧侶迫害説話は『霊異記』独自のプロットであり、説話の筋立てには日本古代の地域社会における遊行僧の実態が反映された説話群であり、原説話作成時における地域社会の現実的な内容が仏法迫害説話として選択されたと指摘する[15]。

その他にも、上巻二七縁では河内国石川郡の石川沙弥は、摂津国嶋下《しましも》郡の春米《つきよね》寺に住み、同じ郡の味木《あぢき》里で死んでいるので、河内国石川郡から摂津国嶋下郡を移動していることがわかる。さらに上巻三五縁では、河内国若江郡遊宜《ゆげ》村には練行の沙弥尼が村の中にいたが、止住しているのは大和国平群郡の平群山寺であった。ここでは平群山寺に安置した仏画が盗まれ、難波の市で発見する説話であるが、この尼が河内―大和―難波の地域を遊行していることが判明する。

2　交通路との関係

それではこれらの僧侶は、どのようなルートを使って移動したのであろうか。ここでは各官道ごとに説話の分布と合わせて、そのルートを検証したい。

東海道

まず東海道では、上総関係の中巻二六縁、武蔵の中巻三・九縁・下巻七縁、上巻二八縁の役行者の駿河・伊豆、中巻三九縁・下巻三五縁の遠江国榛原《はりはら》郡、同じく遠江国磐田郡を舞台とする中巻三一縁があり、さらに尾張を舞台とした上巻三縁・中巻四縁・中巻二七縁の道場法師説話群があり、伊賀国では中巻一五縁が存在する。

この内説話数からいえば、武蔵国を除けば遠江国を舞台とした説が多く、なかでも榛原郡の二例が注目される。中巻三九縁で大井川の辺の鵜田里の河辺から薬師仏を発見したのは、「国を経て彼を行き過ぐ」僧であった。そしてその薬師仏を安置するために建立したのが「鵜田堂」で、これは「鵜田堂縁起」とも言うべき説話であるが、このような地方寺院の造営に遊行僧が中心となって在地の知識を導いた例がある。また下巻三五縁は筑前国を舞台とするが、僧侶ではないが「白米の綱丁」として強欲に徴収し、地獄に落ちた人物して榛原郡の人物部古丸がいる。ただし「白米の綱丁」は都に白米を運搬する責任者であり九州には赴かないので、恐らく防人などの記憶がこの説話成立の背景にあったのかもしれない。『延喜式』兵部省条に依れば駅馬は榛原郡に初倉駅があり、これが駅家郷に当たると考えられる。伝馬は磐田郡にも榛原郡にもそれぞれ置かれており、東海道上では両方の地域とも重要な地域であった。ここを往来して「鵜田堂」を建てた僧侶が官僧であるのか自度僧であるのかは不明であるが、榛原郡の初倉駅付近には竹林寺廃寺が存在するので、この僧侶も地方寺院のネットワーク上を移動していた可能性もある。

1．木船廃寺　2．寺谷廃寺　3．遠江国分寺跡　4．大宝院廃寺　5．加茂廃寺　6．竹林寺廃寺
7．片山廃寺（駿河国分寺跡）　8．尾羽廃寺

図2-1　遠江・駿河国の古代寺院

また中巻三一縁は遠江国磐田郡の丹生直《にふのあたひ》弟上《おとかみ》が塔の建立を発願したところ、生まれた娘から舎利を授かるという仏舎利感得譚で、磐田寺縁起とも考えられる説話である。遠江国磐田郡は国府・国分寺が存在する地で、磐田寺を遠江国分寺に比定する説もあるが、丹生直弟上が建立したことを考えれば丹生氏の氏寺と考えるべきで、磐田市内には大宝院廃寺が存在する。『和名抄』によれば壬生郷が存在し、読みは「爾布」（にう）とあって、丹生氏の居住地であったと推定される。いずれにせよ榛原郡も磐田郡も、東海道が通過する重要な地域である（**図2-1**）。

次に尾張国を中心とする道場法師説話群であるが、この説話群は東海道ばかりでなく美濃国との交通との結びつきが強く、そこには官道だけでなく活発な地域間交通路が存在したことが推測される。古代の行政区画からいえば、美濃国は東山道、尾張国は東海道にそれぞれ所属するが、陸上交通において東海道の尾張国と東山道の美濃国の間には、陸路が存在したことが松原弘宣氏によって指摘されている。(16)

松原氏は伊場遺跡出土木簡や『万葉集』巻二〇の防人歌などから、東海道を通って東山道の美濃国の不破関を通過したことを証明しており、その陸路は不破関から墨俣、墨俣から鳴海に向かう陸路と推定しているが、これが事実とすれば、この陸路は中巻二七縁の舞台でもある萱津を通過することになる。草津川《かやつ》は現在の五条川と庄内川を合わせた名称で、現在の愛知県あま市上萱津・中萱津・下萱津一帯に比定されている。『類聚三代格』巻一六の承和二年(八三五)六月二九日の官符には「尾張国草津渡三艘元一艘今加二艘」とあり、[17] 草津渡には渡舟が配置されていたことが分かる。しかしこの一帯は愛知郡ではなく海部郡であるとし、地名の齟齬を指摘する向きもあるが、[18] 福岡武志氏のように対岸と考えれば問題はないと思われる。[19] 同様に松原弘宣氏も草津川付近を道場法師の孫娘の実家の地とし、草津渡が萱津川交通と東海道が結合した地点とみる。[20]

同時に中巻四縁や二七縁では、「草津川の津」や「少川市」などの水上交通による交易の姿が描かれているので、陸路だけではなく木曽川・長良川・揖斐川の木曽三川による水上交通は重要であり、木曽三川と伊勢湾交通の水・海運が存在した可能性は高い。[21] そしてそれらの津に市が付設されていたことは、中巻四縁や二七縁だけでなく下巻二七縁の備後国の深津市などの存在からも推定できよう。中巻四縁や二七縁は交通の重要地点であった津や市を舞台にした説話であるが、このような交通の重要地点は多数の人が集まる地点でもあった。

中巻四縁や二七縁の主人公である道場法師の孫娘の活躍については、説話の対象者が日常の生活で差別を受けることが多かった女性であった可能性があるので、その説話の唱導者は説話の内容から見て在地の僧侶であったことが想定される。説話の唱導者である僧侶が美濃・尾張国の交通路を通っていることは、説話に関連する地域から見ても想定できるが、その交通路沿いには地方寺院が存在していることも重要な要素であると思われる。

上巻三縁では尾張国愛知郡片輪里を舞台にしているが、愛知郡片輪里には尾張元興寺跡が存在し、「草津川の津」周辺には甚目寺廃寺が存在する。また美濃国では東山道沿いに寺院が存在し、上巻二縁の美濃国大野郡には大隆寺廃寺が存在し、方県郡には長良廃寺が存在して方県駅家の比定地でもある。道場法師説話群の形成者・唱導者は、官道

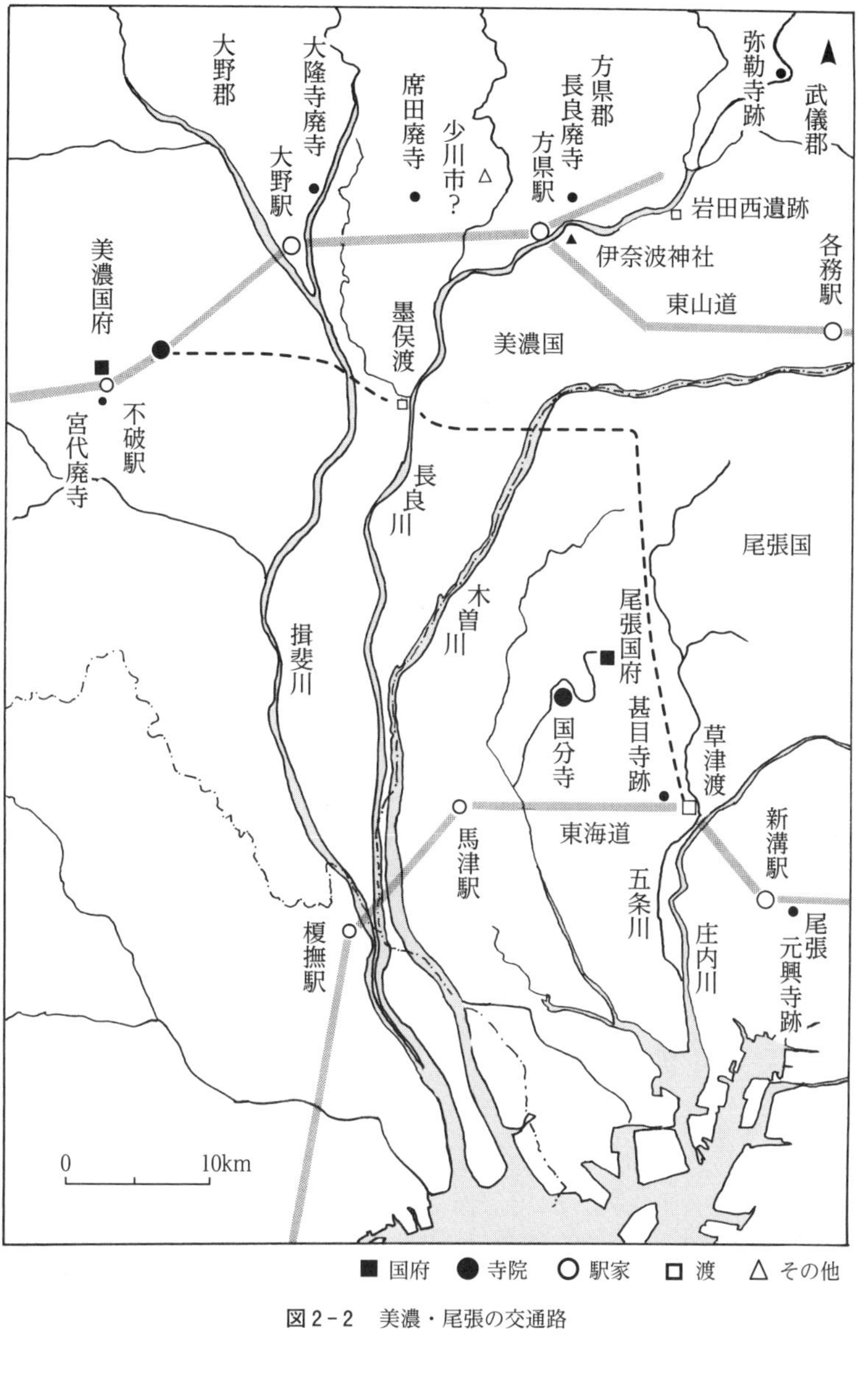

図2-2　美濃・尾張の交通路

などを利用して往来したものと思われるが、その拠点として地方寺院の存在を見逃すことは出来ないと思われる。すなわち地方寺院間のネットワークの存在もあって、道場法師説話群は形成されたのではなかろうか（図2-2）。

東山道

東山道では、近江国を舞台とした中巻二四縁、下巻八縁・二四縁、美濃国を舞台とした下巻三一縁と道場法師説話群の上巻二縁と中巻四縁があり、和泉国泉郡血渟山寺にいた信濃の優婆塞の中巻一三縁と、小県《ちいさがた》郡を舞台とする同類異話の下巻二二・二三縁がある。

まず道場法師説話群である上巻二縁の説話では、欽明天皇の時代を設定するが疑わしい。説話の舞台は美濃国大野郡で、現在の岐阜県揖斐郡大野町と推定される。『和名抄』によれば、大野郡は揖斐・大神・明見・三桑・上杖・下杖・郡家・志麻・大田・石太・栗田・七崎・駅家郷からなり、この地は東山道が通っているから、「路に乗り」とはこの東山道を通ったことを示すのであろう。『延喜式』兵部省条では、美濃国の駅家には「不破十三疋、大野・方県・各務各六疋」とあり、[22] 大野郡に大野駅が見える。また中巻四縁の説話の舞台は三野国片県《かたかた》郡少川市で、現在の岐阜市古市場に比定する説が有力であるが、高取正男氏は各務原市鵜沼町古市場説を採り、またその他には岐阜市一日市場説なども存在する。[23] いずれの説も決定打に欠け、断定はできない。ただ早川庄八氏が指摘するように、少川市は①多数の商人が集い、かなりの賑わいであること、②尾張国から美濃国への水上交通路上に位置すること、③河川に接し船の停泊が可能であることが確認され、それから考えると「草津川の津」のような河津であることが推測される。

次に下巻三一縁では、説話の舞台となる美濃国方県郡は大宝二年（七〇二）御野国戸籍に「肩県郡肩々里」とあり、[24] 『和名抄』によれば、村部・大唐・鵜養・思淡・駅家の六郷からなる。『和名抄』には水野郷楠見村は見えないが、現在の岐阜市長良付近に比定される。県氏は県主氏であると思われ、大宝二年の「御野国加毛郡半布里戸籍」には県主氏が多数見えており、美濃国の在地豪族であるとみて良い。『続日本後紀』嘉祥二年（八四九）八月二六日条には「美濃国方県郡前権大領外正八位下美県貞継」とあって[25]、美濃県主氏が方県郡の郡司級の豪族であることが知られる。『延喜式』神名帳条には「方県津明神」とあり[26]、岐阜県岐阜市にある県神社に比定され、県主氏が祀ったのであろう。

説話の内容は、美濃国方県郡水野郷楠見村の適齢期を過ぎていた処女の県主氏の女性が妊娠し、三年後に二つの石を生んだが、その石は年々大きくなった。この郡の隣郡の厚見郡の伊奈波《いなば》大神が卜者に憑依したところ、その二つの石が大神の子であることが分かり、清浄な場所に安置して祀ったという内容で、これも伊奈波大神の神婚譚で非仏教系説話である[27]。登場する伊奈波大神は厚見郡の伊奈波神社の神で、『続日本後紀』承和一二年（八四五）七月一六日条に「美濃国厚見郡无位伊奈波神」に従五位下を授けた記事が見え[28]、現在の岐阜市伊奈波通に所在する伊奈波神社に比定される。

この説話は道場法師説話群とは内容的には関係ないが、重要なのは美濃国方県郡の説話として収録されており、上巻二縁とは異なり極めて在地的な氏族伝承の内容である。上巻二縁・中巻四縁・下巻三一縁の美濃国の説話群は在地性が強く、とくに注目したいのはその三説話の舞台を東山道が通っており、かつ駅家が存在する交通の要地である点である。このことから美濃国の説話群は、この東山道を往来する者によって形成・伝承・収録されたに違いない。また下巻二二・二三縁は信濃国小県郡を舞台とする地獄冥界説話で、小県郡には国府・国分寺が所在する。

北陸道

北陸道は、大和から敦賀に商売に来ていた楢磐嶋《ならのいわしま》の中巻二四縁、横江臣氏の下巻一六縁と浮浪人の長が登場する下巻一四縁がある。中巻二四縁は僧侶の交通ではないが、左京六條五坊の楢磐嶋が大安寺の銭を借りて越前の敦賀で交易を行ったが病に罹り、敦賀から近江国高島郡滋賀の辛前《からさき》を通って山背国宇治橋を経て、平城京に帰ったことが知られる。

下巻一四縁・一六縁は、越前国加賀郡を舞台にした説話である（図2-3）。下巻一四縁は、浮浪人の長が京戸の小野朝臣庭麿という優婆塞を迫害した悪報で悪死するという内容であるが、小野朝臣庭麿という優婆塞は「京戸」とあるところから京に戸籍のある者で、それが越前国加賀郡の部内の山をめぐって修行していたことがこの説話から知られる。

次に下巻一六縁では、同じ加賀郡の横江臣成刀自女《よこえのおみなりとじめ》が、多淫多情で子どもを養育しなかった罪で地獄に堕ちるという内容である。横江臣成刀自女は加賀郡大野郷畝田村におり、同じ村の横江臣成人《なりひと》の母であった。成人が幼いときにその母は美人で男にもてたため、次々と男たちと交わり、成人に授乳しなかったため乳の腫れる病によって死んでしまう。そこから横江臣氏の居住した村が畝田村であることが判明するが、近年金沢市畝田西三丁目にある畝田・寺中遺跡から「横江臣床島」「田領横江臣」と記された木簡が出土しており、「横江臣」という氏族が実際に畝田付近に存在していたことが明らかとなった(29)。

この加賀郡大野郷畝田村の横江臣成刀自女が地獄で病に苦しんでいることを成人に知らせたのが、紀伊国名草郡能応里《おのの》の寂林法師であった(30)。寂林の出身地の紀伊国名草郡能応里については、下巻三〇縁に三間名《みまな》氏という渡来系氏族が建立した、能応村にある能応寺（弥勒寺）という寺院が登場し、観規という僧侶がいたことが知られる。寂林とこの寺院の関係は不明であるが、能応村にある寺院である以上、寂林もこの寺院と関係があったと見た方が良い。ということは、寂林は紀伊国名草郡能応里から他国を巡歴し修行していたことになる。寂林の夢の中で大和国斑鳩の聖徳王の宮の前の路が登場するから、寂林は紀伊国から大和国を経由して越前国加賀郡に向かったと思われる。

下巻一四縁でも一六縁でも、このような僧侶たちが越前国加賀郡で遊行している点については、この周辺に修行地が存在したからであろう。下巻一四縁の舞台となった「御馬河里《みまかわ》」は、現在の金沢市三馬《みんま》付近と推定され、式内社の

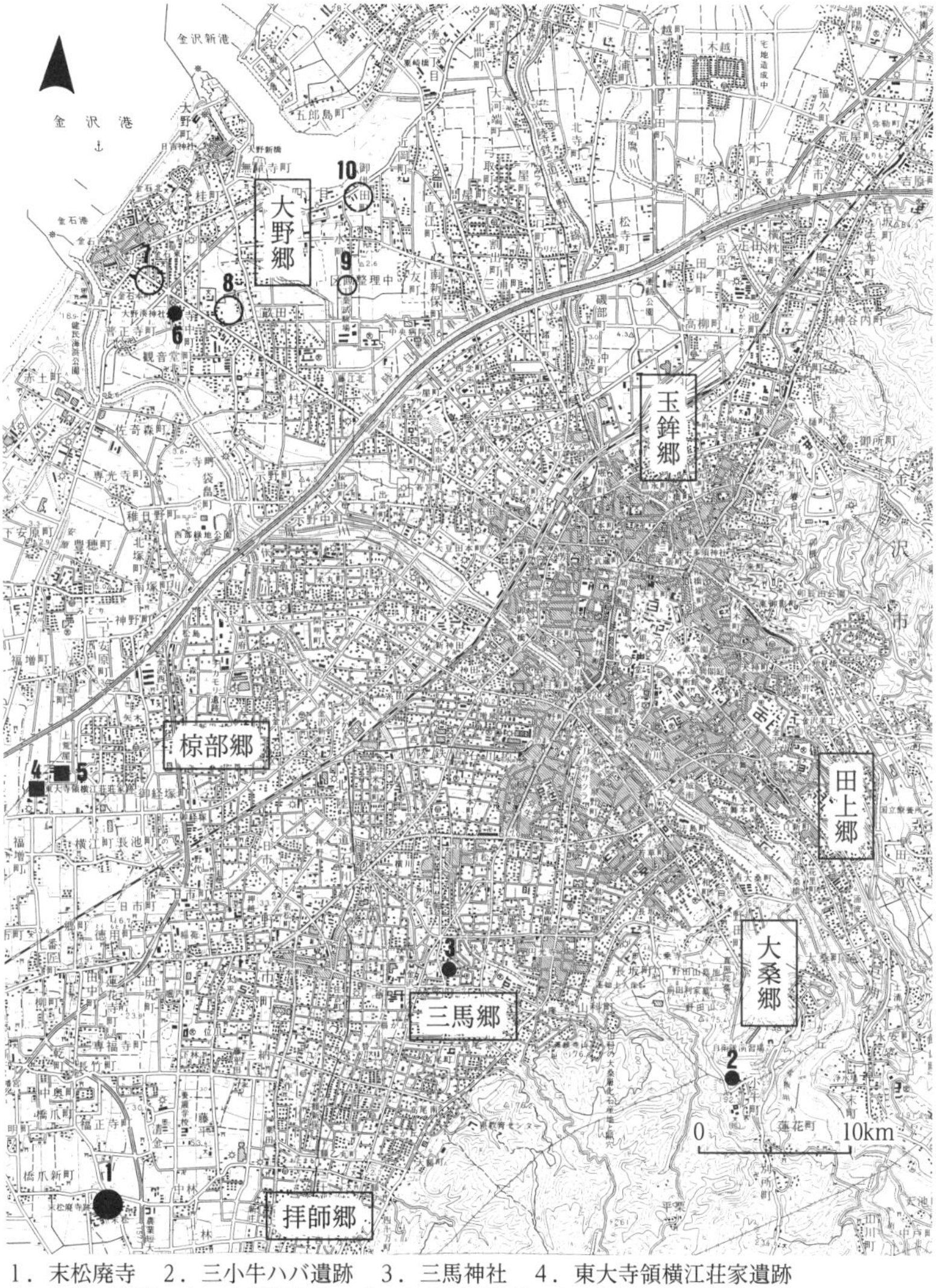

1．末松廃寺　2．三小牛ハバ遺跡　3．三馬神社　4．東大寺領横江荘家遺跡
5．上荒屋遺跡　6．大野湊神社　7．金石本町遺跡　8．畝田・寺中遺跡
9．戸水大西遺跡　10．戸水Ｃ遺跡

図２－３　加賀郡遺跡分布図

御馬神社が存在するが、その地を流れる伏見川の上流の三小牛ハバ地内から、奈良時代の銅板如来立像が採集されている。その後昭和六二年（一九八七）に発掘調査が行われたところ、数棟の建物跡と「道」「山寺」と書かれた木簡や「三千寺」「沙弥」と墨書された土器、さらには写経に使用したと思われる定規などが出土しており、「道」「三千寺」などから「道君」が関係した山岳寺院と思われる。(31) またこの他にも金沢市角間の「イッチョウジ」遺跡や小松市八幡の浄水寺遺跡など、この周辺には多くの山岳寺院が存在しており、加賀を中心とした山岳修行が行われていた可能性が高く、それがこの説話にも反映されたのであろう。

下巻一六縁の舞台となる加賀郡大野郷畝田村は、現在の金沢市畝田付近に推定され、戸水C遺跡、金石本町遺跡、畝田・寺中遺跡などが近年発掘調査されている。金石本町遺跡からは「寺」の墨書土器や浄瓶・鉄鉢型土器が出土し、下巻一六縁では「仏を造り経を写して、母の罪を贖ひ、法事すでにをはりぬ」とあるところから、畝田村でも有力者が僧を招いて法会を行っていた可能性がある。その他初期荘園遺跡でもある上荒屋遺跡では、「僧」「仏曹」などの墨書土器とともに瓦当や鉄鉢型土器が、横江荘遺跡からは緑釉陶器の托・香炉蓋・鉄鉢などの土器が出土している。上荒屋遺跡も横江荘遺跡も弘仁九年（八一八）に東大寺領になるが、これらの遺物はそれ以前のものであるから、このような仏教関係遺物の存在からも、八世紀段階にこの地に僧侶が存在したことは裏付けることが出来る。

一方、戸水C遺跡は大型の掘立柱建物跡が検出され、「津」の墨書土器が出土している。畝田・寺中遺跡でも同様に「津司」の墨書土器が出土しているので、この地域に港湾が存在していた可能性が高い。さらに戸水大西遺跡からは「大市」と墨書された土器が見つかっているので、港湾に伴う市の存在がうかがえる。このように津などの水上交通の拠点に市があったことは、下巻二七縁の備後国の深津の市や中巻四縁の美濃国の少川市、中巻二七縁の「草津の川の河津」などからもうかがわれ、これらの地が人々の交通の要所で人々が集まる場所であったため、僧侶の布教の場となったと思われる。『日本後紀』延暦一五年（七九六）七月二二日条には、

生江臣家道女逓二送本国一。家道女越前国足羽郡人。常於二市鄽一、妄説二罪福一、眩二惑百姓一。世号二越優婆塞一。

とあり(32)、越前国足羽《あすは》郡出身の生江臣家道女《いくえのおみいえみちめ》が都の市において人々に対し布教活動を行っていたことが知られる。中巻一九縁でも、河内国の利苅《とかり》優婆夷が『般若心経』を読誦するのが見事であり、平城京の東の市にも赴いているところを見ると、このような僧侶が市を中心に布教していたことは明らかである。戸水Ｃ遺跡や畝田・寺中遺跡でも僧侶が存在し、そこでの布教の物語として下巻一四縁や一六縁の説話が創作され、語られたのではなかろうか。

山陽道

山陽道の説話も多く、播磨国を舞台とした上巻五縁・一一縁、備前・備中・備後にまたがる上巻七縁、備中国小田郡の上巻二九縁、備後国の下巻二七縁、美作国の下巻一三縁がある。

例えば上巻七縁では、備後国三谷郡三谷寺の僧弘済は亀に救われた後に備中の海辺にたどり着くが、帰路は山陽道を利用したと思われるし(33)、上巻二九縁の備中国小田郡や上巻一一縁の播磨国飾磨郡も、山陽道が通過する郡である。また上巻七縁では、弘済が京で寺院造営のための物資を購入して運ぶため、船で瀬戸内海の海上交通を利用している。また上巻一一縁では、播磨国飾磨郡の濃於寺で元興寺僧の慈応が夏安居で『法華経』を講説している。濃於寺については不明であるが、飾磨郡は国府・国分寺の所在郡であり、山陽道の交通の要地であった（**図2-4**）。慈応のような官大寺僧が地方寺院での講説のために赴いている例は、中巻一一縁・下巻一九縁にも見える。

山陰道

山陰道に関する説話は少なく、「鷲の育て子」の上巻九縁のみである。この説話では、但馬国七美郡から丹後国加佐郡に移動しているが、ただし加佐郡には山陰道は通っておらず、在地の移動ルートである可能性がある(34)。

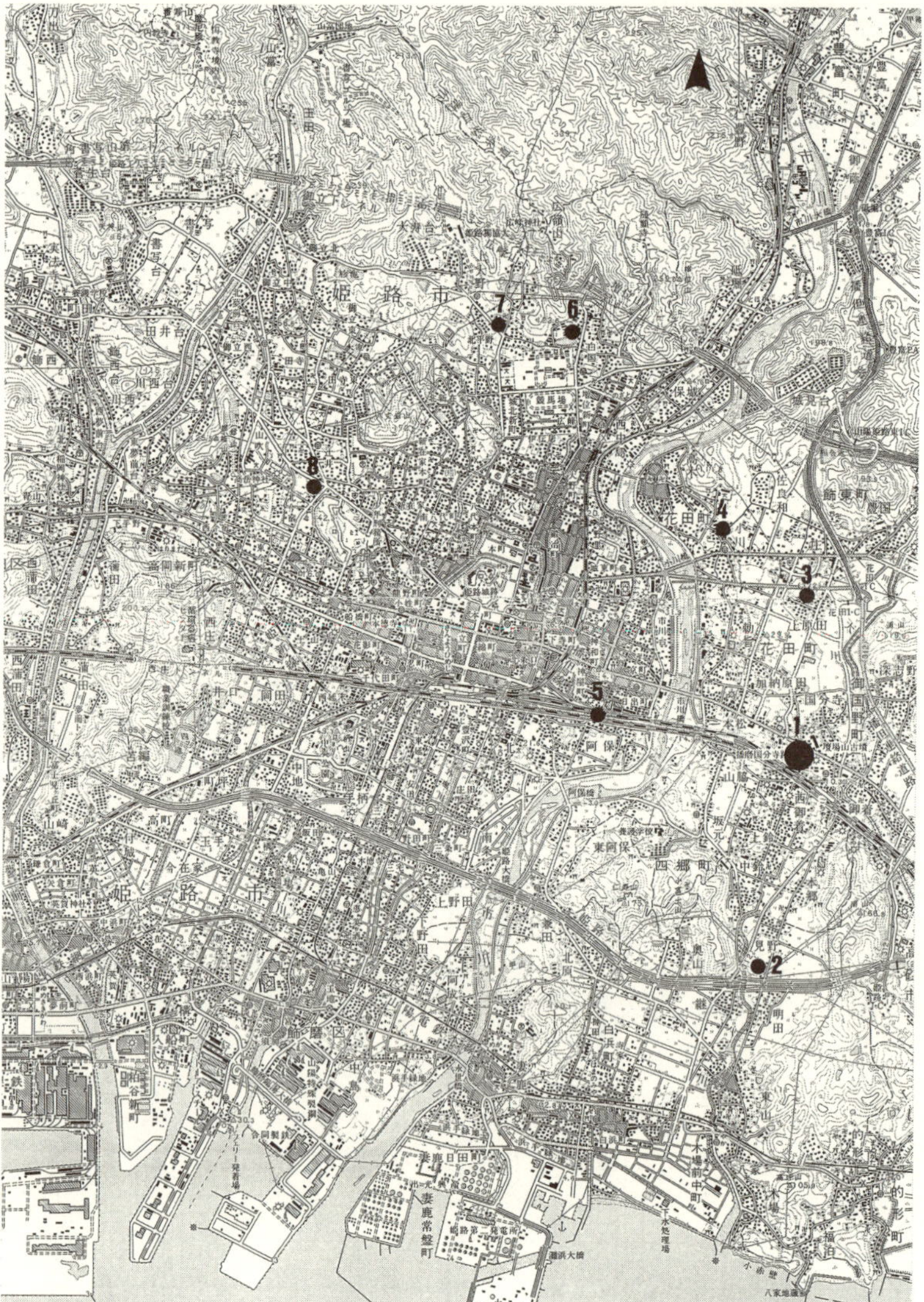

1．播磨国分寺跡　2．見野廃寺　3．上原田廃寺　4．小川廃寺　5．市之郷廃寺
6．白国廃寺　7．平野廃寺　8．辻井廃寺

図2－4　播磨国飾磨郡古代寺院分布図

南海道

南海道は紀伊国関係が一三話あり、下巻二五縁・三二縁・三八縁の淡路国、同じく中巻一六縁・二五縁・下巻二六縁の三話が残る讃岐国、下巻二〇縁が残る阿波国と、上巻一七縁・一八縁、下巻三九縁の伊予国がある。紀伊国関係の説話については、畿内を除く他の地域と比較しても説話数が多く、景戒紀伊出身説の根拠となっている。

紀伊国関係の説話が多いのは、景戒との関係から離れて地理的な面を重視すると、紀ノ川ルートで紀伊から大和に入るルートが存在する。下巻三二縁では、大和国高市郡波多里の呉原忌寸《くれはらのいみき》名妹丸《なにもまろ》が紀伊国海部《あまべ》郡で漁を行っているし、下巻六縁では、吉野山で修行している大僧が弟子に魚を買いに行かせ、弟子は紀伊国の海辺で魚を購入している。このように紀伊と大和国との間には、頻繁な交通ルートが存在していたと考えられる。

一方で紀伊国は海に面しているため、海難事故に関係する説もある。下巻三二縁は海難事故に関係する説話であるが、下巻二五縁も海難事故に遭遇した漁民が淡路国に漂流している。これは交通とは言えないが、その後帰郷しているところを見ると、海上交通の存在も推測される。

また讃岐国の三説話の舞台は、三話とも舞台とする郡は異なるが、それらはみな南海道上に位置し、地獄冥界説話というモチーフが共通するところから、説話の作者は南海道を移動する者であることが推定される。[35] とくに中巻二五縁では、山田郡の女性と鵜垂《うたり》郡の女性が同姓同名であるという設定で、この両地域には交通路が存在するとなると、それは南海道をおいては他にない。また下巻二六縁でも、牛に化した田中真人広虫女を見に国中の人が集まったとあるところから、交通の要地であることが推測される。

次に伊予国の説話では、上巻一七縁は白村江の戦いから筑紫の大宰府に帰還し、本国の越智郡に戻っているから、瀬戸内海を渡る海上交通があったのであろう。同じく上巻一八縁では、大和国葛木上《かづらきのかみ》郡の丹治比《たじひ》氏が伊予国和気《わけ》郡の日下部猴《さる》の子に生まれ変わるという説話で、二つの地域との交通では伊予国和気郡には熟田津《にぎたつ》が存在していた可能性を考えると、これも海上交通の存在を考えるべきであろう。

西海道

西海道では、地獄冥界説話の上巻三〇縁、下巻三五縁・三七縁があり、肥後国を舞台とする下巻一九縁がある。

まず、上巻三〇縁の大宰府と豊前国京都《みやこ》郡の交通路については、京都郡には大宰府から豊前国府を経由して豊後国府に向かう西海道豊前路が通り、多米・苅田の二駅が存在する。したがって京都郡は、大宰府に向かう交通路と豊後に向かう交通路の分岐点にあり、交通の要地であったことが知られる。

次に下巻三五縁は、肥前国松浦郡の火君が主人公であり、地獄冥界の様子を大宰府に報告した解状《げじょう》が都に送られている。大宰府から肥前国松浦郡に向かうには、水城正門から出て鴻臚館に向い、筑前西部から海岸沿いに肥前国松浦郡に向かうルートと、西海道西路から分かれて佐賀郡の肥前国府に向い、小城郡高来駅から松浦郡に向かうルートがある。

下巻三七縁も三五縁と同じモチーフの同類異話で、平城京に住んでいた人が筑前に下向し、地獄の様子を見聞して大宰府に報告したが信じてもらえず、自ら都に戻って佐伯宿禰《さえきのすくね》伊太知《いたち》の妻子に伝えたとあるから、筑前国が舞台で平城京と大宰府の交通が示されており、とくに三七縁では、京との交通に船を使用していたことが知られる。『延喜式』民部省下国司赴任条では、「凡山陽・南海・西海道等府国、新任官人赴レ任、皆取二海路一」とあり、[36] 国司の赴任には海路を取ることが規定されている。また西海道の国司の帰任については、『令集解』賦役令雑徭条所収古記説が所引する和銅五年（七一二）五月十六日格には、国司の帰任について「其取二海路一者、水手准二陸夫一数」とあるので、[37] 海路で帰任する場合があったことがわかる。[38] これからすれば、京から筑前に下向し船で京に戻った「その人」は、国司かその従者であった可能性が高い。

また下巻一九縁では「筑紫の国府の大国師」とあり、「筑紫の国府」は大宰府と見られるので、筑紫国師は大宰府に所属して九州全域の諸寺・僧尼を管轄するものと思われる。下巻一九縁の大安寺僧戒明が地方で安居会の講師を務めたことは、国師の宗教的職務の一つであろう。戒明が佐賀国佐賀郡に向かうには、大宰府を立ち基肄《きい》郡基肄駅を通って佐賀郡に入ったと思われ、佐賀郡は国府・国分寺の他に佐嘉駅があるから交通の要地である。さらに興味深いのは、佐賀駅の次に位置する高来駅を北上すると、下巻三五縁の舞台となる肥前国松浦郡に達し、下巻三五縁も三七縁も説話の内容の範囲は、大宰府を中心としていると考えられる(39)。

一方、下巻一九縁の舞台は肥後国八代郡豊福郷であるが、『延喜式』兵部省条では豊向駅が置かれたと考えられ、豊福郷は大宰府から日向国に向かう肥後・日向路のルート上にある。尼は出身地の八代郡豊福郷から同じ部内の託磨郡に向かい、さらに肥前国佐賀郡の安居会にも参加する。少なくとも下巻一九縁の創作者は、肥後国八代郡豊福郷から託磨郡、肥前国佐賀郡まで広範に交通していたことが考えられる。

また説話では、託磨郡の肥後国分寺僧と豊前国宇佐郡宇佐八幡宮の神宮寺（弥勒寺）が登場するから、弥勒寺の僧は豊前国宇佐郡から豊後国を経由して豊後・肥後連絡路で肥後国坂本駅・蛟藁《かわら》駅を経て託磨郡に入る経路か、または豊前路に出て大宰府に行き、そこから筑後を経て大隅路で肥後に向かう経路が考えられる。豊前道から大宰府に向かい、そこから南下して肥前を通って肥後に向かったと考えれば、『霊異記』の九州関係説話は大宰府を中心とする交通路で結ばれていると考えられる（図2-5）。ではこれらの説話が唱導された場は、どのような場であろうか。

上巻三〇縁に見える「二つの駅度《わた》るばかりに」とは、多米・苅田の駅家を指すものと思われ、説話の中では京都郡以外の地域は述べられていないので、京都郡を中心とする地域で唱導されていた可能性が高い。京都郡内で説話が成立した年代までに造営されたと考えられる古代寺院は、行橋市大字福丸字上長町に所在する椿市廃寺しかないから、そこで唱導されていた可能性が高い。下巻一九縁の安居会も、佐賀君児公が郡領級の豪族と考えられるから、自らの

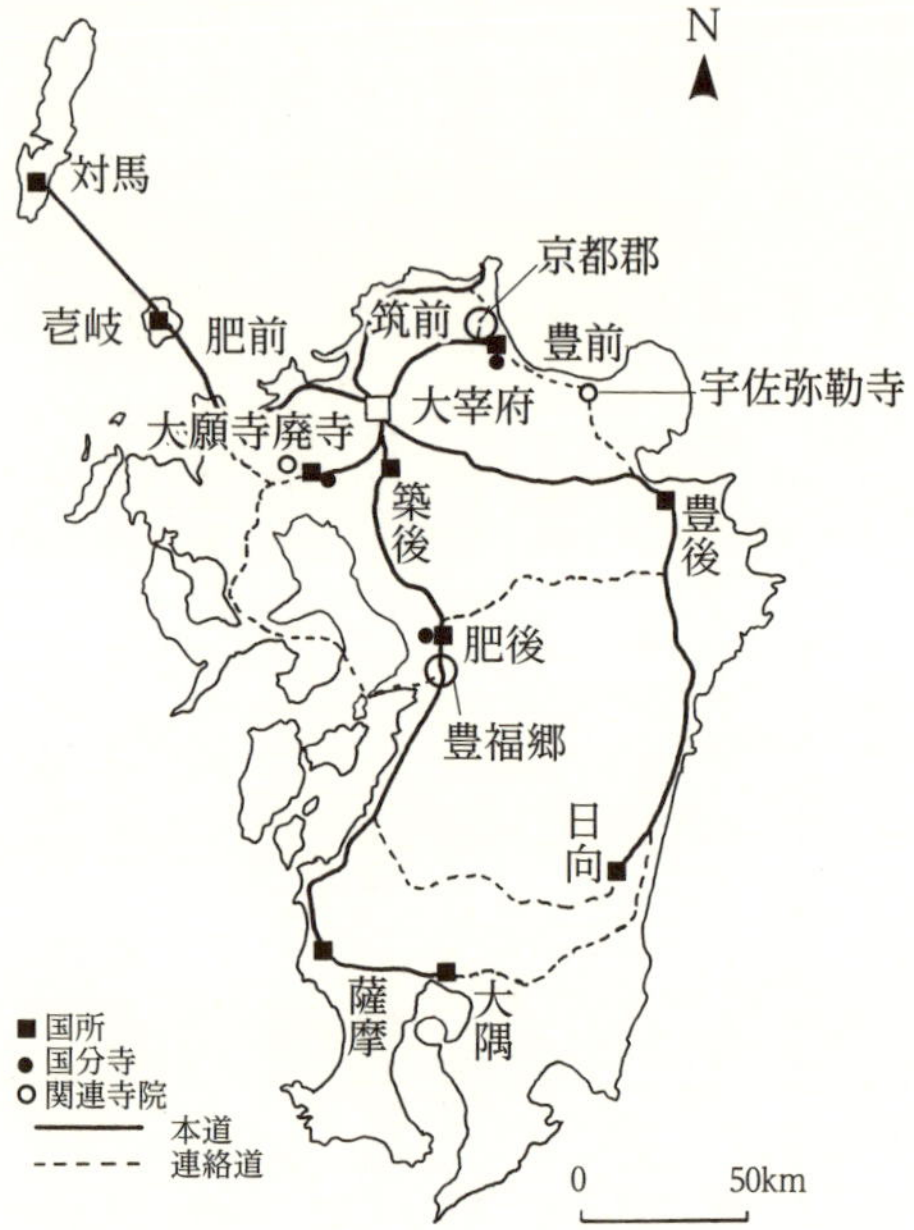

図2－5　九州地方の交通路

氏寺で行った可能性が高く、肥前国佐賀郡の古代寺院には国府・国分寺や佐嘉駅に近接して大願寺廃寺が存在する。

　また下巻一九縁の肥後国に関連する寺院遺跡では、熊本県宇城市松橋町古保山廃寺があり、付近には宇城市豊野町下郷に所在し延暦九年（七九〇）などの石碑で有名な浄水寺跡や、下益城郡城南町道ノ上に所在する陣内廃寺が存在する。これらの三寺院跡は距離にしても約五キロメートルで近接しており、八代郡豊福郷周辺には古代寺院跡が集中している様相が見られ、豊福郷周辺には豊向駅家が置かれているところからも、下巻一九縁はこのような在地の寺院や仏教信仰圏、そして交通路の存在の中で成立したものと考えられる。

水上交通

以上のように、古代の僧侶は官道を利用して移動していたと思われるが、他方で水上交通の可能性も指摘したい。先述したように瀬戸内海を中心とした海上交通や美濃・尾張国の河川交通などの水上交通の存在を指摘したが、その他にも太平洋沿岸の海上交通が存在する。

下巻四縁は、称徳天皇の時代に奈良の高僧が、娘婿と共にその任地である陸奥国に「駅船」で向うが、高僧に借金をしていた娘婿が途中でこの高僧を海に投げ込むものの、『方広経』のおかげで高僧が難を逃れたという説話である。ここでは「駅船」という表現が見られるが、律令制ではこのような制度はなく、陸奥国への水上交通の可能性は否定的であった。しかし近年発掘調査された荒田目《あっため》条里遺跡から出土した1号木簡には、「郡符　立屋津長伴マ福麿　可□召×／右為客料充遣召如件長宜承×」とあって、この木簡は磐城郡司が立屋津長の伴マ（大伴部）福麿に差し出した郡符木簡で、立屋津に来客があって津長が郡司の命令を受けて周辺の人々を徴発したと考えられる。磐城郡家の付近に津〈港〉があり、「津長」という港湾管理者が存在していたことは注目に値し、律令制の交通制度では、陸上交通の駅制は七道を中心に陸路の交通路に一定の距離ごとに駅家が設置され、公用の駅使に乗り換え用の馬や食料などが支給されたが、「駅船」も同様に制度としてではないが、公用の使者を運ぶ海上交通であった可能性がある。[40]

おわりに——僧侶の交通の意義

以上、『霊異記』に見える僧侶の交通について、七道を中心にして検討した。その結果、僧侶の交通については（1）地方から中央へ上京する僧侶と（2）中央から地方に下向する僧侶の姿、そして（3）各地を遊行する僧侶たちの交通の活発な様相が見られる。先述したように『駿河国正税帳』や『周防国正税帳』では、国内を往来する国師などの僧侶の姿が示されている。『霊異記』においても交通路は官道が中心であったと思われ、説話の分布地域を見ると、国府・国分寺所在郡やそれに隣接する地域が舞台となっている例が非常に多い。[41]このことは説話の形成者か唱導者が、官道を中心としたルートを交通していたことが想定され、地域間交通を考える上でも重要である。

さらにとくに記事の上では明記されていないが、同類異話の場合はその共通性は明確であり、同類異話の舞台と

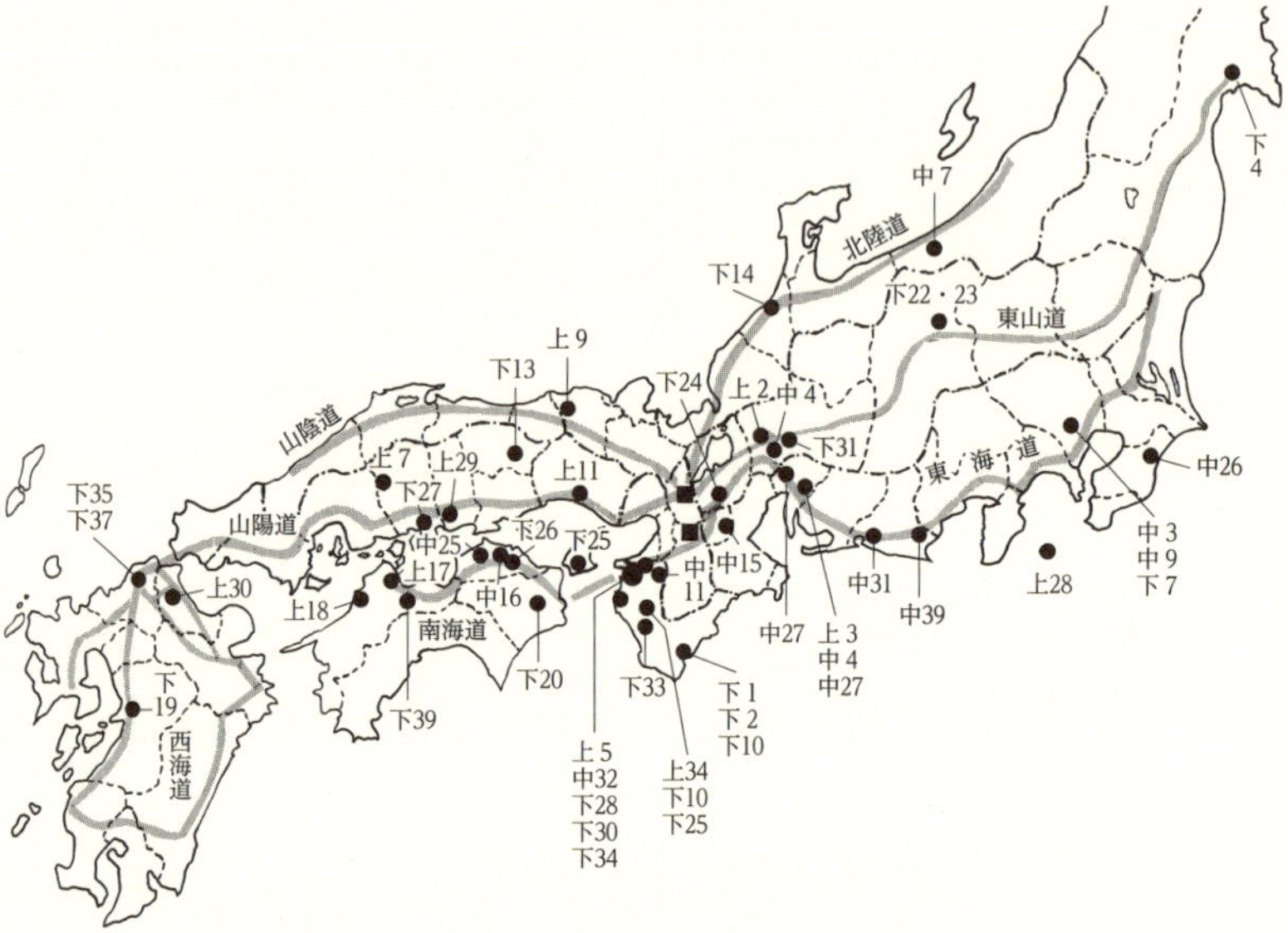

図2－6　『霊異記』地域関係説話分布図（畿内を除く）

なった地を結ぶことによって、説話を共通する布教集団の交通が想定される。同類異話である上巻一〇縁と中巻一五縁の化牛説話や、中巻八縁と一二縁の蟹報恩譚は、それぞれ大和と伊賀、大和と山背を往来する同一布教集団による可能性が高く、とくに大和と伊賀の間は、聖武天皇が伊賀・伊勢から東国に向かった「都祁山之道」というルートが存在した。また中巻八縁と一二縁の蟹報恩譚は、行基集団の布教ルートとも関連するものともわれる。このように同類異話の分析は、布教集団の交通の可能性を追うには有効な手段であろう。

また『霊異記』下巻一七縁では、「痛きかな、痛きかな」という仏像の声を、山を越えてきた病人の声と思ったというところがあるが、『書紀』持統八年（六九四）三月己亥条には、病人たちが益須《やす》寺に宿って病を治す記事が見えるので、寺院が病人や旅行中の急病人にとっての拠点となっていることがわかる。とすれば交通する僧侶にとっても、寺院が拠点となったとしてもおかしくはない。また在地の村落を移動する僧侶としては、例えば千葉県東金市の作畑遺跡と久我台遺跡からは、同時期の土器に同一人物の筆跡で「弘貫」と書かれた墨書土器が出土しており[42]、「弘貫」を僧侶と見れば、複数の村落を遊行する僧侶の姿が見て取れる。

『霊異記』の地域関係説話の分布を見ると（図2-6）、いくつか特徴的な点を見出すことが出来る。まず一つは、西海道・南海道・山陽道・北陸道・東山道・東海道などの官道沿いの郡に、説話が展開することである。そして次に説話が展開する郡には、国府・国分寺・古代寺院や駅家などの交通機関が存在する例が多い。上巻三〇縁などは「駅家」が存在する典型であり、「津」においても下巻二七縁や中巻四・二七縁などはその典型であろう。このように『霊異記』地域関係説話の分布地は、それぞれ地域における交通の要地であることが明らかであり[43]、伝播の経路としても要地であることが指摘できる。ただし、『霊異記』に見えるこのような広範にわたる地域の説話の形成者については、今後分析が必要であろう[44]。

『霊異記』の説話では、官僧だけでなく修行僧の交通も多く見られるが、そのような背景について堅田理氏は、民間修行者が王権から保護されることによって自由な交通が可能であったと指摘する[45]。民間修行者が王権から保護されたかどうかは『霊異記』からは見出せないが、少なくとも古代の僧侶の交通は、想像以上に活発であったことは指摘できよう。同時に説話の舞台となった地域の僧侶たちの姿を復元することで、地域における交通路やそれを利用する民衆の姿も浮かび上がらせることが出来る。民衆史という観点からも、『霊異記』に見える交通路の検討は大きな意義を持つものと思われる。

注

（1）鈴木景二「都鄙間交通と在地秩序―奈良・平安初期の仏教を素材として―」（『日本史研究』三七九　一九九四年）。
（2）川尻秋夫「日本古代における在地仏教の特質」（大金宣亮氏追悼論文集『古代東国の考古学』　慶友社　二〇〇五年）。
（3）新日本古典文学大系『続日本紀』五　岩波書店　一〇五頁。

（4）橋本克彦「霊異記による仏教地方普及の考察」（『中央大学文学部　紀要』史学科一七　一九七二年）

（5）新日本古典文学大系『続日本紀』一　岩波書店　五三頁。

（6）角田文衞「国師と講師」（『新修国分寺の研究』第六巻　総括　一九九六年）、柴田博子「国師制度の展開と律令国家」（『ヒストリア』一二五　一九八九年）、同「諸国講読師制成立の前後」（『奈良古代史論集』二　一九九一年）。

（7）佐竹昭「国分寺と国師」（須田勉・佐藤信編『国分寺の創建』思想・制度編　吉川弘文館　二〇一一年）。

（8）『類聚三代格』巻三　天平勝宝四年閏三月八日官符「応㆓畿内七道諸国々師交替㆒事」一〇九頁。

（9）前掲注（1）鈴木論文

（10）中村史『日本霊異記と唱導』三弥井書店　一九九五年。

（11）新訂増補国史大系『延喜式』主税上　六六二頁。

（12）薗田香融「古代仏教に於ける山林修行とその意義」（『南都仏教』四　一九五七年、のち『平安佛教の研究』法藏館　一九八一年　所収）、拙稿「『山寺』の実態と機能―『日本霊異記』を中心として―」（根本誠二・サムエル・C・モース編『奈良仏教と在地社会』岩田書院　二〇〇四年）。

（13）前掲注（1）鈴木論文。

（14）在地の村落遺跡や墨書土器などを検討する考古学の立場から僧侶の活動を想定する論考には、以下の主な論考がある。平川南「墨書土器とその字形―古代村落における文字の実相―」（『国立歴史民俗博物館研究報告』三五　一九九一年、後『墨書土器の研究』吉川弘文館　二〇〇〇年所収）、宮瀧交二「考古学と文献史学（4）」―出土文字資料研究の成果」（『考古学研究』五六―四（二二四）二〇一〇年）、笹生衛「考古学から見た『日本霊異記』―東国関係の仏教関連遺跡の動向から―」（『歴史評論』六六三　二〇〇五年、のち『日本古代の祭祀考古学』吉川弘文館　二〇一二年に所収）。

（15）藤本誠「『日本霊異記』における備中国説話の成立―上巻二九をめぐって―」（『吉備地方文化研究』二三　二〇一三年）、「『日本霊異記』における悪報譚の特質―仏法迫害説話を中心として―」（『水門』二四　二〇一二年）。

（16）松原弘宣「地域交易圏の形成と交通形態」（『日本古代水上交通史の研究』吉川弘文館　一九八五年）。

（17）新訂増補国史大系『類聚三代格』四九五頁。

（18）寺川眞知夫「尾張国の力女伝承」（『日本国現報善悪霊異記の研究』和泉書院　一九九六年）。

（19）福岡武志「尾張元興寺と片輪里―尾張南部の交流拠点―」（梅村喬編『伊勢湾と古代の東海』古代王権と交流四　名著出版　一九九六年）。

（20）前掲注（16）松原著書「地方市と水上交通」。

（21）前掲注（16）松原著書、栄原永遠男「伊勢湾交通からみた北伊勢の地域的特質」（『三重大史学』七　二〇〇七年）。

（22）新訂増補国史大系『延喜式』兵部省　七一二頁。

(23) 西村真次「寧楽時代の地方市場」(『日本古代経済』交換篇　第二冊　東京堂　一九三三年)・『岐阜県史』通史編　古代　第十二章第一節　一九七一年、吉田東吾『大日本地名辞書』四五八頁　冨山房　一九七〇年(増補版)。
(24)「御野国戸籍」『大日本古文書』一　四〇～四八頁。
(25) 新訂増補国史大系『続日本後紀』二二八頁。
(26) 新訂増補国史大系『延喜式』神名下　二四九頁。
(27) 原田敦子「石を産んだ話」(黒沢幸三編『日本霊異記―土着と外来』三弥井書店　一九八六年)。
(28) 新訂増補国史大系『続日本後紀』一七八頁。
(29) 森田喜久男氏は、内陸部に居住する横江臣氏が開発の担い手として大野郷に移住した可能性を指摘する(『古代地域社会における開発―越前国加賀郡大野郷畝田村の場合―』『日本古代の王権と山野河海』吉川弘文館　二〇〇九年)。
(30) 露木悟義「霊異記小考―寂林法師の説話の伝承系譜を中心に―」(『古代文学』一一　一九七八年)
(31) 久保智康「北陸の山岳寺院」(月刊『考古学ジャーナル』三八二　一九九四年)、望月精司「加賀国府周辺の古代山林寺院(石川県)」(『佛教藝術』三一五　二〇一一年)。
(32) 新訂増補国史大系『日本後紀』四頁。
(33) 拙稿「『日本霊異記』地方関係説話形成の背景―備後国を例として―」(『日本歴史』七五八　二〇一一年)。
(34) 秋吉正博「『日本霊異記』の地域像―七世紀の播磨と但馬―」(『新兵庫県の歴史』三、二〇一一年)
(35) 拙稿「『日本霊異記』地獄冥界説話の形成―讃岐国の説話を中心として―」(『続日本紀研究』三九五　二〇一一年)。
(36) 新訂増補国史大系『延喜式』民部省　五八三頁。
(37) 新訂増補国史大系『令集解』賦役令雑徭条　四三七頁。
(38) 松原弘宣「地方官の交通と伝馬制」(『古代交通研究』一一　八木書店　二〇〇一年)。
(39) 拙稿「『日本霊異記』九州関係説話の成立」(『説話文学研究』四七　説話文学会　二〇一二年)。
(40) 拙稿「古代東北地方への仏教伝播―『日本霊異記』下巻第4縁を中心に―」『古代社会と地域間交流Ⅱ―寺院・官衙・瓦からみた関東と東北―』(国士舘大学考古学会編　六一書房　二〇一二年)。
(41) 米村静枝「説話中より見た選述者景戒の人物と足跡」(『實踐文學』二六　一九六五年)
(42) 平川注(14)著書。
(43) 加藤謙吉氏は『霊異記』の紀伊・大和南部・和泉の説話の舞台は、例外なく古代の水陸交通路に沿う形で展開していると指摘する(「聞く所に従ひて口伝を選び…」―古代交通路と景戒の足跡―」『日本霊異記を読む』吉川弘文館　二〇〇四年)
(44) これらの地域説話については景戒の創作と考える説もあるが(例えば註(43)加藤説)、遠隔地においては書承資料によるものも多かったと思われ、説話の形成者も景戒以外を考えるべきであろう。(『日本霊異記説話の地域史的研究』法藏館　二〇一六

年刊行予定）

（45）堅田理「八世紀における僧尼の交通と地域社会」（『日本の古代社会と僧尼』法藏館　二〇〇七年）。

第3章　近江国野洲郡の開発と交通

東山御文庫所蔵「近江野洲郡寺領文書写」の検討

宮　川　麻　紀

はじめに

東山御文庫に「近江野洲郡寺領文書写」一巻と称する文書が存在する。本文書の釈文はすでに『守山市史』下巻や『平安遺文』二巻四一九号、四巻一三二九・一三三二号文書、『鎌倉遺文』三七巻二八九六五号文書などに掲載されているが、画像と照合すると文字の異同も少なくない。また、本文書は近江国野洲郡の条里復原に利用されることが多かったが、当該地域が律令国家形成過程において果たした意義は十分に考察されてこなかったように思う。そこで、本稿ではこの文書の紹介を通して、当該地域の歴史像を検討してみたい。

1　文書の伝来について

本稿で扱う「近江野洲郡寺領文書写」一巻（東山御文庫　勅封四六―二四）は、嘉暦二年（一三二七）「日吉行幸御供奉雑事」（東山御文庫　勅封四六―二四）の紙背文書であり、『洞院家六巻部類』第二巻にも収められている。そもそも、『洞院家六巻部類』とは、藤原氏閑院流の西園寺家庶流である洞院家旧蔵の記録・文書類を、近世のある時点で集めて編集したものである。[1] 洞院家は西園寺公経の三男実雄に始まるが、文明八年（一四七六）に断絶して多くの文書が散失した。ただし、後に『洞院家六巻部類』・『洞院家廿巻部類』に収められたものもあり、その大部分は中院家（後鳥羽上皇後見の源通親の五男通方に始まる）を経て天海・公海の所蔵となり、後西天皇に献上された。現在は、京都御所東山御文庫本や高松宮家伝来禁裏本（国立歴史民俗博物館に移管）の一部として伝えられ、陽明文庫にも分蔵されている。(2)

本文書は「日吉行幸御供奉雑事」の紙背であるが、この日吉社への行幸は嘉暦二年三月一日に、後伏見上皇がその女御であった広義門院の病気平癒を祈願して行ったものである。(3)広義門院は西園寺公衡の娘、藤原寧子であり、後伏見上皇の女御となって光厳・光明天皇を生んだ女性である。この行幸の記録を残した人物は不明であるものの、大納言兼右近衛大将で右馬寮御監を兼ねていた洞院公賢(4)が関与した結果、記録が洞院家に伝わった可能性もある。本文書は正中二年（一三二五）付けの文書二通およびその参考資料として収集され、それらが記された二年後の嘉暦二年に「日吉行幸御供奉雑事」が記されている。正確な経緯は不明であるが、荘園の相論に関する文書の写しである本文書群が洞院家の人物（公賢か）により作成あるいは入手され、紙背に「日吉行幸御供奉雑事」が記されて洞院家に伝わったことが分かる。

2　文書の構成と内容

本文書は全十一紙から成り、貼り継がれている順に並べると、以下のようになる。(5)

A　正中二年（一三二五）四月「尊勝院雑掌陳状」
B　長保三年（一〇〇一）一二月七日「近江国符案」
C　寛治七年（一〇九三）八月二一日「太政官符案」

D　正中二年正月「大安寺領近江国渕庄雑掌注文」

E　治安三年（一〇二三）九月二三日「官宣旨案」……Dに添付された。

F　寛治八年（一〇九四）五月二九日「官宣旨案」……Dに添付された。

G「尊勝院雑掌注文」……Dに添付されたもので、正中二年の文書か。

これらの文書を時系列順に並べ替え、その内容を簡単にまとめておく。Bは、近江国司から野洲南郡司へ下された符である。先例や東三条院（藤原詮子）の牒により、□源寺領中津神埼庄の官物を免除することを指示している(6)。また、中津神埼庄の坪付も記載されている。Eは左弁官から近江国司へ下された官宣旨であり、大安寺領野洲庄・渕庄の収公を免除することを指示している。Cは太政官から近江国司へ下された官符であり、尊勝院領中津庄の荒田に対する京法華寺の妨げを停止すべきことを指示する。中津庄の四至の記載もある。Fは左弁官から大安寺へ下された官宣旨であり、大安寺講堂などの造立の間、野洲庄・渕庄などへの国司入勘や臨時雑役を免除すべきことを指示している。Dは大安寺領渕庄雑掌による言上であり、尊勝院僧正坊領の中津庄が出した陳状の破棄と、渕庄の領掌の認定を求める。そして、E・F・Gを添付している。GはDに添えた文書で、尊勝院雑掌が提出した民部卿家領（不詳）の坪付内に、他領が混在していることを指摘する。上東門院（藤原彰子）領・陽明門院（禎子内親王）領・某領橘庄・井上三昧田・法隆寺領の坪付の記載もある。Aは尊勝院雑掌の陳状である。大安寺の主張を退け、中津庄の土地として認定することを求めている。

本文書群は諸荘園の相論に関わるものであるが、最終的には尊勝院領中津庄と大安寺領渕庄との相論を決裁する際に、両者から提出されたAとD（およびDに添付されたE・F・G）に加えて、中津庄の坪付や四至を記した資料としてB・Cが集められたことが分かる。おそらく、洞院公賢はその決裁に際して、本文書群を写し取ったのではないか。正中二年に公賢は大納言兼春宮大夫であり、本文書群も彼が政務の必要上、写し取った可能性を提示しておきたい。なお、これらの荘園は『民経記』寛喜三年（一二三一）一〇月二一日条に、伊勢公卿勅使が通過する荘園として列挙されている。時期はＦとＤの間にあたり、渕庄を含む大安寺領九ヶ所や、延勝寺領中津南・北庄（尊勝院領中津庄。延勝寺は本家職）、京法華寺領野洲南庄、法隆寺領野洲南庄、薗城寺領野洲南北庄の存在が確認できる。

3　野洲郡の条里復原と荘園の所在地について

次に、野洲郡の条里を復原して、荘園の所在地を特定する必要がある。野洲郡の条里は既に先学により示されているが、一条から三条までが「邇保庄条里図」、四条から六条までが「安治村条里小字図」、六条が西河原森ノ内遺跡出土四号木簡、八条から一〇条までが本文書群のうちＢ・Ｃ・Ｇ文書というように根拠となる史料があり、野洲市五条・六条、野洲市五之里（九条五里）、守山市十二里町（一五条一二里）などの地名も残存する。(7) 詳細は省略し、復原図のみを挙げておく（**図3-1**）。さて、この中で坪付の記載のない渕庄はどこに所在したのであろうか。Ａ文書によれば、渕庄は野洲郡布智郷に所在した百町の荘園である。野洲郡は『倭名類聚抄』（二〇巻本）に三上郷・敷智郷・服部郷・明見郷・邇保郷・篠原郷・駅家郷とあり、このうち敷智郷が渕庄の所在地であったことが分かる。「敷智」の地名は現在まで残っており、滋賀県守山市播磨田町には敷智山円立寺がある。当寺が所蔵する「敷智山播磨田寺伽藍図」には、文亀元年（一五〇一）付けで播磨田寺の縁起が記されており、この伽藍図自体はそれを後世に書写したものであるとはいえ、円立寺が所在する一三条一〇里付近が敷智郷であったと推測することができる。(8)

野洲郡の大安寺所領については、天平一九年（七四七）「大安寺伽藍縁起幷流記資財帳」（『大日本古文書』〈以下『大日古』〉二－六二四）に「野州郡百町自レ郡北川原幷葦原／四至東百姓墾田 西川 南里 北山之限」とある。この所領は、「右、依二前律師道慈法師・寺主僧教義等啓白一、平城宮御宇　天皇天平十六年歳次甲申納賜者。」とあるように、聖武天皇により天平一

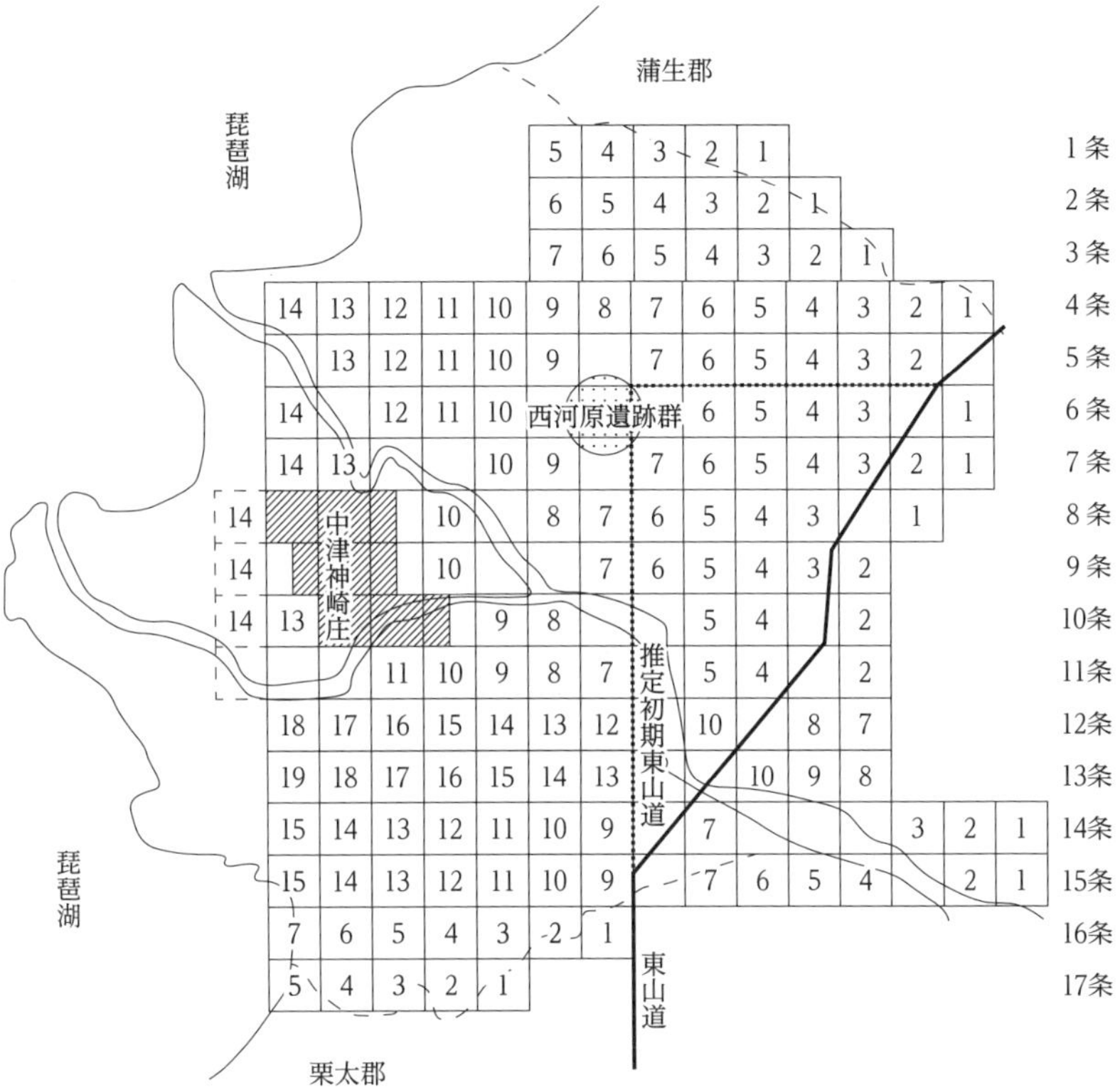

図3－1　野洲郡条里と中津神崎庄

六年（七四四）に施入された。この所領の四至に登場する「川」は野洲川の旧流路である境川である。境川は野洲郡とその南にある栗太郡との郡界となっており、七世紀後半から八世紀には野洲川の有力な分流となっていた[9]。また、この所領について「郡より北の川原幷せて葦原」と記されているが、この「郡」は小篠原遺跡に比定される野洲郡家のこととされる[10]。以上のことから、大安寺の資財帳に記された野洲郡の墾田地百町は、渕庄のあたりを指すと考えられる。また、資財帳によれば、この墾田地は聖武天皇が天平一六年に施入したものであり、D文書にある「天平官符」による施入がこれにあたると考えられる。

なお、本文書の中津神崎庄は、本免田が四至内の面積の約四七%でしかなく、耕地化された後に再び荒れた荒田が約一四%、他に未開拓地を多く含む地であったと指摘されている[11]。それに加え、本文書群が記された一一世紀以降、野洲川北流に比べて南流の堆積力が大きくなり、中津神崎庄の北側が沈水するなど、不安定な耕地利用がなされていたという。事実、荘園の坪付からは、「葦原」が広がる様子が見て取れるのであり、琵琶湖の湖岸線の移動や野洲川の河道の移動による制約を受けながら開発が進められたことがうかがえる。

4　大安寺領淵庄と王権との関わり

淵庄は聖武天皇により施入された所領であるが、舒明天皇や天武天皇によって施入された土地も含むことが、E文書に引かれる治安三年（一〇二三）八月一一日付けの大安寺奏状に記されている。このように、代々の天皇たちにより開発された土地が寺院へ施入された事例は、近江国愛智郡にも存在する。大安寺・元興寺・弘福寺の荘園は近江国愛智郡に所在するが、それらは斉明・天智朝に開発された王家の所領であり、大友皇子が継承後、壬申の乱で勝利した天武天皇によってこれらの寺に施入された[12]。

もともと大安寺は厩戸皇子の熊凝道場に端を発し、舒明天皇により百済大寺として創建された。それが天武天皇の時に高市大寺となり、大官大寺を経て大安寺が成立した[13]。したがって、後の大安寺領淵庄となる所領の一部を舒明天皇や天武天皇が施入したとする本文書の主張は説得力があり、史実と考えて問題ないと思われる。おそらく、愛智郡の大安寺領と同様に、淵庄も代々の天皇によって王領が施入されたのではないだろうか。推測の域を脱しないが、付近に所在する法隆寺領も上宮王家の所領が施入されたものであった可能性を指摘できる。

そうであるならば、当該地域がヤマト王権によって開発される過程を明らかにする必要があるだろう。それを考える材料として、安閑天皇の時に近江国に設置された葦浦屯倉を挙げることができる[14]。所在地は明確でないものの、守山市に隣接する草津市に芦浦町があり、そこには葦浦観音寺という聖徳太子創建の寺伝をもつ寺院も存在する。また、ミヤケに関連する地名として守山市三宅町、野洲市市三宅およびそこに所在する屯倉神社、守山市赤野井町の小字「イヌカイ」もある。[15]この赤野井町の集落は、周辺の集落と異なり南北の正方位であり、条里制よりも古い、屯倉に由来する地割を残しているという説もある。[16]さらに、付近の守山市欲賀町には、大安寺別院の欲賀寺が存在したとされる。文亀元年（一五〇一）「欲賀寺縁起」[17]によれば、欲賀寺は都賀山麓から醴泉や温泉が湧き出たことを契機として持統天皇により創建され、弘仁一四年（八二三）に大安寺別院となった。このあたりは王権や大安寺と深く関わる地域であったことが分かる。

　これらの地域の特色について、野洲川の旧流路である境川の自然堤防上にあることが指摘されている。[18]境川が湖岸に達する守山市杉江町・山賀町などでは、条里地割が湖岸近くまで認められる。そのため、境川は条里地割施行時までは存在し、土砂を河口に堆積させており、条里がそのあたりまで広がっていたことが分かる。ところが、八世紀半ば頃から境川は廃川化するとともに、流れが北遷して現在の野洲川の河道になったと考えられている。逆に考えれば、王権による当該地域の開発が進んだ七世紀には、境川が野洲川主流としてこのあたりを流れ、琵琶湖へとつながる河川交通の拠点となっていたことを推測できるのである。

　さて、葦浦屯倉が当地に存在したことを示す根拠についてみていきたい。安閑天皇の時、名代・子代として勾舎人部と勾靫部が置かれた。[19]安閑天皇は勾大兄広国押武金日天皇であり、勾金橋宮に住んでいたことからも分かるように、「勾」はその名に由来する。これに関連して、以下に釈文を掲げる栗東市十里遺跡出土一号木簡がある。[20]

・乙酉年四月一日召官大夫　勾連諸〔渚〕□〔相カ〕謀賜　即　下　　342，(26)，3　081形式
・「得」

この木簡にみえる「勾連諸〔渚〕□〔相カ〕」は安閑天皇の勾舎人部・勾靫部の統括者であると指摘されている。また、栗東市下鈎・上鈎という地名の「鈎」は「勾」に通じ、勾舎人部・勾靫部に由来すると推測できることから、このあたりには安閑朝に置かれた葦浦屯倉が所在していた可能性が高い。大橋信弥氏はこれについて、葦浦屯倉が近淡海安国造の安直氏[21]から献上され、安閑天皇の時に王家の支配拠点として成立した可能性を指摘している[22]。

5　西河原遺跡群の木簡と交通路

葦浦屯倉を拠点とした開発の後、当該地域には安評家（後の野洲郡家）が置かれて、ヤマト王権の支配拠点としての様相を呈していく。その支配のあり方を物語る史料として、西河原遺跡群から出土した木簡に注目したい。当遺跡群は、野洲市西河原（旧中主町）に所在する七世紀後葉から八世紀前葉の遺跡群である[23]。その内容には以下のようなものがある。まず、西河原森ノ内遺跡二号木簡を掲げておく。

・椋□〔直カ〕伝之我持往稲者馬不得故我者反来之故是汝卜ア〔部〕
・自舟人率而可行也　其稲在処者衣知評平留五十戸旦波博士家
410, 35, 2　011形式

その内容は、椋直が衣知評平留五十戸（後の愛智郡平流郷、現在の彦根市稲里）にある旦波博士（大友但波史）の家から稲を運ぼうとしたが、馬を調達できなかったため、舟人を率いて舟で運ぶよう卜部に命じたものとなっている。この木簡から、稲の運搬先である当遺跡内には稲を収める倉があり、馬を用いた陸上交通と舟を用いた水上交通の結節点であったことが分かる。なお、大友但波史は志賀漢人の一族で、椋直（倭漢氏の一族）の配下にあった。

当遺跡群の性格を示す木簡としては西河原一号木簡も重要であり、これは野洲郡司から馬道里長へ出された郡符木簡である。郡符木簡の特徴として、差し出された場所に戻されるのが一般的であることから、この木簡が出土した当遺跡群こそが野洲郡家（およびその前身となる安評家）あるいはその出先機関であり、馬道里は守山市の馬路石辺神社の付近かと推測されている。ただし、馬道里の場所については、西河原遺跡群をそれに比定する説も出されており、(24)後述する初期の東山道ルートや当遺跡群の交通の要衝としての性格から、当遺跡群自体を馬道里（郷）とする説も妥当かと考えられる。これについては今後の検討課題である。

その他にも西河原森ノ内遺跡からは、「馬道郷」や「馬道首」と記されている一号木簡や、「馬甘首」が登場する三号木簡、「馬評」とある七号木簡などが出土している。「馬道首」は後の駅路にあたる道の管理にあたった氏族、「馬甘首」は馬の飼育・提供にあたった氏族とされており、「馬評」は静岡県浜松市の伊場遺跡出土木簡にある「駅評」と共通するものと考えられている。したがって、当遺跡群が馬道郷に含まれるか否かは明言できないものの、近辺には後の東山道にあたる交通路を管理する集団が居住しており、初期の東山道がそのあたりを通過した可能性も考慮しなければならない。

東山道として史料上明確なのは延喜兵部省式に記されるルートであり、そこには野洲郡の駅として篠原駅が挙げられている。篠原は現在の野洲市大篠原・小篠原のあたりで、『東関紀行』や『十六夜日記』など中世の史料から宿場としてのにぎわいも推測できるため、古代東山道の通過地点と考えられている。(25)ただし、西河原遺跡群と篠原とは直線距離で四キロほど離れていることや、篠原を通るルートは条里の方向と合わないことからすれば、駅路に変更があった可能性が高い。すなわち、西河原遺跡群を通る当初の駅路から、篠原を通る延喜式の駅路へと変更されたということになる。(26)このうち、当初の駅路は西河原遺跡群まで条里と同じ方向に走った後に、直角に折れるルートが使用されていたとされている。(27)

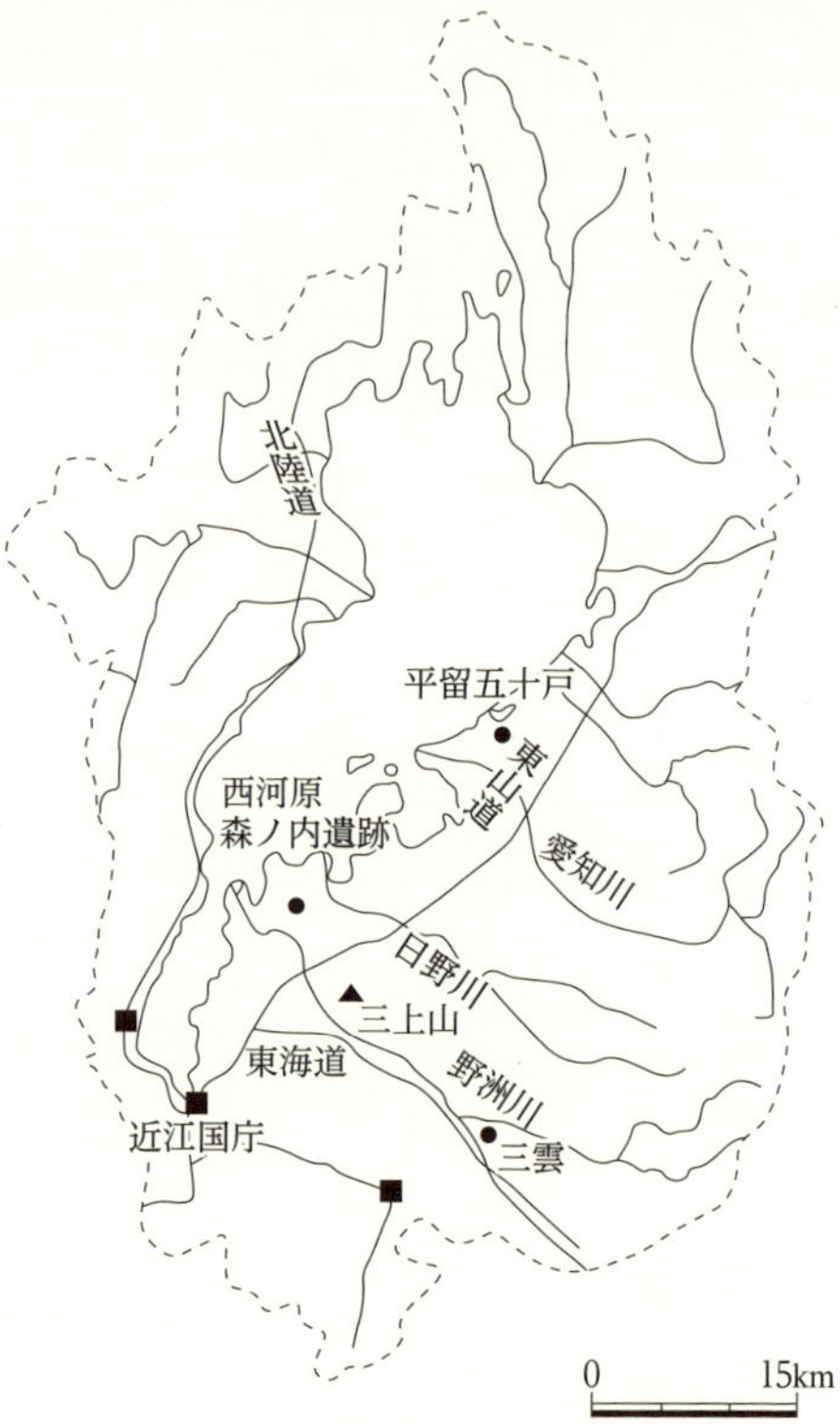

図3－2　西河原遺跡群と衣知評平留五十戸
（大橋信弥「近淡海安国造と葦浦屯倉」を一部改変）

このような陸上交通に加えて、西河原遺跡群では前掲の木簡に記された衣知評平留五十戸から船で至るルートも存在した（**図3－2**）。野洲郡には「夜須潮《やすのみなと》」という港[28]も存在していたことが分かっている。これは、甲賀郡の三雲から野洲川を下り、琵琶湖に出るあたりに所在した港であった。野洲郡において、野洲川や琵琶湖の水上交通も利用されていたことに留意しておきたい。

6　渡来系氏族による野洲郡の開発

西河原遺跡群は安評家とそれを継承した初期の野洲郡家、あるいは郡家別院であった可能性が指摘されており、出挙に関わる木簡や荷札木簡などが出土している。したがって、当遺跡群の木簡はヤマト王権、さらには律令国家による野洲郡の開発と支配の様相を物語る重要な史料といえるだろう。野洲郡の開発には多くの渡来系氏族が関与しており、例えば西河原森ノ内遺跡二号木簡に登場する「旦波博士」、すなわち大友但波史は、先述したように志賀漢人と呼ばれる渡来系氏族の一つである。また、西河原宮ノ内遺跡六号木簡には「佐太大連」や「石木主寸文通」という人名が記され、西河原森ノ内遺跡一号木簡にも「佐多直鳥」や「石木主寸□呂」がみえるが、これらは錦部村主や大友村主の一族とされている。後者の木簡には「登美史東人」もみえるが、これについては天平一四年（七四二）「近江国志何郡古市郷計帳」（『大日古』二-三二六、続修九）に丹波史の戸口として登美史がみえ、滋賀郡の渡来系氏族である可能性があるという(29)。さらに、西河原森ノ内遺跡六号木簡にみえる「民直安万呂」は、椋氏とともに倭漢直であるとされている(30)。

このように、西河原遺跡群の木簡には多くの渡来系氏族が登場することに加えて、特に西河原森ノ内遺跡二号木簡や西河原宮ノ内遺跡六号木簡の表記は韓国出土木簡と共通点が多く、書記者が渡来人であったと考えられることも指摘されている(31)。したがって、安評（野洲郡）を統治する上での実務にあたっていたのは渡来系氏族を中心とする人々であり、ヤマト王権は彼らが有する朝鮮半島由来の知識や技術を導入することによって、葦浦屯倉や安評の設置・運営を可能にしていったことがわかる(32)。

この他にも、野洲郡に渡来系氏族が多く居住していたことを示す史料がある。天平一七年（七四五）八月三日「優婆塞貢進解」には、「近江国野洲郡敷智郷戸主」として「穴太野中史玉手」がみえる（『大日古』二五-九五、丹裏文書第三九号）。また、『続日本紀』延暦六年（七八七）七月戊辰条には、「近江国野洲郡人正六位上大友民日佐龍人」などが志賀忌寸に改姓されている。この「大友民日佐」も五世紀後半に近江に集住した志賀漢人の一族である。

ここで、守山市の円立寺が所蔵する「敷智山播磨田寺伽藍図」についてふれておく(33)。当図には播磨田寺の伽藍図とともに、近淡海国野洲郡敷智郷の播磨田寺が神亀元年（七二四）に大安寺沙門宣教大師により開基されたこと、大檀越の播磨大領文忌寸百済宿祢廣養がそれを氏寺とした後、延暦一〇年（七九一）に伝教大師最澄が中興し、播磨田宿祢百済義運が再建したことなどが記されている。文忌寸百済宿祢は西文氏であり、百済から渡来した王仁の後裔である[34]。この西文氏はフミヒトを統率し、河内国丹比郡野中郷・古市郡古市郷を本拠地とした「野中古市人」と呼ばれる百済系の渡来系氏族の盟主的存在であったとされる[35]。フミヒトはヤマト王権のもとで文筆・記録を担当した専門職であり、六世紀半ばから後半に王権によって河内・近江へ移住させられた。その目的は王権の対外的機関の運営や外国使節の折衝、貢納物の管理・輸送などであった。なお、先述した穴太野中史も河内国丹比郡野中郷から近江国志賀郡穴太郷へ移住し、野洲郡へ進出したと考えられている[36]。

このように、野洲郡敷智郷において播磨田寺の運営に携わった文忌寸氏は、もともとフミヒトとして王権により近江国へ移住させられた氏族であった。当寺を氏寺としたという文忌寸百済宿祢廣養は他の史料にみえないが、文忌寸馬養という近似した名を持つ人物は諸史料から確認できる[37]。馬養は、壬申の乱の功臣である文忌寸祢麻呂の子である[38]。後述するように、野洲郡には壬申の乱の戦場となった「安河浜」が所在し、当該地域と渡来系氏族の文忌寸、さらには王権との関係の深さがうかがわれる。以上のように、野洲郡には渡来系氏族が多く居住し、ヤマト王権による支配の一端を担っていたことが明らかである。

おわりに

ここまでみてきたように、近江国野洲郡ではヤマト王権による開発が進んだ。安閑朝の葦浦屯倉の設置やそれを中心とした王領の開発が進み、その一部は舒明朝に後の大安寺領として施入されている。その後、安評家、さらには野洲郡家が設置され、渡来系氏族の知識・技術を利用した地域支配が行なわれた。そうした支配は野洲郡という地域内における史的意義にとどまらない。ヤマト王権が律令国家へと変貌を遂げる中で、当該地域はその支配の実践の場となったのであり、野洲郡の開発は古代史上の大きな意義を有している。当該地域がこのような開発の場となったのは、やはり王権中枢部のヤマトから近かったためであろうが、それに加えて、後の東山道ルートにあたる交通路や琵琶湖と野洲川の水上交通など、交通の要衝であったことも背景にあったと考えられる。

野洲は壬申の乱で大海人皇子と大友皇子の軍が衝突した「安河浜」[39]としても知られており、聖武天皇が行幸の際に「野洲頓宮」を営んだ場所でもある。[40]また、前述したように持統天皇による欲賀寺創建や、厩戸皇子と芦浦観音寺、さらには法隆寺領荘園の存在も含めて、王権との関わりが密接な地域である。そのため、渡来系氏族をこの地域に移住させることにより、律令国家建設に向けた開発と、律令制に基づく支配体制の確立を目指したと考えられる。古くから交通の要衝であった当該地域を、ヤマト王権は早くからおさえていたのであり、そこへ投入した先進知識・技術が律令国家形成の原動力となった。

本稿では、「近江野洲郡寺領文書写」の検討を通して、当該地域が王権にとって東山道諸国と都とをつなぐ重要拠点であるうえに、渡来人の技術や知識を用いた支配のさきがけとなる地域として、継続的に開発され続けたことが明らかとなった。課題も多く山積するが、ひとまず筆を擱くこととする。

注

（1）洞院家旧蔵の記録・文書類については、末柄豊「洞院公数の出家」（田島公編『禁裏・公家文庫研究』第一輯、二〇〇三年）、宮内庁書陵部所蔵『洞院家廿巻部類異同考　附洞院家六巻部類』（函号一七六・一六六〔藤田義彰編タイプ版、一九三二年〕）、『図書寮典籍解題続歴史篇』養徳社、一九五一年など。

（2）小倉慈司「「高松宮家伝来禁裏本」の来歴とその資料価値」国立歴史民俗博物館編『和歌と貴族の世界　うたのちから　歴博・国文研共同フォーラム』塙書房、二〇〇七年。

（3）「後伏見天皇宸筆願文」（宮内庁書陵部図書寮文庫所蔵伏見宮家本　函号　伏-七五五、『伏見宮御記録』全七巻の三）、この史料は藤井譲治・吉岡眞之監修・解説『後醍醐天皇実録』第一巻、五四五頁（ゆまに書房）にも掲載。

（4）『公卿補任』嘉暦元年・二年条。

（5）『守山市史』下巻、『平安遺文』二-四一九、四-一三一九・一三三一、『鎌倉遺文』三七-二八九六五に釈文掲載。

(6) □源寺については、「生源寺」と読む説もある。田中健一「近江国野洲郡条里図の復元について」『条里制・古代都市研究』二七、二〇一二年参照。
(7) 高橋美久二「近江の条里」高橋美久二編『近江の考古と地理』滋賀県立大学人間文化学部考古学研究室、二〇〇六年、田中氏前掲注(6)論文、『野洲町史』第一巻、通史編一、一九八七年、守山市誌編さん委員会編『守山市誌』地理編資料、古絵図、二〇〇三年。
(8) 『守山市史』上巻、一九七四年。
(9) 服部昌之「近江湖南平野」『律令国家の歴史地理学的研究』大明堂、一九八三年、初出一九七四年。
(10) 『守山市史』上巻参照。
(11) 金田章裕「近江国中津神崎荘と汀線の変化」『微地形と中世村落』吉川弘文館、一九九三年。
(12) 鷺森浩幸「大安寺の所領」『日本古代の王家・寺院と所領』塙書房、二〇〇一年。
(13) 『日本三代実録』元慶四年(八八〇)一〇月二〇日条。
(14) 『日本書紀』安閑天皇二年五月甲寅条。
(15) イヌカイ(犬養、犬飼)という地名は、ミヤケを警備していた犬養部に由来するとされている。黛弘道「犬養氏および犬養部の研究」(『律令国家成立史の研究』吉川弘文館、一九八二年、初出一九六五年)。
(16) 『守山市史』上巻参照。
(17) 天台沙門実応が記したとされ、浄光寺に伝わる。『守山市史』下巻参照。
(18) 服部氏前掲注(9)論文。
(19) 『日本書紀』安閑天皇二年四月丁丑朔条。
(20) 『木簡研究』第三三号一六〇頁、二〇一一年。
(21) 『古事記』開化天皇段。
(22) 大橋信弥「近淡海安国造と葦浦屯倉」財団法人滋賀県文化財保護協会・滋賀県立安土城考古博物館編『古代地方木簡の世紀』サンライズ出版、二〇〇八年。
(23) 木簡の釈文はいずれも『木簡研究』第三三号、二〇一一年を参照。また、市大樹「西河原木簡群の再検討」(前掲『古代地方木簡の世紀』)も参照のこと。
(24) 大橋氏前掲注(22)論文。
(25) 足利健亮「湖東平野を通った東山・東海両道の復原」『日本古代地理研究』大明堂、一九八五年、初出一九七〇・一九八一年。
(26) 山尾幸久「古代近江の早馬道」上田正昭編『古代の日本と渡来の文化』学生社、一九九七年。
(27) 高橋美久二「古代近江国の東山道」足利健亮先生追悼論文集編纂委員会『地図と歴史空間』大明堂、二〇〇〇年。

(28) 天平宝字六年（七六二）閏一二月二十九日「造石山院解案」（『大日古』一六―一八六～、続修三五裏）。
(29) 大橋信弥「野洲川下流域の古代豪族の動向」『日本古代の王権と氏族』吉川弘文館、一九九六年、初出一九九〇年。
(30) 市氏前掲注（23）論文。
(31) 三上喜孝「日本古代木簡の系譜」『日本古代の文字と地方社会』吉川弘文館、二〇一三年、初出二〇〇八年。
(32) 大橋氏前掲注（29）論文。なお、野洲市の大岩山古墳群中の円山古墳や甲山古墳といった六世紀の古墳からは、舶載品が多く出土している。特に、甲山古墳からは百済の武寧王陵から出土した獣帯鏡と同型の鏡が出土したとされており、この地域の豪族と百済との関係性がうかがわれる。大橋信弥「獣帯鏡がつなぐもの」（『古代豪族と渡来人』吉川弘文館、二〇〇四年、初出二〇〇一年）。
(33) 当図の存在は『守山市史』が明らかにしているが、筆者は二〇一四年九月に円立寺のご厚意でこれを拝見することができた。
(34) 佐伯有清『新撰姓氏録の研究』考證編　第四・五、吉川弘文館、一九八二・一九八三年。
(35) 加藤謙吉「「野中古市人」の実像」『大和政権とフミヒト制』吉川弘文館、二〇〇二年、初出一九九七年。
(36) 加藤謙吉「史姓の成立とフミヒト制」同書、初出一九九五年。
(37) 『万葉集』巻第八、一五四九・一五八〇。
(38) 『続日本紀』霊亀二年（七一六）四月八日条。
(39) 『日本書紀』天武天皇元年（六七二）七月壬寅条。
(40) 『続日本紀』天平一二年（七四〇）一二月壬戌条。

史料

「近江野洲郡寺領文書写」一巻　釈文　（京都御所東山御文庫　勅封四六―二四）全一一紙

※改行は／で表記する。また、史料中における文書の引用部分を「　」、『　』、【　】等で表示した。

Ａ　正中二年四月「尊勝院雑掌陳状」

□□知行之年紀□

□〔元カ〕暗構申不實之條、□

□〔段カ〕承伏之上者、不レ能レ費二私詞一矣。□
同状云、「天平　官符一百町　勅施之龜鏡也。延暦□〔状カ〕□〔者カ〕、□□〔國司カ〕／判之立券也。何稱二雅意之注
文一哉。且代々　宣旨、皆以相續、無二相違一。」此條如二彼　(天平)官符一者、野洲(近江)郡布智郷・(一)百町云々。
全非二當庄内之所見一、／号二延暦圖帳一者、旁雖レ有二不審一、寫下寺家所二注置一案文上、請二□〔國〕□〔司〕□〔判〕一／
歟。非二公驗之上一者、非二御沙汰之限一者哉。
以前条々、就二大安寺雑掌・(重)僞状一、○(大略)披陳如レ斯、所詮大安寺□／證文等者、天平官符并延暦状也。
但如レ・(号)二天平官符案一者、非二當／相論坪々之證文一、被レ載胸臆田數之許也。次延暦状者、寺家私□／也。
縦後日雖レ請二國判一、非二公驗一。次治安(E)・寛治(F)　宣旨、是又非二當相□〔論カ〕／證文一之上者、不レ及レ申二所存一、
當方備二進之一。證文等者、任二數通官符／并公驗之坪付等一申レ之。當庄四至内、一円進止、子細各以分
明也。理／□〔非カ〕レ□〔如カ〕二雲□〔泥〕一、非二對揚之限一者哉。早被レ弃二損悪道濫訴一、□／欲レ下二賜安堵　綸
旨一矣。仍重披陳二言上一、如レ件。
正中二年四月　日

B　長保三年一二月七日「近江国符案」
符司　野洲南郡司　『所々印文在レ之。』(朱)
可下任二代代例并　東三條院御牒旨一、免中除租税・官□〔物カ〕上□／源寺領中津神崎庄壹處、
四至、限東拾條□〔南カ〕畔、限南拾條南畔、限西□□〔濱崎カ〕、限北捌條北畔、
八條

十一里　十九坪一町、二十坪一丁、□〔廿一坪カ〕、／廿二坪一丁、廿三坪□、□〔廿四坪カ〕、／□〔廿〕
五坪一丁、廿六□〔坪〕、□〔廿七坪カ〕、／□〔廿〕八坪一丁、廿九□〔坪〕、□〔卅坪カ〕、／□〔卅〕
一〔坪〕、八段百五十歩、卅二、□□、□〔卅三坪カ〕、／□〔卅〕四坪一丁　卅五坪□□、□□□□□〔卅六坪カ〕、

□〔十カ〕□〔二〕里　壹坪壹町、二坪一□〔丁〕、□〔三坪カ〕、／四坪一丁、五坪一丁、□〔六坪カ〕、／七坪一丁、八坪
一丁、九□〔坪カ〕□□〔二丁イ〕、／十坪一丁、十一〔坪〕、一丁、十□〔二、一丁イ〕、／十三□□〔坪一カ〕丁、十四、一丁、
十五、□□、／十六坪一丁、十七、一丁、十八、□□、／十九坪一丁、廿、一丁、廿
一、一□〔丁カ〕、／廿二坪七段、廿三、七段、廿四、六段、／廿五坪一丁、廿六、一丁、廿
七、一丁、／廿八坪一丁、廿九、五段、三十、七□〔丁カ〕、／卅一坪一丁、卅二、一丁、卅
三、一丁、／卅四坪一丁、卅五、一丁、卅六、九段、

十三里　壹坪壹町、二坪一丁、三坪一丁、／四坪一丁、五坪一丁、六坪九段、／七坪一丁、八坪
一丁、九、九段百廿歩、／十坪八段、十一坪九段、十二、一丁、／十三坪一丁、十四、
一丁、十五、九段、／十六、九段百八十歩、十七、一丁、十八、一丁、／十九坪一丁、
廿、八段三百歩、廿一、七段、／廿二坪八段百廿歩、廿三坪一丁、廿四、一丁、／廿五
坪一丁、廿六、一丁、廿七、八段、／廿八、八段三百歩、廿九、一丁、卅、一丁、／卅
一坪一丁、卅二、八段、卅三、七段、／卅四坪一丁、卅五、一丁、卅六坪一丁、

十四里、已葦原河。仍不㆑注㆓坪付㆒。

九條

十一里　拾玖坪壱町、弐拾坪壱町、弐拾壱坪壱町、／二十二坪一町、廿三坪一丁、廿四坪一丁、
／廿五坪一丁、廿六、一丁、廿七、一丁、／廿八坪一丁、廿九、一丁、卅一、一丁、／

十二里　卅二坪一丁、卅三、一丁、卅四、一丁、／卅五坪一丁、卅六、一丁、
一坪一丁、二坪一丁、三坪一丁、／四坪一丁、五坪一丁、六、一丁、／七坪一丁、八、
一丁、九、一丁、／十坪一丁、十一、一丁、十二、一丁、／十三坪一丁、十四坪一丁、
十五、一丁、／十六坪一丁、十七坪一丁、十八、一丁、／十九坪一丁、廿坪一丁、廿
一、一丁、／□〔廿カ〕二坪一丁、廿三、一丁、廿四、一丁、／□□〔廿五カ〕坪一丁、廿六坪一丁、廿
□〔七カ〕、□□、／□□〔廿八カ〕坪一丁、廿九、一丁、□〔卅坪カ〕、／□□〔卅一カ〕坪一丁、卅二、一丁、□〔卅三坪カ〕
□、／□□〔卅四カ〕坪一丁、卅五、一丁、□〔卅六カ〕、
□□□〔十三里カ〕　□□〔一坪カ〕壱□〔丁カ〕、二、□□〔二丁カ〕、□〔三、一丁カ〕／□□〔四坪カ〕一丁、五坪一丁、□〔六坪カ〕、／□〔七カ〕坪一丁、八、一丁、
□〔九坪カ〕、／□〔十カ〕坪一丁、十一、一丁、十□〔二坪カ〕、／□□〔十三カ〕坪一丁、十四坪一丁、十五□〔坪
カ〕、／□〔十〕六坪一丁、十七、一丁、十八、一丁
従十九坪至于卅六坪十八个坪葦原已本寺注文定、但庄領、
十四里已蘆葦早混地者。仍不レ注二坪付一、只任二本寺注文一載レ之。但皆以庄□

十條

十里　拾玖坪壱町、二十坪一町、廿一坪一丁、／廿二坪一丁、廿三、一丁、廿四、一丁、／廿
五坪一丁、廿六、一丁、廿七、一丁、／廿八坪一丁、廿九、一丁、卅、一丁、／卅一坪
一丁、卅二、一丁、卅三、一丁、／卅四坪一丁、卅五、一丁、卅六、□□〔二丁カ〕、
十一里　壱坪壱町、二坪一丁、三坪一丁、／四坪一丁、五、一丁、六、一丁、／七、一丁、八、
一丁、九、一丁、／十坪一丁、十一、一丁、十二、一丁、／十三、三段二百四十歩、十
四、一丁、十五、一丁、／十六坪一丁、十七、一丁、十八、一丁、／十九坪一丁、廿、

四段百八十歩、廿一、一段百廿歩、／廿二坪一丁、廿三、一丁、廿四、一丁、／廿五坪一丁、廿六、一丁、廿七、一丁、／廿八坪一丁、廿九、一丁、卅、一丁、／卅一坪一丁、卅二坪一丁、卅三、一丁、／卅四坪一丁、卅五、一丁、卅六、一丁十二里　壱坪壱町、二坪一丁、三坪一丁、／四坪一丁、五、一丁、六、一丁、／七坪一丁、八坪一丁、九、一丁、／十坪一丁、十一、一丁、十二、一丁、／十三坪一丁、十四、一丁、十五、一丁、／十六坪一丁、十七、一丁、十八、一丁、／十九坪一丁、廿、一丁、廿一、一丁、／廿二坪一丁、廿三、一丁、廿四、一丁、／廿五坪一丁、廿六、一丁、廿七、一丁、／廿八坪一丁、廿九、一丁、卅、一丁、／卅一坪一丁、卅二坪一丁、卅三、一丁、／卅四坪一丁、卅五、一丁、卅六、一丁、

十三里　十四里　已葦原。雖レ不レ注二坪付一、皆以二庄領一者、仍任二本寺注文一載レ之。

右、去十一（長保三年）月日御牒（東三條院）偁、「件庄爲二寺（□源寺）領一及二数十年一。令レ無二國司入勘・収公一」者。今任二／來牒之旨一、免除如レ件者、在郡司宜二承知一、依レ件行レ之、故符。

大介藤原朝臣（誠信カ）　在レ署（署）

長保三年十二月七日

C　寛治七年八月二一日「太政官符案」

□〔太政官符近江カ〕國司

□〔應カ〕下□□〔停〕二止京法花寺妨一領掌上限□〔野洲カ〕郡

□□〔中津カ〕□〔庄カ〕内荒田参拾肆町事、

四至、限東十條十里□(中カ)畔、限南十條南畔、限西濱崎、限北八条北畔、

右、得二彼寺(京法花寺カ)去四月日(寛治七年)陳状一偁、「今年(寛治七年)四月八日　宣旨偁、『得二彼院(尊勝院カ)去正月(寛治七年)十／六日解状一偁、〔謹検二案内一、件中津庄(尊勝院領カ)者、本是官省符之地、代々國司、敢不二／収公一。四至之内、検田使不二入勘一、為二不輸租田一、已経二年序一。加之、前司敦家／朝臣、宛二課役一之日、重可レ停二止國役一之由、蒙二　宣旨一畢。年來之間、又無二／法花寺論一。爰去寛治五年十一月卅日　宣旨偁、【應下任二國司(近江)陳状一免／除上京法花寺所領字野洲庄事。右、得二彼國司去正月(寛治五年)廿二日陳状一偁、／〈被二左弁官寛治三年十一月廿三日　宣旨一偁、(得二彼寺(京法花寺)今月(寛治三年十一月)十四日／奏状一偁、〔謹検二案内一、件庄(野洲庄)、本免田・十八町(百)。往古國司、敢無二収公一、稱二修理職／寄人一、敢不レ弁二済地利一。望請、且准二傍例一、本免(百十八町)之内、六十四町餘、被二優免一、／且修理職寄人耕作被二停止一〕者。権大納言源朝臣経信宣、〔奉レ勅、宜下／仰二彼國(近江)一、令上レ弁二申件子細一〕〉者。就二　宣旨(寛治三年十一月二十三日)状一、謹検二案内一、件庄(野洲庄)、　勅施入／官省符之處也。寺家所レ訴、尤有二・(其)謂一。任二本免數一可レ被二免除一歟。但至二于／修理職寄人耕作段一者、・(非國之)所レ知、可レ被レ下二知本職一歟〉者。同宣(権大納言源經信)、奉レ勅、件／庄、宜下仰二彼國一、任二國司陳状一、早令中免除上】者。件寺(京法花寺)、申二下　宣旨一之後、依二申／請一慥以領掌。是則、中津庄(尊勝院領)四至之外也。件四至者、東限十條十里／中畔、南限十條南畔、西限濱崎、北限八条北畔也。寺家使等注二／件寺田一之日、此四至之内、荒田参拾餘町、推以注入、寄二事於修理／職寄人一、申二下　宣旨一之後、注二入庄(中津庄)領内荒田一之条、未レ知二其理一。但彼(京法花寺)／寺稱二　勅施入一。此庄又官省符也。〔庄脱カ〕雖レ有二先格(寛治三年)一、依二後符(寛治五年)一被二改易一、最／前之例也。然則早被レ下二　宣旨一、將レ随二裁断一〕者。権左中弁源朝臣／基綱傳宣。〔大納言源朝臣経信宣。【奉レ　勅、宜下仰二彼寺(京法花寺)一、令上レ弁二申／件子細一】〕』者、謹所レ請如レ件。抑就二　宣旨状一、案二事情一、至二専寺領一、／□為二官省符・(庄)一。然而、近代、被二免除一坪々、載二代々免判一。而其殘今判／□

□□例、所二申請一也。又修理職渡守、爲□□、全不レ出二地子一。拘／□□□□蒙二　裁許　宣旨一□〔陽カ〕□〔明〕
門院申状者、／□□□〔修理カ〕職寄作暗々下□□□□田畠／□□□二事情一、件條全無實也。當庄（野洲庄）
元爲二□〔官カ〕省符一、又中津庄／同爲二官省符庄一。年來無二辛籠〔牢〕一。中津庄四至、東十條十里南畔、／南十條南畔、
西濱崎、北八條北畔、全是同不レ相二交寺／家之庄一。件中津庄、四至顕然也。随又無二宛課役一」者。正二
位行大納言／兼民部卿皇后宮大夫源朝臣経信宣、「奉レ　勅、件庄（中津庄）宜下／仰二彼國（近江）一、任二本四至一、令上レ停二止
他妨一」者。國宜三承知、依レ　宣行上レ之。／符到奉行。
正四位下行權左中弁源朝臣判　　修理左京域〔宮城〕判官正五位下行左大史笇〔算〕博士伊加〔賀〕守小槻宿□〔祢〕
寛治七年七月廿八一日

D　正中二年正月「大安寺領近江国渕庄雜掌注文」

（端裏）「渕庄ニ問状案」

（空白約五行）

大安寺領近江國渕庄雜掌謹重言上
欲下早被レ弃二置尊勝院僧正坊領同國中津庄雜掌濫陳□〔状カ〕一、／任二天平官符并代々宣旨等一、令中領掌上當（渕
庄）
庄田畠已下事

副進
（丸囲み）□〔一カ〕□〔通〕　天平官符案、以二壹百町一被二　勅施一事、依二先進一略レ之。
□□〔通カ〕　延暦・長保等□〔牒〕・圖帳・國□〔判カ〕等案。同レ前。

□〔一ヵ〕□〔通〕　宣旨案治安三年九□□□□(月廿三日)　(E)

□〔二〕通　宣旨案寛治八年五月廿九日　(F)

一通　中津庄(尊勝院領)四至内他領相交注文　(G)

右田畠、中津方(尊勝院)雑掌押領之次第、太概載二先度申状一畢。而彼(尊勝院)雑掌／陳状、無二其謂一條々。

彼(尊勝院)陳状云、「當庄(中津庄)者、爲二延勝寺領一、於二領家職一者、尊勝院僧□〔正ヵ〕／坊數代相傳之私領也。天慶年中、民部卿、以二當庄(中津庄)一、相二博于他／領一之時、條里坪付等分明也。大安寺所二差申一之坪々、爲二當庄(中津庄)四／至内一」云々。取レ詮。

此條、於二中津庄(尊勝院)領家職一者、大安寺不二相諍一之間、相二傳之一、自稱レ似レ無二其證一。／當寺(大安寺)所二差申一之坪々、爲二渕庄一哉、爲二中津一哉、相論肝要、只此一段也。而／不レ依二四至一、守二町段一可二領知一之条、定法也。況如レ号二天慶四至堺一。民部／卿注文者、非二公驗一之上、彼四至内、權門勢家領、多以相交、注文備レ右。／此上者、限二當寺(大安寺)領一、号二四至内一、争可二混領一哉。

同状(尊勝院陳状)云、「天慶年中、民部卿家、以二當庄一相二博于他領一」云々。

此條、相博有二其實一者、可レ知二行替庄一之處、猶稱二中津庄一、雑掌捧二陳／状一之条、自語二相違一、可レ謂二比興一歟。

同状(尊勝院陳状)云、「大安寺備進證文内、天平　官符者、無二四至堺一。延暦状□〔者〕、／寺家任二雅意注文一也」云々。

此條、「天平(Aに引用)　官符者、壹百町　勅施入之龜鏡也。延暦状者、國司／加判之立券也。何稱二雅意之注文一哉。且代々　宣旨、皆以相續。而無二／相違一者也」。

同状(尊勝院陳状)云、「數百歳不二知行一」云々。

〔此カ〕□條、中津方之押領、若及二累年一者、雑掌弥不レ可レ遁二重科一歟。於二／□一者、不レ可レ依二知行之
年紀一、宜依二證文之道理一、畢／□〔謀カ〕□陳重言上。如□〔斯カ〕□〔所カ〕□／□官符以下、代々龜鏡、
非對□〔可カ〕□被停止□〔中津カ〕□／□〔庄カ〕雑掌濫陳、爲レ全二寺家之領掌一、重言上如レ件。

正中二年正月　日

E　治安三年九月二三日「官宣旨案」

左辨官下

一、近江国

應下任二先例一免除上大安寺所領庄薗等収公事

野洲郡野洲庄　渕庄

自余、依二事繁一略レ之。

右、得二彼（大安寺）寺去（治安三年）八月十一日奏状一偁、「謹検二案内一、件庄庄水田、是　舒明／天皇御世三百町、天武
天皇御世二百町、　聖武天皇御世三百町、／三代帝王、一心歸依、所レ被二　勅施一也。自尓以來、無二収
公之愁一。而及二（于）・末／世（代）一、或國司悉以収公、或郡司・百姓・不善之輩、号二私領一恣入已犯用二其／地利一。
爲二公家一無レ益、寺家有レ愁。望請天恩。今競二造寺一之時、給二／官符於件等國一、被レ裁二免彼庄庄収公并
臨時雑役之責一、任二本／願御誓一、以二其地利一、宛二用佛事作料一」者、右大臣（藤原實資）宣。「奉レ　勅、任二先例一／
免除」者。國冝二承知、依レ宣行レ之。

治安三年九月廿三日　　少史大宅真人恒則

中辨藤原朝臣重尹

F　寛治八年五月二九日「官宣旨案」

□〔左カ〕辨官下大安寺

　　□二造講堂并南大門等一、造畢間、任二　宣旨一、停二止國司入勘并／□臨時雑役等一、寺領近江國管野

　洲南□〔北〕・神崎東西・□〔坂カ〕□〔田カ〕／□南北・淺井東西庄庄等事、

　野洲郡野洲庄田、同前、

　同郡渕庄田、同前、

　　　自余、依二事繁一略レ之。

右、得二彼寺去(寛治八年)閏三月廿三日解状一稱、「謹検二案内一、件庄々、任二往古／　勅施入之旨一、可レ被レ停二止國司入勘収公并臨時雑役・勅使逓送／等一之由、度度被二　宣旨一已畢。而件宣旨状、被レ載下寺家修造間、暫／可二停止一之由上、因レ之、号レ有二暫字一、國司動者企二収公計一、作人又遁二避／之一。便早前宣旨坪坪永可レ停二止件妨一之由、重可レ被レ下二　宣旨一。／抑五間四面金堂一宇・東西樂門二宇・五間中門一宇・五十間／廻廊・七重寶塔一基・七間倉一宇・九間倉一宇・三間西大門一宇・／三間東大門一宇・西面築垣四町瓦覆、・三間客坊一宇・七間八幡／□〔宮〕礼殿一宇・鎮守寶蔵十四所、皆□〔悉〕修造。去寛治四年十二／月廿四日、請二官使覆勘一畢。其後又北面築垣三町・東西築／垣二町・三間西大門・二十間僧房・同三面築垣、共以新造已畢。／未レ請二官使覆勘一。此外又七間四面講堂一宇・五間南大門一宇／等、縦雖二大國之功一、猶以難二造立一。況寺家。力雖レ難レ及、永被レ裁二免／件庄庄一、誠欲レ企二新造一。但彼庄庄所レ出、相二析〔折〕造作料一。雖レ為二万之一一、／為レ叶二本願(聖武天皇)叡慮一。強請二官裁一。若永難レ被二裁許一者、講堂并佛像／及南大門面築垣三町・東西築垣二町造畢之間、可レ停二止國司／入勘・臨時雑役并勅使逓送一由、可レ被レ下二宣旨一也。又去(寛治八年)三月八日／被レ下二於國(近江)之宣旨一、可レ検二注本免外籠作公田一。又條條、「但於二裁免／□〔先カ〕畢庄薗一者、

不二此限一。寺家所領、以二坪付一載二先宣旨一、全無下籠二／□〔作イ〕□〔公イ〕田一之疑上、又裁免先畢。重不レ可レ有二沙汰一。／
而下二向彼國一之官使、乍レ／□〔知カ〕二□〔宣〕旨状一、検二注田畠一之間、寄二事於左右一、損二亡庄家一、寛〔寃〕二凌作人一。／
□二□段米之煩一、不レ可二勝計一。同賜二宣旨於官使一、可レ被レ停二止非法責一。□〔就〕／レ□〔中カ〕□〔寺〕家者、聖徳太子入
定、鑒二未來一、事爲二末代一、國皇增二／長寶壽一、所レ被二造立一也。北野〔菅原道真〕□〔天カ〕神、中納言御坐之時、奉二
宣旨一、所／レ注二出此旨一也。記文已在二寺家佛前一。今當二大造作之時一、尤可レ有二恩許一。／因レ之、一條院
御宇之時、點二大和國土田〔庄脱カ〕二百町一、被レ宛二給寺家造作夫／役料一。況本　勅施入之庄田。任レ舊永被レ停二
止國司妨一。誰謂二非據一乎。／望請　天裁。重賜二宣旨於國司一、件寺〔大安寺〕領庄々、任下載二先宣旨一坪付上、永／
被レ停二止國司入勘収公・臨時雑役并勅使逓送雑事等二」者、權／大納言藤原朝臣宗俊宣。「奉レ勅、宜下
仰二彼國司一、講堂等造畢之間、／任二先宣旨一、令上レ停二止國司入勘并臨時雑役等二」者。下二知彼國一已畢。
／寺宜二承知、依レ宣行一レ之。

寛治八年五月廿九日　　　大史小槻宿祢在判

中辨藤原朝臣在判

G「尊勝院雑掌注文」（Dに添付。正中二年か。）

注進　尊勝院雑掌注進民部卿家坪付内他領相交所々事

一、上東門院〔藤原彰子〕御領

八條十一里廿七坪一丁〔町〕、廿八坪一丁、同十二里五坪五段、

一、陽明門院御領

九條十一里廿五坪一丁、

□〔一カ〕、□□〔宮カ〕御領橘庄
　□□（八條カ）十三里　五坪二段
　□□（九條カ）十一里　廿二坪五段、廿三坪五段、廿四々〔坪〕一丁、廿九々六段、／卅坪一丁、卅五々八段四十
　　歩、卅六々一丁
　同（九條カ）十二里　四坪二段六十歩、十々四段三百歩、十一々一丁、十六々七段半、／十七々一丁、廿
　　一々半、廿二々六段三百歩、廿三々一丁、廿七々一段、廿八々九段百六十歩、廿九々
　　五段、卅三々三段、／卅四々一丁、卅五々九段、卅六々一丁
　同（九條カ）十三里　六坪一丁
　十條（十條）十里　十九坪八段大四十歩、二〔十脱カ〕々三段、廿五々一丁、／廿六々二段、卅一々一丁
　同十一里　一坪一丁、七々一丁
□〔一カ〕、井上三昧田
　八條十一里廿四坪一丁、
□〔一カ〕、法隆寺領
　八條十一里卅二坪一丁、卅三坪一丁
　同（八條）十二里六坪二段、十二々一段半
　九條十一里廿一々三段半、廿八々三段、卅一々三百歩、卅三々五段／卅四々五段、
　同（九條）十二里二坪三段、三々五段半、七々六段半、八々五段、／九々七段、十三々二段、十四々八
　　段六十歩、廿々五段、／廿一々二段半、廿六（丸囲み）々九段、廿七々九段、卅一々一段半、／
　　卅三々五段

□□□□〔村カ〕田
□□〔九條カ〕十一里卅一坪八段百五十□〔歩カ〕、□〔廿〕七々□□□〔一丁カ〕、
□□〔十條カ〕十一里卅一々一丁
□□十一条　十一　十二　十三　十四里等□□
□□□〔注カ〕進如レ件。

本稿はＪＳＰＳ科研費一五Ｈ〇六六二三の助成による研究成果を含んでいる。

第4章　金剛寺聖教にみえる僧仁範の足跡

久米舞子

はじめに

天野山金剛寺は、かつての河内国錦織郡に所在する真言宗の寺院である。その地は和泉国との国境にあたり、境内を通る天野街道は和泉国大鳥郡へとつながる。堺から南下する西高野街道と、石清水八幡宮を起点とする東高野街道の合流点にもほど近い。

金剛寺は行基の草創と伝えるが、史料によって遡ることができるのは院政期以降である。承安年間（一一七一～一一七五）に寺家別院として、高野大師御影・御影堂御影第三伝を安置し、丹生・高野両所明神を勧請したのがその創始であろう(1)。本願である阿観は、和泉国大鳥郡の大和貞平の息、保延二年（一一三六）生まれという。幼少時より高野山に登り、後に金剛寺に移り住んだ。承安二年（一一七二）に御影供を始め、治承二年（一一七八）に金堂を建立、養和元年（一一八一）には伝法会を始行し、承元元年（一二〇七）に入滅する(2)。彼の事跡として特に伝法会が取り上げられているように、金剛寺においてこの法会は重きをなすものであった。伝法会とは、真言宗において経律論疏を講演する法会であり、承和一四年（八四七）に東寺の実恵がこれを修したことに始まる(3)。高野山では、覚鑁がその興隆を期し、長承元年（一一三二）一〇月一七日に鳥羽上皇の支援を受けた大伝法院を供養、同夜伝法会を開白した(4)。幼くして高野山に登ったという阿観は、この高野山伝法会に学び、これを金剛寺に取り入れたのであろう。開創ほどない金剛寺における伝法会の実修は、養和二年（一一八二）に「春秋二季談義各三十日」[5]、建暦元年（一二一一）には「二季五十ヶ日之談義」[6]とみえる。この金剛寺伝法会、そして学頭の存在について、赤塚祐道氏は次のように評価する。「学山として発展する上において伝法会と学頭は密接に関係している。高野山大伝法院が学頭を置き伝法会を行い結果的に新義教学として独自の教学を打ち立てるのも伝法会や学頭の存在が大きく、金剛寺が阿観以降、学頭を継いでいくのは学問寺としてその後を大きく左右する重要なことであった」[7]。金剛寺は学僧を育てる学問寺であり、阿観はその初代学頭とされる[8]。そのため金剛寺の経蔵には、一切経に加え、学僧の書写・収集によって五五函九七五二点[9]におよぶ聖教が伝えられた。本稿では、その聖教に納められた「仁範」の名を記す一一世紀前半の粘葉装冊子五点について、考察を行う。

金剛寺聖教には、阿観による創始以前に書写された資料が存在する。それぞれ法量や装訂、筆跡が異なることから、揃って書写されたものではなく、「密教寺院の根本経典として整備する必要があり、開山阿観以降、請来経を整えることを目的に、意識的に蒐集された経典である」[10]と考えられる。本稿が取り上げる「仁範」関連聖教もまた、こうした経典の一部である。金剛寺聖教のうち最も年記が古いものは、延喜二二年（九二二）の「後七日御修法由緒作法」（金剛寺聖教四三―二〇）であるが、金剛寺聖教の内には関連資料を見出せない。これに続く聖教もまた同様であり、同一の記名があり一つのまとまりをもって存在する資料群としては、「仁範」関連聖教が最も古いものである。金剛寺聖教がいかなる契機を経て成立したかについては未だ詳らかではないが、「仁範」関連聖教の分析は、その形成史に一視点を提供できる可能性がある。

仁範は、京を中心とする中央の史料には現れないが、中央と地方あるいは地方と地方をつないだ一僧侶である。一一世紀を生きたこの僧侶の足跡をたどることで、そこにみえる地域ネットワークのあり方をうかびあがらせたい。

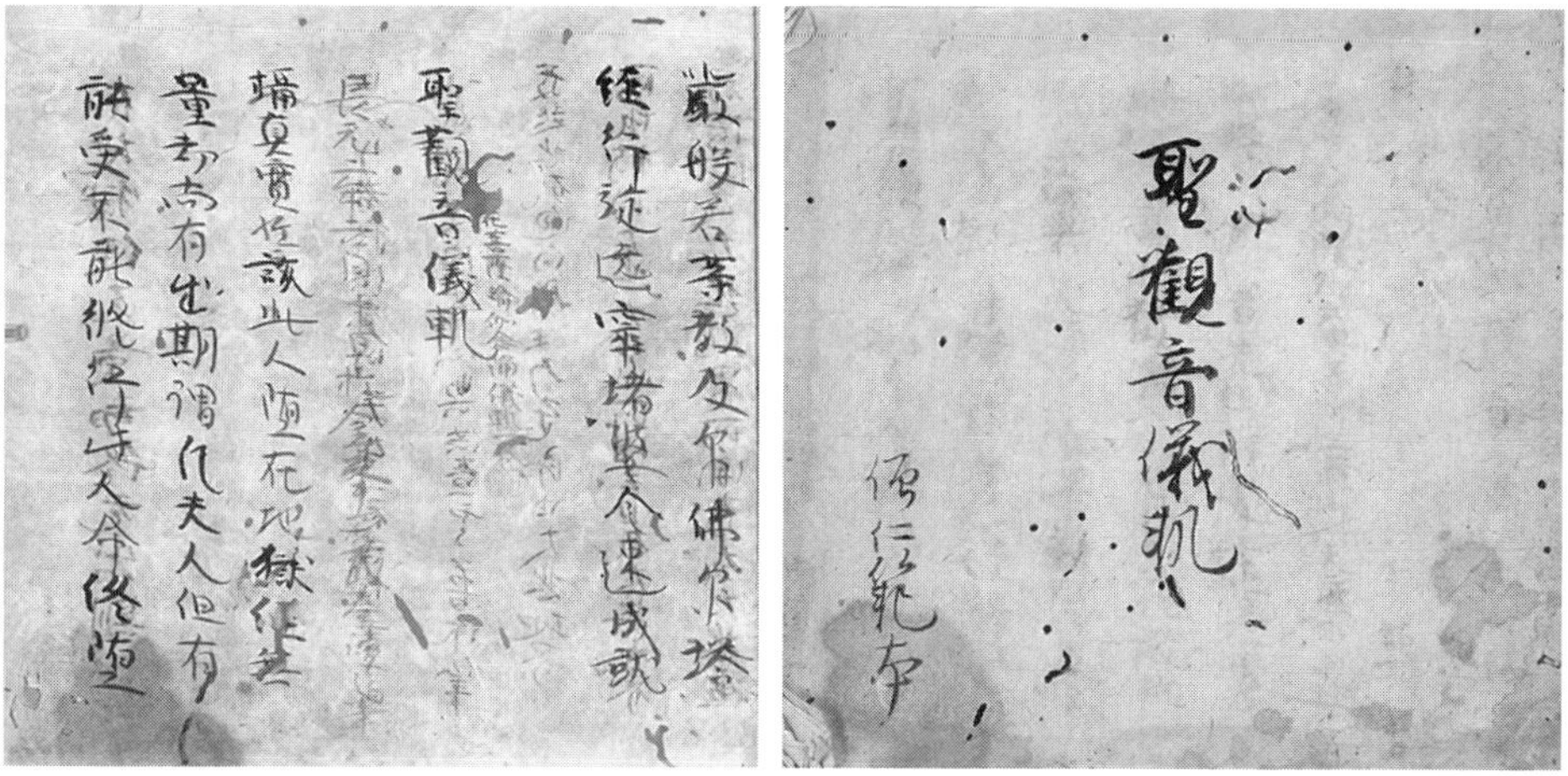

図４－１　『聖観音儀軌』（金剛寺聖教２-36）

1　仁範が残した聖教

金剛寺聖教のうち、「仁範」の名を記す五点の粘葉装冊子を取り上げ、それぞれの書誌を確認する。

【史料一】『聖観音儀軌』（金剛寺聖教二―三六）。平安後期写。一帖。

粘葉装。表紙、共紙（一四・〇×一五・一センチ）、中央打付書「聖観音儀軌」。

料紙、楮紙。墨付一三丁、首尾遊紙なし。毎半葉八行。用字、漢字・片仮名。全巻にわたり朱書入あり。

内題「大聖観自在菩薩心真言瑜伽観行儀／軌出大毘盧遮那経」。尾題「聖観（朱）［□在菩薩心真言瑜伽念誦儀軌一巻」音儀軌」。

奥書（朱）「長元二年六月十八日於金峯石蔵奉読之畢」。

表紙左下「僧仁範本」、後見返し右下「（梵字 vam）本」の識語。一丁表右上「河内国金剛寺」の朱印。

『大正新修大蔵経』（以下『大正蔵』とする）巻二〇密教部三№一

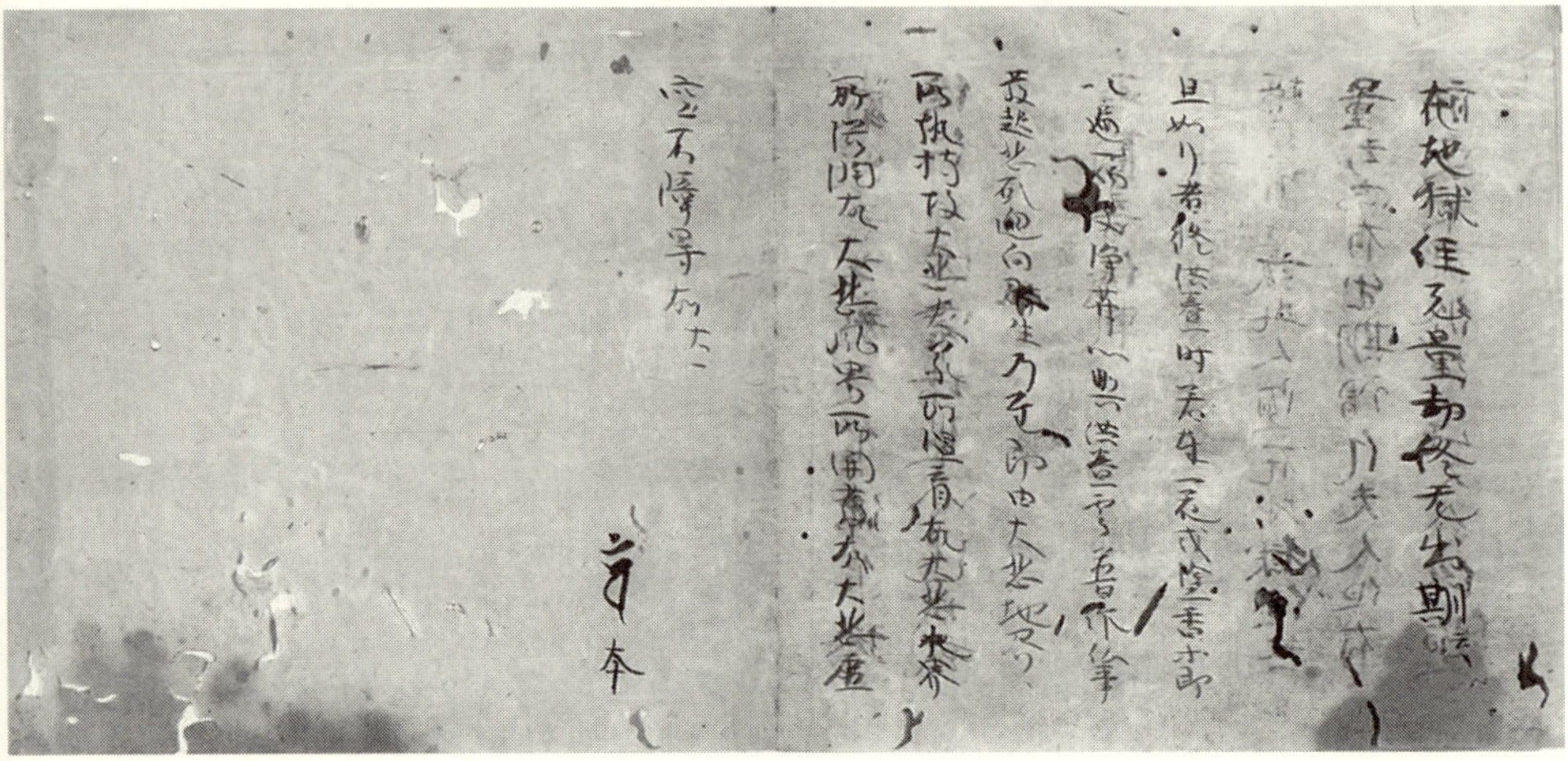

図4－1　『聖観音儀軌』（金剛寺聖教2-36）

〇三一「聖観自在菩薩心真言瑜伽観行儀軌」（不空訳）である。尾題・奥書の後に、安然「真言宗教時義」（『大正蔵』巻七五続諸宗部六№二三九六）の一部、および一行「大毘盧遮那成仏経疏」（『大正蔵』巻三九経疏部七№一七九六）の一部を写す。奥書は、巻尾ではなく尾題と「真言宗教時義」の間の空白部分に記されており、仁範による自筆の可能性が考えられる。「聖観音儀軌」部分には朱書入がある。訓点は朱点により、ヲコト点は仁都波迦点である。朱書入は、奥書から長元二年（一〇二九）のものと判明し、本文もまたそれとあまり時を隔てない一一世紀前半の写と思われる。

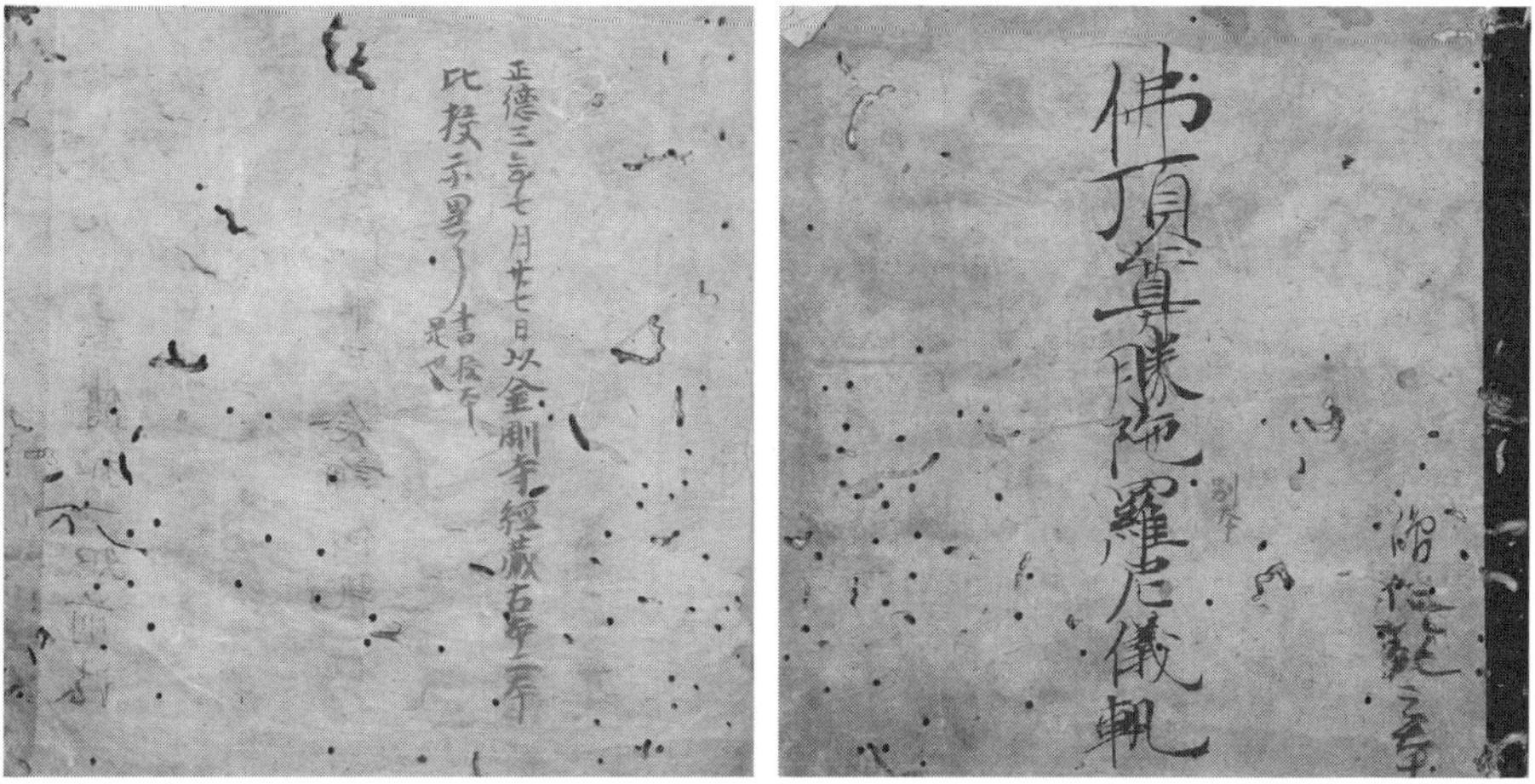

図４－２　『仏頂尊勝陀羅尼儀軌』（金剛寺聖教 28-93）

［史料二］『仏頂尊勝陀羅尼儀軌』（金剛寺聖教二八―九三）。

平安後期写。一帖。

粘葉装。表紙、厚手の楮紙（二四・九×一五・〇センチ）、中央打付書「仏頂尊勝陀羅尼儀軌」。後補の絹包背装。

料紙、楮紙。墨付二四丁、首尾遊紙なし。毎半葉七行。

用字、漢字・片仮名。全巻にわたり朱書入あり。

内題「仏頂尊勝陀羅尼念誦儀軌一巻」。尾題「尊勝陀羅尼念誦儀軌」。

奥書（朱）「正徳三年七月廿七日以金剛寺経蔵古本二本／比校示異了書校本是也」。表紙右下「僧仁範之本」、表紙外題右（朱）「別本」の識語。一丁表右上「河内国金剛寺」の朱印。

『大正蔵』巻一九密教部二No.九七二「仏頂尊勝陀羅尼念誦儀軌法」（不空訳）である。尾題の前に「龍樹菩薩合香方」を記す。訓点はなし。朱書入は、奥書から正徳三年（一七一三）に金剛寺経蔵の古本と比校し異を示したものと判明する。本文は決して能書とはいえないが、一一世紀から一二世紀初期の写と思われる。

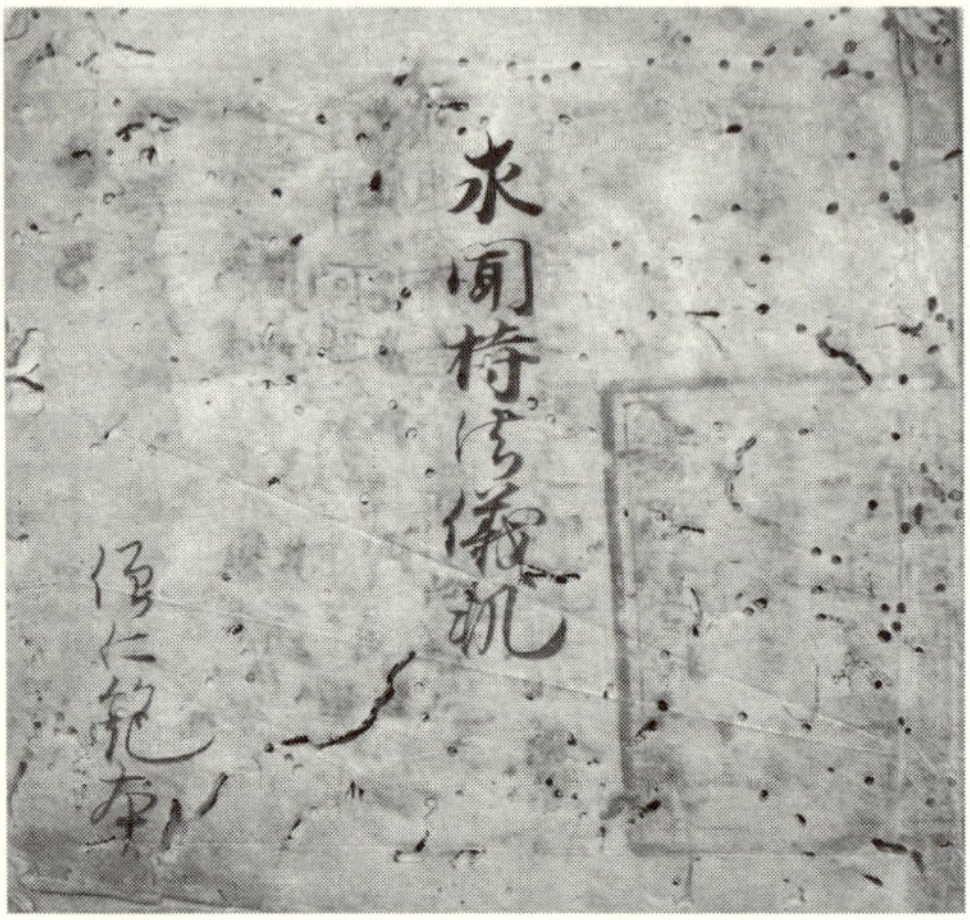

図4－3　『求聞持法儀軌』（金剛寺聖教 29-133）

【史料三】　『求聞持法儀軌』（金剛寺聖教二九―一三三）。平安後期写。一帖。粘葉装。表紙、共紙（一四・一×一五・〇センチ）、中央打付書「求聞持法儀軌」。料紙、楮紙。墨付一〇丁、首尾遊紙なし。毎半葉八行。用字、漢字・片仮名。全巻にわたり朱書入あり。内題「虚空蔵菩薩能満諸願最勝心陀羅／尼求聞持法経出金剛頂経成就一切義品」。尾題「虚空蔵菩薩能満諸願最勝心陀羅尼求聞持法経」。奥書（朱）「長元五年四月十日於備中国[redacted]〔英賀カ〕郡／仏性寺□読了僧仁範」。表紙左下「僧仁範本」、巻尾左下「沙門（梵字 vam）本」の識語。表見返し左下「天野山金剛寺」の朱印。

『大正蔵』巻二〇密教部三№一一四五「虚空蔵菩薩能満諸願最勝心陀羅尼求聞持法」（善無畏訳）である。尾題の後に、訳経記がある。訓点は朱点により、ヲコト点は仁都波迦点である。朱書入は、奥書から長元五年（一〇三二）のものと判明し、本文もまたそれとあまり時を隔てない一一世紀前半の写と思われる。

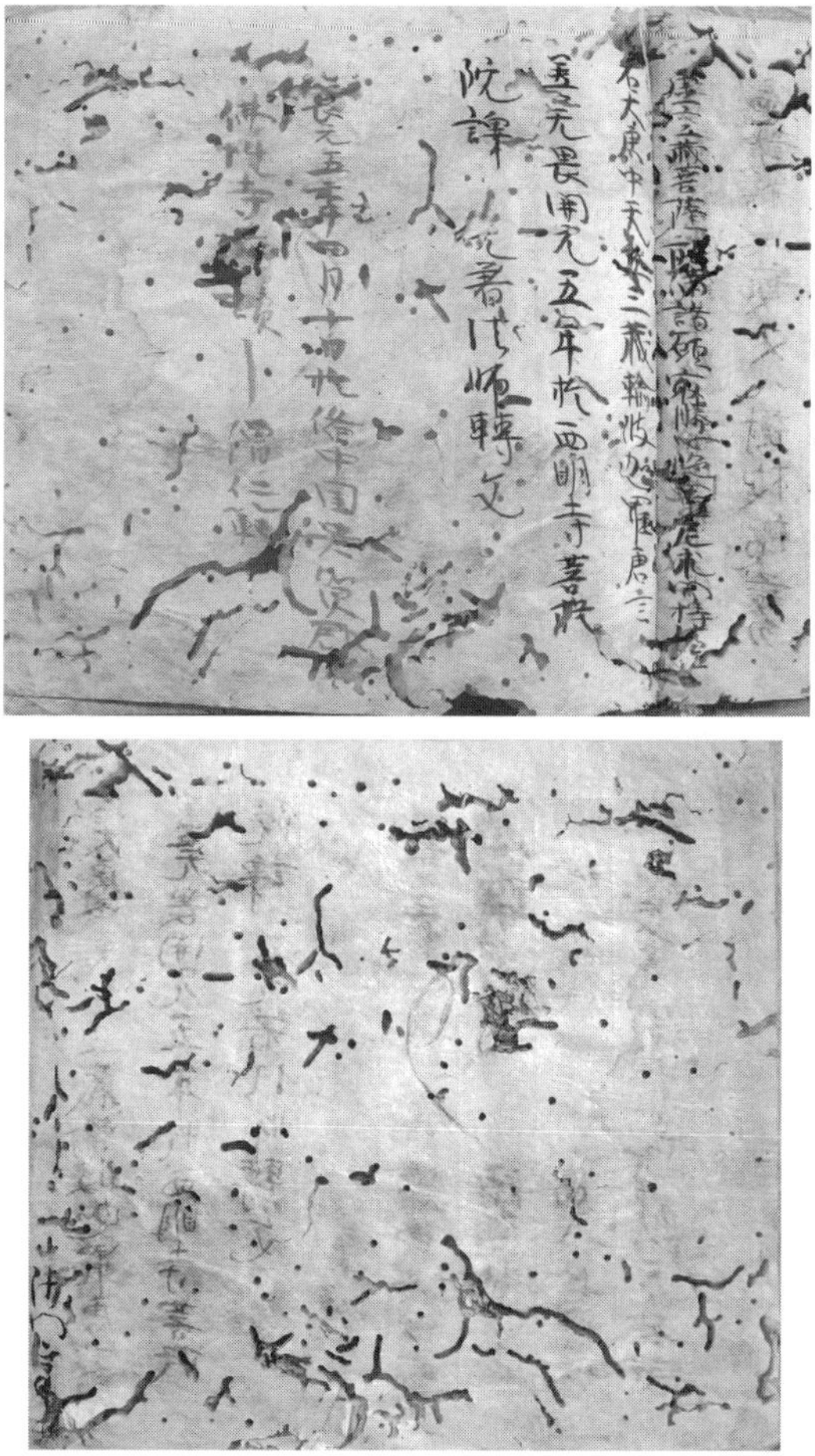

図４－３　『求聞持法儀軌』（金剛寺聖教 29-133）

なお奥書にみえる郡名は判読困難であるが、備中国の九郡（都宇・窪屋・浅口・小田・後月・下道・賀夜・英賀・哲多）のうち、字画から「英賀」があてはまると考える。

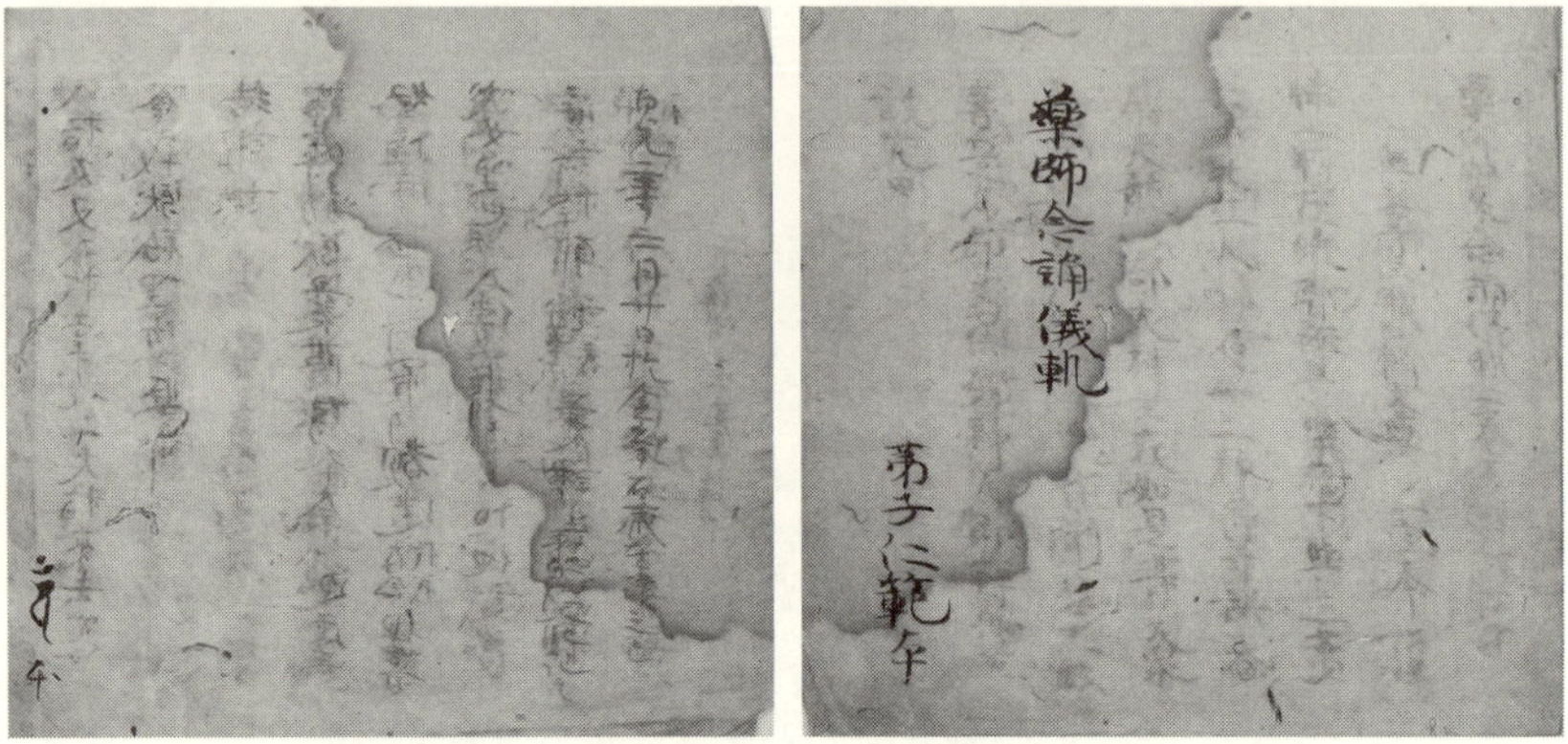

図４－４　『薬師念誦儀軌』（金剛寺聖教 37－５）

〔史料四〕『薬師念誦儀軌』（金剛寺聖教三七―五）。平安後期写。

一帖。

粘葉装。表紙、共紙（一四・〇×一五・〇センチ）、中央左打付書「薬師念誦儀軌」。

料紙、楮紙。墨付二丁、首尾遊紙なし。毎半葉八行。

用字、漢字・片仮名。全巻にわたり朱書入あり。

内題「薬師如来念誦儀軌一巻」。尾題なし。

奥書（朱）「貞元二年三月廿日於金峯石蔵寺読之已／弟子仁範記之」。表紙左下「弟子仁範本」、巻尾左下「（梵字 vam）本」の識語。

『大正蔵』巻一九密教部二№九二四Ｂ「薬師如来念誦儀軌一巻」（不空訳）である。訓点は朱点により、ヲコト点は仁都波迦点である。奥書に貞元二年（九七七）とあるが、同じ金峰山石蔵寺における奥書がある『聖観音儀軌』（史料一）に長元二年（一〇二九）とあり、『求聞持法儀軌』（史料三）にも長元五年（一〇三二）とあることから、「貞元」は「長元」の誤りであると考える。また奥書には「弟子仁範記之」とあり、加点（移点）は仁範によるものと判明する。したがって朱書入は、長元二年（一〇二九）に仁範によって記されたと考えられ、本文もまたそれとあまり時を隔てない一一世紀前半の写と思われる。

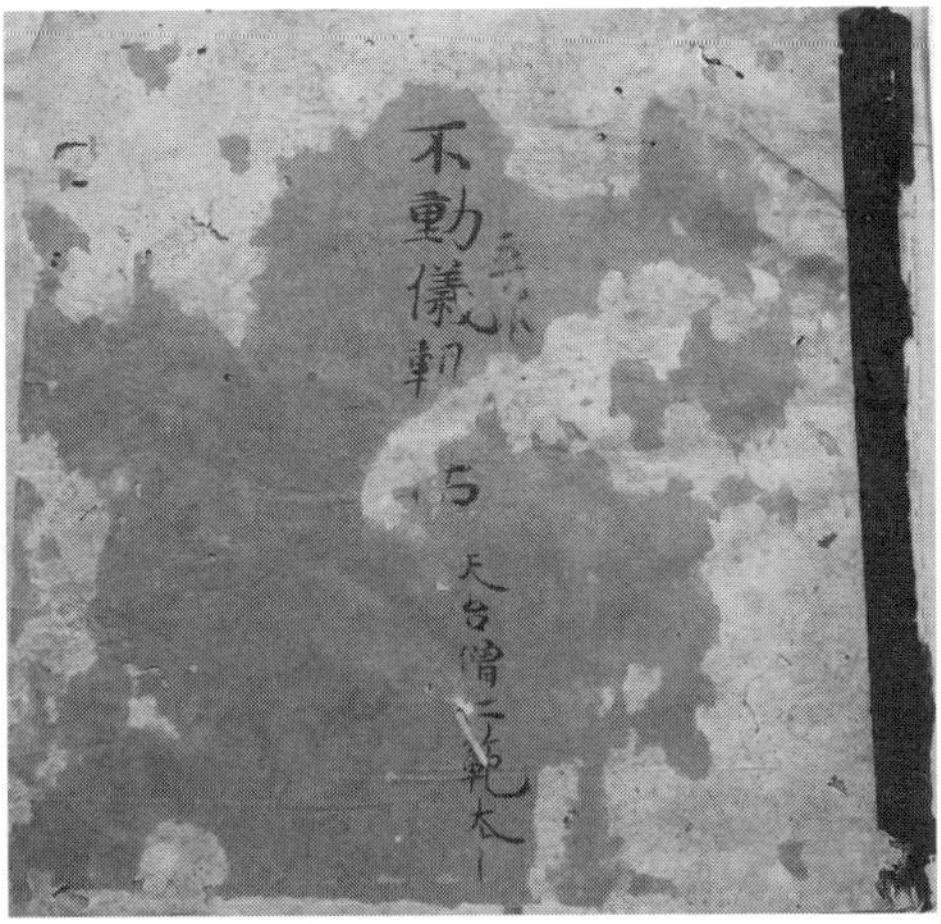

図４－５　『不動儀軌』（金剛寺聖教 37-78）

【史料五】　『不動儀軌』（金剛寺聖教三七―七八）。平安後期写。一帖。

粘葉装。表紙、厚手の楮紙（一四・〇×一五・一センチ）、中央打付書「不動儀軌□帖」。後補の絹包背装。

料紙、楮紙。墨付三三丁、首尾遊紙なし。毎半葉八行。

用字、漢字・片仮名。全巻にわたり朱書入あり。

内題「金剛手光明潅頂経最勝立印聖無動尊／大威怒王念誦儀軌法品一巻」。尾題「聖者無動尊大威怒王念誦儀軌一巻」。

表紙中央下「天台僧仁範本」、表紙外題右「五印」の識語。


『大正蔵』巻二一密教部四№一一九九「金剛手光明潅頂経最勝立印聖無動尊大威怒王念誦儀軌法品」（不空訳）である。尾題の後に挿入符と本文への挿入文があり、さらに後に「不動明王根本真言」を付す。訓点は朱点により、ヲコト点は仁都波迦点である。

『聖観音儀軌』（史料二）、『求聞持法儀軌』（史料三）、『薬師念誦儀軌』（史料四）は同筆であると思われる。また表紙左下に「僧仁範本」あるいは「弟子仁範本」、巻尾に「（梵字 vam）本」あるいは「沙門（梵字 vam）本」の識語を記すこと、朱書入による訓点（仁都波迦点によるヲコト点）と奥書をもち、それらがいずれも長元年間（一〇二八～一

○三七）のものであることが共通し、一つのグループを構成するといえる。なお「（梵字 vam）本」の識語は梵字 vam＝鑁の字を名にもつ僧侶に伝領された際に記されたものと考えられる（以下「鑁本グループ」とする）。

『不動儀軌』（史料五）は、この鑁本グループとは異筆である。表紙識語の位置が異なり、奥書がない。ただし、訓点（仁都波迦点によるヲコト点）が共通する。

『仏頂尊勝陀羅尼儀軌』（史料二）は、鑁本グループとも『不動儀軌』（史料五）とも異筆である。これらと表紙識語の位置が異なり、奥書や訓点の記載がない。なお朱書入は、正徳三年（一七一三）のものである。

　このような異同をもつ五点の聖教資料であるが、書写年代はいずれも平安後期とみられ、仁範が記した原本、あるいはそれとあまり時を隔てない時期の写本とみられる。また鑁本グループと『不動儀軌』（史料五）には、仁都波迦点によるヲコト点が共通する。この訓点はどちらも朱点によって記され、また鑁本グループには同じ朱書による仁範の奥書があり、さらに『薬師念誦儀軌』（史料四）の奥書からは仁範による加点（移点）が判明する。したがって、鑁本グループおよび『不動儀軌』（史料五）の訓点を記したのは仁範であり、彼が仁都波迦点を用いたことがわかる。

　仁都波迦点は、天台宗に起源を有するヲコト点であり、比叡山で受戒した「天台僧」（史料五）である仁範の経歴と矛盾しない。築島裕氏は、仁都波迦点を加点した僧侶について、「皇慶の法系を承けた弟子達の間に使用されてゐた[11]」ことを指摘する。仁範もまた、この法系に連なる学僧であった可能性がある。天仁二年（一一〇九）に成立した皇慶の伝記である大江匡房『谷阿闍梨伝』によれば、皇慶は「性好㆓斗藪㆒、経㆓遊諸国㆒」、諸国を経巡って修行することを好んだといい、「伊予国」「鎮西」「肥前国背振山」「丹波国」（「丹州」には久しく住んだという）「天王寺」における事績が記され、特に肥前国背振山では「一夏修練」したとする。背振山は「山深クシテ貴キ事此ニ過タル所ハ世ニ無シ。此レニ依テ、仏道ヲ修行ズル止事無キ行人来リ住ム事不絶ズ」（『今昔物語集』巻一七第一四）とされ、皇慶もまたここで山林修行に関わったのであろう。

仁範が残した聖教は、いずれも密教の儀軌であり、修法の次第を記したものである。仁範がこれらを読誦し加点を施したのは長元二～五年（一〇二九～一〇三二）であり（鑁本グループ）、その場所は金峰山石蔵寺（史料一・四）、備中国英賀郡の仏性寺（史料三）であった。石蔵寺は金峰山を構成する一寺であり、仏性寺については未詳であるが[12]、その所在する備中国英賀郡は中国山地に位置する。諸山を往来する仁範は、山林修行する僧侶であったと考えられよう。また彼が読んだ『求聞持法儀軌』（史料三）すなわち「虚空蔵求聞持法」が、山林修行の根拠とされた経典[13]であったことも留意される。特定の寺院に属さずに諸山の寺院をめぐり、経典を所持してそれを読誦・加点する彼の姿は、比叡山を離れて巡礼、修学し山林修行する天台僧として想定できるのではないか。

仁範がこれらの聖教を残した時期に近似する、長久年間（一〇四〇～一〇四四）に成立した『大日本国法華経験記』（以下『法華験記』）には、彼のように比叡山で受戒するもそこを離れ、各地を巡礼し山林修行する天台僧の姿が多く描かれる。巻上第一一「吉野奥山持経者某」で、諸山を巡行し仏法修行する義睿は、熊野山から大峰に入り金峰山へと往く。その途中、道に迷うなかで遭遇した僧房に八十余年住むという聖人は、かつて「叡山東塔三昧座主」こと喜慶の弟子であったという。彼は本山を離れて流浪し、若き日には在所を定めず処々に修行し、老いて後はこの山に留まり死を待つという。巻上第一三「紀伊国宍背山誦㆓法華経㆒死骸」で、熊野に参詣し宍背山（鹿背山）に宿った壱睿が出会う、法華経を誦する死骸は「天台山東塔住僧」の円善であり、修行の間にここで死去したと語る。巻中第四四「叡山西塔宝幢院陽勝仙人」にみえる陽勝は、比叡山西塔「勝蓮華院」の空日の弟子であり、金峰山や吉野の牟田寺に籠もり住んだ。吉野の竜門寺北峰や熊野の松本峰に出没し、毎年八月末には比叡山で不断念仏を聞き大師の遺跡を拝むという。巻中第五三「横川永慶法師」では、覚超の弟子で比叡山の横川「楞厳院」の住僧であった永慶が、本山を出て箕面の滝に籠もった。巻中第七四「播州雪彦山玄常聖」で、「比叡山僧」であった玄常は、若くして山を辞し諸方に跡し赴くなかで、播磨国の雪彦山に住して苦行誦経したという。巻下第八二「多武峰増賀上人」では、比叡山に登り「天台座主慈恵大僧正」こと良源の弟子であった増賀が、多武峰に籠居する。巻下第八六の「天王寺別当道命阿闍梨」にみえる道命は、やはり「天台座主慈恵大僧正」良源の弟子であり、比叡山に登って仏道を修行し、処々の霊験の勝地を巡礼した。巻下第九二「長円法師」で、「天台山僧」である長円は、葛木山で断食誦経し、熊野山から大峰に入って金峰山へ参った。仁範もまた、このように比叡山を離れて地方寺院を巡礼し、山林修行する天台僧の一人であったのだろう。

『法華験記』に修行の場としてしばしば登場し、仁範もまたそこで儀軌を読誦したのが金峰山である。なかでも彼が長元二年（一〇二九）に滞在し、『聖観音儀軌』（史料二）や『薬師念誦儀軌』（史料四）を読んだのが、金峰山の石蔵寺であった。鎌倉時代後期に成立したとみられる『金峯山創草記』（金峯山寺所蔵本、『金峯山寺史料集成』所収）によれば、石蔵寺について次のようにある。

一諸社諸堂勤事。

……

石蔵寺観音堂当山根本堂。本尊千手観音。修正、自二正月一日一、七ヶ日。満山学侶役。

二月堂自二二月一日一至二三日一。長日供養法、後一条院御願。法華・仁王・最勝王経講讃。万寿元年〈甲子〉始レ之。

同院常行堂修正、正月三日。毎月十五日、常行三昧音声。不断念仏、一七ヶ日、夜。自二九月十一日一至二十七日一、音声。長和二年〈癸丑〉始レ之。已上、堂僧勤レ之。

同院宝塔院白川院御願。承保三年被レ立レ之。承歴(ママ)三年十二月廿六日供養。勅使右中弁。置二六口供僧一、被レ寄二付小倉庄一。長日蔵王供養法。寛治六年七月十二日、御参詣之時、被レ置二阿闍梨三口一。正月六日、修正。

石蔵寺は観音堂・二月堂・常行堂・宝塔院を有し、そのうち観音堂は金峰山の根本堂であった。『御堂関白記』寛弘四年（一〇〇七）八月一一日乙巳条によれば「天晴。着二宝塔一。進レ膳。又依レ申二金照一着二石蔵一、定二金照房一、其寺甚美也。進レ膳」とあり、藤原道長は金峰山参詣で「石蔵」を訪れている。ここに自房を構えた金照（金昭）は、『僧綱補任』寛仁元年（一〇一七）に「金峰山別当」、同三年（一〇一九）に「金峰山検校」とみえる人物である。また白河上皇によって建立された石蔵寺宝塔院については、『長秋記』長承三年（一一三四）五月六日己卯条に記載がある。「別当伝二院宣一云、今日有二金峯山定一。……事発、白河院往年金峯山建二立宝塔一基一、彼御山執行高算阿闍梨、執二行造塔事一、造畢後、寄二私所領字小倉庄田園一、宛二仏聖燈油一。執二行御塔一事、彼時被レ補二供僧六口二」。これは金峰山宝塔の執行をめぐる定の記事であり、事発として白河上皇による宝塔の建立と執行補任の経緯を述べる。宝塔の建立を執行したのは、金峰山執行の高算（好算）であり、彼は『僧綱補任』寛治六年（一〇九二）の裏書に「岩蔵御願別当」とみえる。一一世紀の石蔵寺は、金峰山の根本堂として金峰山別当・検校といった役職者が自房を構え、金峰山執行がその別当に任じられる、金峰山の中心をなす寺院の一つであった。さらには仁範のような諸山を巡礼し山林修行する僧侶を受け入れて滞在させ、修学させる機能をも果たしたのである。

近世期に入って、石蔵寺は退転したと考えられる[14]。現在、吉野山には「岩倉千軒」「上岩倉」「金照坊」といった地名が残り、石蔵寺の寺跡と考えられることから、測量調査や悉皆踏査が行われている。特に吉野山南部遺跡群のうち上岩倉遺跡には、「トウヤシキ」と呼ばれる広い平坦地があり、その中央には塔の基壇跡とみられる方形の土壇が存在するという。また採取遺物の大半は、概ね一一世紀半ば～一二世紀半ばと考えられる時期のものであることから、石蔵寺宝塔院の跡であろうと推測されている[15]。

2　粉河寺と仁範

金剛寺聖教の外に、仁範の姿を見出すことができる史料がある。「粉河寺大率都婆建立縁起」（醍醐寺本『諸寺縁起集』、『校刊美術史料』寺院篇上巻所収。以下「建立縁起」とする）である。この縁起には、奥書に「天喜二年歳次甲午二月十七日辛亥勧進僧良秀仁範／松好」とあり、勧進僧である仁範をはじめ、良秀・松好の名が記され、その内容から仁範自身によって著されたことがわかる。

「建立縁起」によれば、観音の現世利益が喧伝された粉河寺の、霊験の勝地を拝見するため、仁範は寛徳元年（一〇四四）一〇月九日にこの寺を参拝した。伽藍には四所の勝地があったが、そのうち二所が隠密していたため、彼はここに大卒塔婆を建立する心願を立てる。そして立願から一〇年を経て機縁が熟したとし、仁範は次のような勧進事業を起こした。

寺大衆相共適作二得大率堵婆一本一。口径四尺五寸、高二丈六尺。以二去年十一月十五日一、催二寺中郡内諸人三百人許一、相共曳レ之。以二十八日午時一、曳二着件鉤〔釣カ〕樟所一。四箇日間不レ待二人勧一、東西集会、所レ貴〔貫カ〕二人功千余人許一、感応通二出現時一至歟。従二同廿五日一竪レ柱営作。勧二進寺中郡内諸人一、書二写妙法蓮華経・無量義経・観普賢経・阿弥陀経・般若心経・大仏頂大随求等諸真言三種大願一、取二加結縁道俗男女名帳一、奉レ籠二納率都婆中一。八面之額、図二秘蜜〔密カ〕種子曼荼羅一、並書二諸真言等一。以二二月十七日辛亥一、備二随方供具一、恭敬供養已畢。

天喜元年（一〇五三）になって、仁範は寺の大衆と共に大卒塔婆を作成した。一一月一五日からは寺中や郡内の諸人三〇〇人ほどが、四日間をかけのべ一〇〇〇人余を動員して、勝地まで大卒塔婆を曳き、二五日にこの柱を立てた。大卒塔婆には、寺中や郡内の諸人を勧進して書写した法華経・無量義経・観普賢経・阿弥陀経・般若心経、大仏頂・大随求などの真言および三種の大願、そして結縁した道俗男女の名帳が納められ、その八面には秘密種子曼荼羅や諸真言が記された。大卒塔婆は、天喜二年（一〇五四）二月一七日に供養された。もう一所の大卒塔婆建立については、普賢の行者である松好に委ねられたという。この大卒塔婆建立によって、仁範が願ったのは「願以二此功徳一普及二於一切一、眼■必蒙二観音之利益一、令レ開二栄華於千年之春一、身後定被二弥陀之引接一、令レ証二仏果於九品之台一、纔伝聞以貽二後葉一」、この功徳により観音の利益を蒙り、阿弥陀の引接によって往生を遂げることであった。

仁範は、霊験の地を巡礼する僧侶であった。その過程で粉河寺を参詣し、大卒塔婆建立の願主となった。彼は勧進僧であり、寺大衆や寺中郡内諸人を催し、多くの結縁する道俗男女を集めることができた。また仁範の願からは、一一世紀半ばにおける粉河寺の観音信仰、そして浄土教の浸透をみることができよう。「建立縁起」にみえる仁範の姿は、金剛寺の聖教にみた、天台僧にして特定の寺院に属さず各地の寺院をめぐり、密教の儀軌を所持してこれを読誦し、山林修行する僧侶の姿と重なるといえる。

追塩千尋氏は、「卒塔婆建立をめぐる勧進の様子は……全体として密教色が強い。卒塔婆に納めた経典のうち法華経・無量義経・観普賢経はいわゆる法華三部経で、行動を共にした松好は普賢の行者とある」ことから、仁範が「持経者的勧進聖」[16]であった可能性について言及する。西口順子氏は、粉河寺のように勧進活動によって「聖たちの復興した寺院は、彼らのその地方における根拠地となってゆく」[17]と指摘する。『新猿楽記』には「次郎者一生不犯之大験者、三業相応之真言師也。……通二大峰・葛木一、踏二辺道一年々、熊野・金峰・越中立山・伊豆走湯・根本中堂・伯耆大山・富士御山・越前白山・高野・粉河・箕尾・葛川等之間、無レ不二競レ行挑レ験。……」とあり、粉河寺は験を競い合う「大験者」[18]が往還する寺院とされた。『梁塵秘抄』巻二、一八八には「大峰聖を船に乗せ、粉河の聖を舳に立てて、聖宮聖に檝取らせて、や　乗せて渡さん　常住仏性や極楽へ、」とあり、粉河聖の根拠地、往生の聖地と謡われる。

天福二年（一二三四）をさほど隔たらない時期に成立したとされる『粉河縁起』（和文縁起）三「仁範聖人、興二隆寺家一第九」になると、仁範は「行基菩薩の化身」とされるようになる。ここでは粉河寺興隆の記事に続いて、彼が後一条院の時に家原寺に化来し、長元二年（一〇二九）から永承六年（一〇五一）に至る二三年の間、家原寺を修造した、と語られる。一三世紀は、行基廟からの舎利・舎利瓶の発見を契機として、行基信仰が高まった時代である。その経緯は文暦二年（一二三五）九月日付「謹注進奉レ開二行基菩薩生馬山御廟一大和国有里村子細事」（「生駒山竹林寺縁記」、『大日本仏教全書』寺誌篇三所収）に詳しい。この注進状に、天福二年（一二三四）に行基およびその母が託宣して示した、行基の「我事」を記した記文の所在する「和泉国大鳥郡善光寺」が、実は家原寺のことであったという記載がある。このとき家原寺は「此堂朽損、修補在レ近」、堂は朽ち損じその修補が間近であったといい、託宣を機にその修造を進めようとする意図があったことが推測される。注進状と『粉河縁起』（和文縁起）の成立が、極めて近い時期と考えられることも留意されよう。

では仁範と行基のあいだにいかなる関連性が見出され、彼は行基の化身とされたのか。延久の荘園整理令として知られる、延久四年（一〇七二）九月五日付「太政官牒」（石清水田中家文書、『平安遺文』一〇八三）には、次のような記載がみられる。

太政官牒石清水八幡宮護国寺
宮寺所所庄園参拾肆箇処事
……

一、応二停止一庄拾参箇処事

……

和泉国壱処　字山本浮免田

田参町

右、同符偁、同勘レ奏偁、宮寺注文云、前司任中所二免除一也。国司解状云、件庄元者僧仁範之住所也。而弟子円範以二柑子橘樹一寄二進宮寺一。其後号二守樹之丁一、籠入之公民、遁二避国役一。前司顕綱朝臣去年与レ判、新以立レ券、随則点二定荒野一、所レ不レ令レ出二入他人一也者。事起二去年一可レ被二停止一者。同宣、奉レ勅、件庄宜下仰二彼国一令中停止上者。

和泉国には「僧仁範之住所」が所在した。この土地は弟子の円範に引き継がれ、その柑子橘樹が石清水八幡宮の神宮寺に寄進されたという。土橋由佳子氏は「仁範が伝える言説と行基には、和泉国という活動範囲の近似から関連を見出せる[19]」と指摘する。和泉国に住所をもち粉河寺を復興した勧進僧である仁範の姿は、行基と重ね合わされ、その生家に由来する家原寺をも復興させたとする言説が生み出されたと考えられよう。

この仁範による家原寺修造の語りは、正和五年（一三一六）に成立した高野山正智院蔵『行基菩薩縁起図絵詞[20]』（以下『絵詞』とする）にも継承される。「家原寺建立絵篇第十九」では「長久・寛徳之祀歴殊加二修覆一、覚超・仁範之両聖専施二厳麗一、自尓以降為二密教護持之地一、安二両部曼荼一為二戒律威儀之場一」とあり、長久（一〇四〇～一〇四四）・寛徳（一〇四四～一〇四六）年間に覚超・仁範の二人が家原寺を修復し、それ以後この寺は密教護持の地、戒律威儀の場になったとする。『粉河縁起』（和文縁起）と比較すると、『絵詞』では仁範による粉河寺の復興は語られず、家原寺の修造の期間が短縮され、彼と並んで覚超が登場することが相違としてあげられる。ただし、覚超は長元七年

（一〇三四）に卒しており（『日本紀略』同正月二七日戊子条）、『絵詞』が記す修復への関与は疑わしい。

覚超（兜率僧都）は、和泉国人、天台宗、延暦寺の僧で、良源のもとに入室した。長元元年（一〇二八）法橋、同二年（一〇二九）権少僧都、同四年（一〇三一）にこれを辞退し、同七年（一〇三四）に入滅した（『僧綱補任』）。一二世紀初めに成立した大江匡房『続本朝往生伝』一〇では、覚超は和泉国の人で、良源や源信に師事して顕密の道を究め、『仁王経護国抄』といった著作を残した天台宗の高僧・学僧であると記す。和泉国とされるその出身については、「泉州大鳥郡人」（『元亨釈書』巻四）とする史料があり、同郡に所在する家原寺との接点が見出せる。(21) また永延三年（九八九）一一月八日（ただし見せ消ちで、正暦二年〈九九一〉九月九日とする）付の覚超『修善講式』(22) において、奥書に「願主当郷近江権大掾池辺兄雄第二男延暦寺僧覚□〔超〕」と書き記した彼は、その修善講について次のように記す。

此処ハ是レ部内ノ大衆ノ有縁□□〔仏〕子ノ勧ニ依テ過去・現在ノ父母・先祖・近親幷郷内ノ有縁・无縁ノ存亡□〔ノ〕輩ヲ計、其ノ為ニ□〔印〕仏ヲ捺シ、又彼輩及自身幷□〔法〕界衆生平等利益ノ為ニ仏ヲ図シ経ヲ書テ率堵婆ヲ立テ、其ノ基ニ件ノ仏・経幷人々名帳ヲ埋納テ霊験ノ仏地ヲシテ毎年今日恭敬□□□奉ル処也。

覚超は、その出身である和泉国の郷において、彼を願主とした修善講を催した。郡・郷の人々に対し、過去・現在の父母・先祖・近親ならびに郷内の有縁・無縁の存亡の輩の数だけ印仏を捺させ、また仏を図し経を書いて卒塔婆を立て、その基にこれらの仏と経と結縁名帳とを埋納し、その場を霊験の仏地として毎年恭敬の法会を行うという。『修善講式』には釈迦・阿弥陀・弥勒・普賢・文殊・観音・勢至・地蔵・虚空蔵の仏菩薩や、法華経・阿弥陀経・金光明経の経典が列挙される。追塩千尋氏は、覚超による修善講の「内容は仁範の粉河寺での大卒塔婆建立の勧進とほぼ同様の行為」(23) であると指摘する。さらに和泉国とのつながり、天台僧であることといった仁範と覚超のあいだをつ

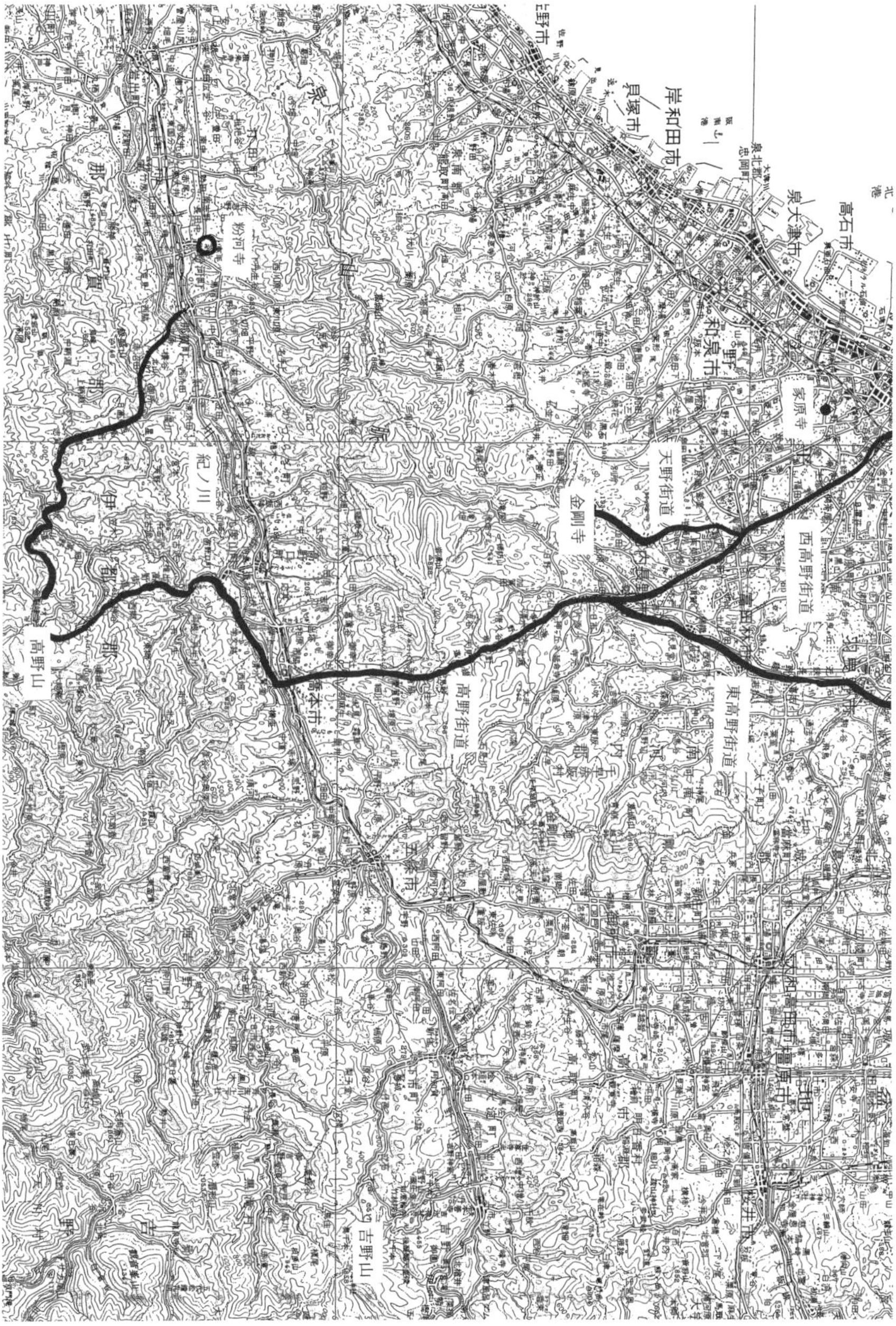

図４－６　「仁範」関連地図

など関係性から、『絵詞』は家原寺の修造者として彼ら二人の名を並列して書き記したのではないか。

仁範が記した一一世紀の「建立縁起」にはじまり、一三世紀の『粉河縁起』（和文縁起）、一四世紀の『絵詞』へと、彼をめぐる語りは書き継がれた。それは粉河寺のある紀伊国や家原寺が所在する和泉国といった地域に、彼の物語が永きにわたって生き続けたことを示すものであろう。

おわりに

仁範の足跡をあらためてたどれば、彼は和泉国に住所をもち、比叡山に登り受戒して天台僧となった。おそらくは皇慶の法系に学んだものと思われる。やがて比叡山を離れた仁範は、特定の寺院には属さず、長元年間（一〇二八～一〇三七）には、金峰山の石蔵寺や備中国英賀郡の仏性寺をめぐり、あるいはしばらくの間滞在して、密教の儀軌を読誦しそれに加点を施した。その姿は、各地の寺院を巡礼し修学する僧侶であり、また山林修行者として想定できよう。霊験の地を訪ね歩くうち、彼は寛徳元年（一〇四四）に紀伊国の粉河寺を参拝する。そこで隠密していた霊験の勝地を顕らかにするという願を立て、天喜元～二年（一〇五三～一〇五四）にかけて、勧進僧として粉河寺に大卒塔婆を建立、経典の書写に尽力し、道俗男女の結縁を促した。そして彼は、粉河寺の沿革と勧進事業を『建立縁起』として記し残した。

仁範の勧進による大卒塔婆建立を契機として、粉河寺は聖の集まる根拠地、往生の聖地となった。そして粉河寺復興の語りは、その所在する紀伊国や仁範の住所であった和泉国に流通し、語り伝えられ書き継がれたのであろう。やがて一三世紀には行基信仰が高まるなかで、仁範による粉河寺の興隆と家原寺の修造とが重ね合わされ、『粉河縁起』（和文縁起）において彼は行基の化身として再び光をあてられることになる。さらに一四世紀には『絵詞』において、仁範は家原寺を修復した僧侶として、和泉国出身の天台僧にしてその地で修善講を催した高僧である覚超と並び記されるようになった。

仁範が足跡を残した金峰山や粉河寺、あるいは後世その関わりが創造されたと考えられる家原寺といった寺院は、それぞれ大和国、紀伊国、和泉国と所在する国は異なるものの、高野街道や紀ノ川によって結ばれた地域である。さらに、仁範の名を記す聖教が伝えられた河内国の金剛寺もまた、この地域に含めることができよう。おそらく仁範が残した聖教は、この大和・紀伊・和泉・河内にまたがって結ばれた地域ネットワークのなかで、まとまって伝領・書写され存在したと考えられる。それがある時期になって、密教の儀軌、貴重な訓点を備えた聖教として、金剛寺の学僧により修学のために収集されたのであろう。聖教奥書がもたらす情報は極めて断片的ではあるが、仏教という学の発展を下支えした僧侶たちの修学の痕跡、あるいは修行や巡礼の場として彼らの宗教活動を支えた地方寺院の存在といった、他の史料からはうかがうことが難しい古代社会の一側面を垣間見せてくれる。そして仁範のような一一世紀を生きた僧侶にとって、霊験の地への巡礼や山林修行と、仏教という学を修めることが、矛盾なく並存する行為であったことも確かめられよう。

近年、平安末期に天台僧が築いた地方ネットワークについて、聖教奥書の分析に基づき新たな言及がなされている。青蓮院門跡吉水蔵聖教の奥書を検討した岡野浩二氏は、一一世紀末から一二世紀にかけて、天台僧が備前や因幡、伯耆、筑前、大和の地方寺院に赴き、聖教を著し書写した事例を明らかにした。それは「諸国の寺院を修行を目的に巡礼する僧がおり、彼らが諸国の延暦寺末寺を結ぶ役割を果たしていた」ことを意味しており、これらの地域が「天台僧のネットワークに囲まれていた」(24)とする。仁範もまた、こうした天台僧のネットワークを利用し、あるいはそれを結ぶ役割を果たした可能性を指摘できよう。

仁範の足跡が描き出すネットワークは、中央と地方を結び、あるいは地方と地方を結ぶものであった。巡礼による修行・修学を永きにわたって重ねた彼が、おそらくはその集大成として挑み成し遂げたのが、粉河寺における勧進事業であり、『建立縁起』の執筆であったのだろう。仁範の事績は、単に大卒塔婆を建立するにとどまらず、これを契機として「寺家」を「興隆」させた（『粉河縁起』〈和文縁起〉三第九）と評価されている。彼はこの勧進事業によって粉河寺にさらなる巡礼を促し、その聖地化を進めることに成功したのであろう。それは『粉河縁起』（和文縁起）や『絵詞』にみたように、彼の聖人化をも進めることになった。そしておそらく、仁範のような巡礼する勧進僧に求められたのは、そのようなネットワークの核を新たに見出し洗練させることにあった。彼が残した聖教は、そのようなネットワークのなかで伝領、書写され、やがて学僧の収集によって金剛寺に納められる。そして仁範による粉河寺復興の物語もまた、地域や時代によって形を変えながらも、そこに流通し続けたのである。

注

(1) 建保三年（一二一五）七月日付「嘉陽門院庁下文」（『大日本古文書』家わけ第七、金剛寺文書四三）。
(2) 明応七年（一四九八）「阿観上人事」（『大日本古文書』家わけ第七、金剛寺文書三〇）。
(3) 『東宝記』六、講説等條々。
(4) 『中右記』長承元年（一一三二）一〇月二〇日丁未条、および『高野山大伝法院本願霊瑞並寺家縁起』（『興教大師伝記史料全集伝記』所収）。
(5) 養和二年（一一八二）二月二二日付「源貞弘田地施入置文」（『大日本古文書』家わけ第七、金剛寺文書二一）。
(6) 建暦元年（一二一一）一一月日付「金剛寺学頭覚心聖尊連署二季談義置文」（『大日本古文書』家わけ第七、金剛寺文書四一）。
(7) 赤塚祐道「学頭の書写活動から見た金剛寺教学の変遷」（後藤昭雄編『真言密教寺院に伝わる典籍の学際的調査・研究』二〇〇九年）八四頁。
(8) 「河内天野学頭次第」（金剛寺聖教三七―四）、「河州天野山金剛寺歴代」（金剛寺聖教三七―一二三―一）。
(9) 後藤昭雄編『金剛寺経蔵聖教目録』（二〇一五年）による。
(10) 赤塚祐道「金剛寺聖教形成における学頭の役割」（『密教学研究』四四、二〇一二年）五〇・五一頁。
(11) 築島裕「仁都波迦点」（『平安時代訓点本論考　研究篇』汲古書院、一九九六年。初出一九九三年）六〇二頁。なお皇慶の法系

である谷流において、一一世紀には仁都波迦点と宝幢院点とが用いられたが、「仁都波迦点使用者と宝幢院点使用者とはおのづから分れてをり」（同六〇二頁）、仁範は前者のグループに属したと考えられる。宇都宮啓吾「十一世紀における天台宗山門派皇慶門流のヲコト点について」（『訓点語と訓点資料』一三二、二〇一四年）は、谷流のなかでも「皇慶嫡流や従来の皇慶の流れを汲もうとする」（三頁）グループが、仁都波迦点を所用としたとする。

（12）なおかつての備中国英賀郡にあたる新見市唐松真壁には、現在仏性寺という寺院が存する。ただしその創立は大永年間（一五二一～一五二八）に用鑑和尚によるとされており（『新見市史』通史編下〈新見市、一九九一年〉五一六頁）、仁範が『求聞持法儀軌』（史料三）を読誦した仏性寺との関係は不明である。

（13）薗田香融「古代仏教における山林修行とその意義」（『平安仏教の研究』法蔵館、一九八一年。初出一九五七年）。

（14）宮家準「吉野山の祭と修験道」（『大峰修験道の研究』佼成出版社、一九八八年。初出一九七三・一九八一年）九三頁。首藤善樹『金峯山寺史』（国書刊行会、二〇〇四年）五〇八頁。

（15）橋本裕行「山岳信仰の考古学的研究」（奈良県立橿原考古学研究所、二〇〇九年）。

（16）追塩千尋「古代・中世の家原寺」（『中世南都仏教の展開』吉川弘文館、二〇一一年。初出二〇〇九年）二三六頁。

（17）西口順子「紀伊国粉河寺とその縁起」（『平安時代の寺院と民衆』法蔵館、二〇〇四年。初出一九六二年）一九四頁。

（18）「験者」について、徳永誓子「修験道成立の史的前提」（『史林』八四―一、二〇〇一年）は、一〇世紀半ばからあらわれるこの語は、本来験力を発揮する僧全般ではなく、加持治療・憑祈禱を行う者を意味したとする。山岳修行の方法の確立によって、仏教の理念よりも験力の獲得を修行の目的とする傾向が顕在化するものの、山岳修行と験力を表裏一体の属性とする「修験者」という語が確立するのは、鎌倉時代後期であるとする。

（19）土橋由佳子「『粉河寺縁起』の行基と仁範」（『巡礼記研究』七、二〇一〇年）四一頁。

（20）米山孝子『行基説話の生成と展開』（勉誠社、一九九六年）所収。

（21）ただし「巻尾山縁起証文等之事」（『大日本仏教全書』寺誌篇四所収）の「一覚超僧都留二遺骨一築二墳墓一事」では、覚超を「和泉州横山杣人之子」とする。横山郷は和泉国和泉郡にあたる。

（22）赤松俊秀「藤原時代浄土教と覚超」（『続鎌倉仏教の研究』平楽寺書店、一九六六年。初出一九六五年）所収。

（23）前掲注（16）追塩論文、二三八頁。

（24）岡野浩二「平安末期における天台僧の修行巡礼」（『倉敷の歴史』一九、二〇〇九年）三〇・三一頁。

〔付記〕本稿は、科学研究費補助金・基盤研究（B）「金剛寺所蔵典籍の集約的調査と研究―聖教の形成と伝播把握を基軸として」（平成二三～二六年度　研究代表者：後藤昭雄）および同・基盤研究（B）「金剛寺聖教・文書類を基盤とした社寺ネットワークの解明とその蔵書史的研究」（平成二七～三〇年度　研究代表者：海野圭介）による成果の一部である。

第2部　日本古代の国際環境

第5章　対外交渉と倭国内の帰化渡来系氏族

中村友一

はじめに

古代、とりわけ律令制が確立する前代において、紀・上毛野・大伴・物部などの氏族は、これまで対外交渉（外交・外征など）に関わり述べられることがあった。そしてその氏族における特徴の一つという意味付けがなされる見解も散見する。

しかし、それぞれの氏族の性格を追究して確認することはあまり意味をなさない。なぜなら、それぞれの氏族の名負とは無関係であり、対外交渉に活躍している氏族は、大夫層など有力豪族（巨勢・穂積・葛城臣や河内直なども）である点で共通するからである。つまり、官司制が進展していない律令制前において有力氏族が王権に仕える中で、そのつど任じられる任務であって、それは氏族の性格ではなく中小氏族を従えうる豪族の格によるものなのである。

なお本稿では、「帰化渡来人・帰化渡来系氏族」といった用語を用いるが、用字に関しては多々問題を孕むことは近年話題とされるところでる。一般的に帰化人もしくは渡来人が用いられるが、それぞれ一長一短が指摘される用語である。よって、実質的には帰化や大和王権の求めに応じて、もしくは単なる渡来の場合など様々な事由があるが、それらの理由を問わず中国・朝鮮から来て定住した人・氏族とその出自をもつ氏族を指すこととする。

そして、１節以下で後述するように、副使以下については、語学力などに長ける帰化渡来系氏族が任用されることが多い、というような通説的理解は首肯できる傾向である。だがそのような一面的な位相だけでなく、多面的な視点へ照射する、とりわけ実態面への考察を行うための橋頭堡となることを企図するものである。

具体的には敏達元年（五七二カ）五月紀の著名な「烏羽の表」エピソードにおいて、新旧の帰化渡来人の能否が描かれている。

【史料一】『日本書紀』（以下『書紀』と略す）敏達天皇元年五月

五月壬寅朔。天皇問㆔皇子与㆓大臣㆒曰、高麗使人、今何在。大臣奉対曰、在㆓於相楽館㆒。天皇聞之、傷惻極甚。愀然而歎曰、悲哉。此使人等、名既奏㆓聞於先考天皇㆒矣。乃遣㆓群臣於相楽館㆒、検㆓録所㆑献調物㆒、令㆑送㆓京師㆒。

丙辰。天皇、執㆓高麗表疏㆒、授㆓於大臣㆒。召㆓聚諸史㆒令㆓読解㆒之。是時、諸史、於㆓三日内㆒、皆不㆑能㆑読。爰有㆓船史祖王辰爾㆒、能奉㆓読釈㆒。由㆑是、天皇与大臣倶為讃美曰、勤乎辰爾。懿哉辰爾。汝若不㆑愛㆓於学㆒、誰能読解。宜㆔従㆑今始近㆓侍殿中㆒。既而、詔㆓東西諸史㆒曰、汝等所㆑習之業、何故不㆑就。汝等雖㆑衆、不㆑及㆓辰爾㆒。又高麗上表疏、書㆓于烏羽㆒。字随㆓羽黒㆒、既無㆓識者㆒。辰爾乃蒸㆓羽於飯気㆒、以㆑帛印㆑羽、悉写㆓其字㆒。朝庭悉異之。

大意は、敏達天皇が皇子（彦人大兄王か）と大臣（蘇我馬子）に高句麗からの使いの所在を質問されるに、大臣は相楽館（山背国）にいると答えた。お聞きになられた天皇は、使人らがすでに欽明天皇の時代に奏聞していたことを悲しみ嘆き、群臣を使わして献上された調物を調べて記録し、飛鳥の宮へ連れてこさせた。

天皇が高句麗の表疏を大臣に授けられ、諸々の史（東西史氏）を召し集めて読ませたが、三日経っても読めなかった。だが船史氏の祖王辰爾はよく解釈することができた。よって天皇と大臣は褒められて、辰爾が学問を修めてなかったら誰が読解できたであろうとし、以後宮廷にて近侍を命じられた。一方の東西の史氏の学力は辰爾に及ばないし、高句麗の上表疏は烏羽に書かれているが黒羽で読めないが識る人がいなかった。辰爾は御飯の蒸気で蒸して黒羽に書かれた文字を絹布に写したので、朝廷の人々は異才と感じたのだった。

さて、ここでは王辰爾に比して東西史氏系の人々の無能さが表されているが、船史氏系の祖先功業譚として、応神紀の王仁をモチーフにして創作されたとされる。ある程度史実を反映した説話であると考えられるが、その場合犬飼隆が指摘するような、帰化渡来系氏族間の通用していた漢字音の時代差も想定できよう。

この説話は、船氏系の功業譚という創作性の高い一面は否定できないが、氏族渡来の時期差と使用音の時期差などが影響したという、モデルケースが存在したという史実を汲み取ることもできる側面を有しているのではなかろうか。

このような当時の為政者側や史書編纂者の認識がその後の文献と、また同時代的な実態面にどのように現れるのか、私の専門上文献史学の側から析出し、考古学による成果と突き合わせしていけるようにしたい。

1　対隋・唐外交における氏族

まず対外交渉上に帰化渡来系氏族が占める割合など、従来も指摘されていることだが、正式な遣使で人名が知られる事例から見ていきたい。

対隋外交における氏族

対隋外交においては、そもそも遣使記事自体が『書紀』と中国の正史『隋書』とで異なっている。

そのような問題も残るが、推古一五年（六〇七）七月・翌年九月における遣隋使の陣容が知られる面々は次の通り。大使・小野臣妹子（唐＝蘇因高）。副使・難波吉士雄成（乎那利）。通事・鞍作福利。学生・倭漢直福因、高向漢人玄理、奈羅訳語恵明、新漢人大圀。学問僧・新漢人日文、南淵漢人請安、志賀漢人慧隠、新漢人広済。

次に隋側の史料を参照してみよう。

【史料二】『隋書』東夷伝倭国・開皇二〇年（六〇〇）条

倭王姓阿毎字多利思比孤、号二阿輩雞彌一。遣レ使詣レ闕。上令二下所司一訪中其風俗使者上。言倭王以レ天為レ兄、以レ日為レ弟。～中略～ 高祖曰、此太無二義理一。於レ是訓令レ改レ之。王妻号二雞彌一、後宮有二女六七百人一。名二太子一為二利歌彌多弗利一。

大業三年（六〇七）・四年条

其王多利思比孤遣レ使朝貢。～中略～ 国書曰、日出処天子、致二書日没処天子一無レ恙云云。～中略・明年～

倭王遣二小徳阿輩台一、従二数百人一、設二儀仗一、鳴二鼓角一、来迎。後十日、又遣二大礼哥多毗一、従二二百余騎一郊労。既至二彼都一。～後略～

史料二前半の開皇二〇年条の大意は、倭王の姓は「阿毎」で字名は「多利思比孤」で、「阿輩雞彌」と号している。使いをよこして隋の宮廷にきた。上（皇祖）が所司（鴻臚卿）に倭国の風俗を尋ねさせたところ、返答に倭王は天をもって兄とし、日をもって弟とすると。高祖が言われるには使者の言はとても道理に合わない。よって教え諭し、改めさせた。倭王の妻は「雞彌」と号し、後宮には女が六・七百人いる。倭の太子は名付けて「利（和か）歌彌多弗利」というと。

また、大業三年・四年条の大意は、倭の王「多利思比孤」が使いをよこして朝貢してきた。その国書に言うには、「日が出る所の天子が、書を日が没する所の天子に送ります、恙ないでしょうか」と。明くる年、倭王は小徳の「阿輩台」を遣わして、数百人を従えてきたので、儀仗を設けて、太鼓や角笛を鳴らして来るのを迎えさせた。十日経って、また大礼の「哥多毗」を遣わしてきたので、二百余騎を従えて郊外で労り迎えさせた。すでに彼の都（大興城・現西安市）に至った。

ここでは対外交渉に従事した氏族を検討するよりも、まず倭王に関する名称上の問題に気づくだろう。すでに述べたことなので簡潔に述べれば、倭王の中国的な姓（日本での氏とは異なる）が阿毎であり、字名が多利思比孤という誤解があること。また、日本語に置き換えた場合「天帯（足）彦」とされており、推古女帝なのに男性名称が用いられていたことである。後者には蘇我馬子か厩戸皇子に当てる見解や女王蔑視の中国王朝に配慮しての呼称、あるいは一般的な大王称を返答したといった見解があるが、論旨から外れるのでここでは検討しない。

加えて大王と王妻が「阿輩雞彌・雞彌」とされていることも、妻が「キミ（王・君）」に当たるのは間違いないところだが、「阿輩雞彌」については「アメキミ」「アマキミ」「オホキミ」とする各説がある。

本稿で問題としたいのは前者の問題であり、隋の外交官が音をとっての当て字にしただけではなく、日本側の名乗りを正確には理解していなかったことである。このことを踏まえて『隋書』に見える「阿輩台」について見てみると、「阿輩台」の誤りとして「糠手」とみる、もしくは『北史』倭伝「何輩台」から「河内」の音写とみるなどから大河内糠手とする説、「アヘト」と読み阿倍鳥とする説が見られる。これについては別に述べる機会を得たいが、もう一方の「哥田毗」については、「カタベ」の音を写したもので額田部連比羅夫とすることで諸説がほぼ一致している。

この他、推古二二年（六一四）の使いでは犬上君御田鍬と矢田部造（個人名闕）の氏姓が、また、年次不明ではあるが学生、僧・恵斉、恵光、医恵日、霊雲、勝烏養、恵雲の名が知られる。

ここで使節のトップを見るために令制前の群臣層を見ておきたい。令制前にはそれほど明確に氏族の格の違いが表出してこないので、まずは今で言う内閣・大臣クラスを輩出しうる大夫（群臣・マエツキミ）層とその下位の豪族層に分けられる。

この大夫層では加藤謙吉が阿倍・紀・巨勢・膳・葛城・平群・坂本・蘇我・春日臣・大伴・物部・中臣連・三輪君の一三氏族を析出し、オーソドックスな見解を提出している。

また、倉本一宏も阿倍臣・膳臣・巨勢臣・紀臣・葛城臣・平群臣・坂本臣・蘇我臣・河辺臣・春日臣・中臣連・物部連・穂積臣・大伴連・佐伯連・三輪君・額田部連の一七氏を挙げ、さらに六世紀段階の大夫層氏族として、難波吉士・田中臣・高向臣・（蘇我倉臣）・境部臣・小墾田臣・羽田臣・田口臣・桜井臣・久米臣・涯田臣・粟田臣・小野臣・大宅臣・采女臣・阿曇連・大市連・近江臣を追加で挙げている。

以上のように、遣隋使では大使・副使クラスで氏名が知られる五人中、小野臣・犬上君・矢田部造や推定ではあるが額田部氏が在来系氏族である。ただ一人、難波吉士雄成のみが帰化渡来系氏族である。一方、通事や留学生・僧のほとんどは帰化渡来系氏族の面々である。

対唐外交における氏族

隋から唐に王朝が代わって遣唐使が派遣されるようになった初期の頃の顔ぶれを見てみよう。以下、箇条書きにする。

＊舒明二年（六三〇）、帰国舒明四年
犬上君御田鍬・薬師恵日

＊白雉四年（六五三）、帰国白雉五年（六五四）

大使・吉士長丹・高田首根麻呂　副使・吉士駒・掃守小麻呂
道昭・定恵
＊白雉五年（六五四）斉明元年（六五五）
押使・高向玄理　大使・河辺麻呂　副使・薬師恵日
＊斉明五年（六五九）斉明七年（六六一）
大使・坂合部石布　副使・津守吉祥　伊吉連博徳
＊天智四年（六六五）天智六年（六六七）
送唐客使・守大石・坂合部石積・吉士岐彌・吉士針間
＊天智六年（六六七）天智七年（六六八）
送唐客使・伊吉連博徳
＊天智八年（六六九）不明
大使・河内直鯨

遣唐使においても氏名が知られ、重複を除いた一五名の内、犬上君（再）・高田首や掃守・河辺・津守・守・坂合部の各氏は在来系氏族である。他方、高向玄理・伊吉連博徳・河内鯨の他に帰化渡来系と想定される吉士系の氏族が若干多めに見えるが、とくに帰化渡来系氏族の割合が高いというわけではないことが看取される。むしろ氏族の出自の割合からいえば、在来系・帰化渡来系氏族ともバランスよく任じられていると言えよう。

さて、この後、大宝律令制定により官人化が一層整備され、氏族という視点からの役職任命は、名負氏・名負入色者という特徴的な事例を中心に残す程度となるという転換を迎える。律令制下に入る主な事例として大宝二年（七〇二）次には、執節使・粟田真人、大使・高橋笠間、副使・坂合部大分・山上憶良・道慈や、養老元年（七一七）次には押使・多治比県守、大使・大伴山守、副使・藤原馬養・阿倍仲麻呂・吉備真備・玄昉・井真成といった人名が見られる。

令制下に入ると、大使・副使のみならず入唐留学生・僧ともに、とくに帰化渡来系氏族が目立って選ばれているという傾向はなくなってくる。このことは、知識や学力において帰化渡来系氏族と在来系氏族との差異が見られなくなってくることと連動していると見なされる。

2　朝鮮半島との使節・交流

朝鮮半島との正式な人的交流

朝鮮半島の三国、高句麗・百済・新羅との関係は、濃淡・親疎や時期による粗密もあるが、いうまでもなく日本とはいずれも交流関係が深い。とりわけ実益的な関係性が看取されるが、仏教関係の諸技術や五経博士などの導入に寄与している。

【史料三】『書紀』敏達六年（五七七カ）冬一一月庚午朔

百済国王、付二還使大別王等一、献二経論若干巻、律師・禅師・比丘尼・呪禁師・造仏工・造寺工六人一。遂安二置於難波大別王寺一。

百済国王（威徳王）が日本からの遣使として帰る際に経論いくばくと僧や造寺工ら六人を献上してきたので、難波にある大別王の寺（詳細不詳）に住まわせたという内容である。

右のように、文化の交流には人の移動も当然連動するが、この後崇峻元年（五八八）にも僧・寺工・鑪盤博士・瓦博士・画工らが献上されている。

しかしながら、飛鳥寺様式の瓦をはじめとして、諸技術・文字などが地方に伝播していくことについては、必ずしも帰化渡来系の人々を介す必要もなく、物だけの移動と言うことも考えられる。また、間接伝播・刺激伝播といった二次的な文物に対する区分がどこまで正確に判別できるかも問題となるであろう。

半島系の遺物だけで帰化渡来系氏族の存在を想起するのは早計だと言えるのだが、それでは人・氏族については、どのように取っかかりを考えるべきか。

史料三などに見えるような技術者の来日とその技術の日本における存在初期とは密接に結びつくが、個人名・氏族名が知られない。

そこで朝鮮諸国に使・将などに任免された諸氏族が参考となるだろう。

欽明一七年正月紀には阿倍臣・佐伯連・播磨直・筑紫火君（軍を率いる）と見えるのを始め、津守連・烏胡跛（的）臣・許勢臣・膳臣・印奇臣・内（有至）臣や額田部連・葛城直・河辺臣・東漢坂上直・錦部首・吉士・紀国造・吉備海部直・難波吉士・小黒吉士などの氏族が任用されている。

氏族名をざっと一瞥しただけでそのバラエティーに富むことに気づかされるが、翻って、特定の在来系氏族に対外関係に従事する性格があるなどの所説はほとんど意味がないことも知るべきである。

半島における倭人系の交流

公の使節に関わる場合もそうでない場合も想定されるが、史料には表れにくい。氏族レベルでの交流が端的に窺われる半島における在来系氏族と半島の人々との混血の記事は、どこまで広範な実態と見なせるのだろうか。

『書紀』の所収年代などには疑問が残るが、記事内容とりわけ個人名に関しては具体性が高くて本稿で参照するに足る内容である史料をまずは掲示しよう。

【史料四】『書紀』継体二四年九月条

任那使奏云、毛野臣、遂於二久斯牟羅一、起二造舎宅一、淹留二歳、一本云二三歳一者、連二去来歳数一也。懶レ聴レ政焉。爰以下日本人与二任那人一、頻以二児息一、諍訟難上決、元無二能判一。毛野臣楽置二誓湯一曰、実者不レ爛。虚者必爛。是以、投レ湯爛死者衆。又殺二吉備韓子那多利・斯布利一、大日本人、娶二蕃女一所レ生、為二韓子一也。恒悩二人民一、終無二和解一。於レ是、天皇聞二其行状一、遣レ人徴入。而不レ肯レ来。～後略～

【史料五】『書紀』欽明二年七月条

百済聞下安羅日本府与二新羅一通計、遣二前部奈率鼻利莫古・奈率宣文・中部奈率木刕眯淳・紀臣奈率弥麻沙等一、紀臣奈率者、蓋是紀臣娶二韓婦一所レ生、因留二百済一、為二奈率一者也。未レ詳二其父一。他皆效レ此也。使二於安羅一、召下到二新羅一任那執事上、謨レ建二任那一。～後略～

まず史料四では、「大日本人」が「蕃女（伽耶地域の女性か）」を娶って生まれた子として吉備韓子那多利・斯布利が見え、近江毛野臣に殺害されたという。その父は不詳だが、吉備地方に関係することは氏名からして想像に難くない。

また史料五にも同じく父が不詳だが紀臣奈率弥麻沙が（同四年四月紀・同五年一一月紀にも）見える。紀臣が韓婦を娶って生まれたということで、出自は紀臣の混血と知られ、奈率という百済一六階の六番目という官位を有している。

史料五の省略部分には他にも人名が見えるが、その中でも佐魯麻都は欽明五年三月紀では、韓腹といっても「任那」で大連の地位にあって有勢であると述べられている。氏名は記されないが、紀弥麻沙とともに「任那」において倭人と半島人と混血の有力者の存在の一般性が認められよう。

この他にも、明確に出自は記されないが、倭人系の氏名を持ち、個人名が半島系であることから混血など倭二世と推測される事例は対朝鮮半島関係記事が集中する欽明紀に頻出するので、主な事例を列挙しておこう。

物部施徳麻奇牟（欽明四年九月紀）物部奈率用奇多（欽明五年二月・六年五月紀）
物部奈率奇非（欽明五年三月紀）上部奈率物部烏（欽明十五年二月紀）
竹斯物部莫奇委沙多（欽明一五年一二月紀）
施徳斯那奴（上部（内臣）徳率科野）次酒（欽明五年二月・六年五月・一四年正月紀）
上部奈率科野新羅（欽明一四年八月紀）許勢奈率奇麻（欽明五年三月紀）
河内部阿斯比多（欽明一三年五月・一四年正月紀）

このような事例は政治的・軍事的に日本側の人々も半島に逗留していた事実を示すものであるが、史料的制約もあって逗留していた本人の記載はなかなか見られないのは残念ではある。ただ、敏達一二年（五八三）七月紀の「今在二百済一火葦北国造阿利斯登子。達率日羅賢而有レ勇。」などのように、混血かどうかはさておいても倭人系の二世が半島に存在することは間違いないところであろう。

少し時代が降るが、白雉五年（六五四）二月条、遣唐使高向玄理が帰国できずに唐土で卒した記事において引用された「伊吉連博徳書」で「別倭種韓智興・趙元宝」が帰国した使人とともに日本に帰ってきている。「倭種」ということから混血だと見なせるが、氏名は韓・趙と朝鮮風であり、倭人系でもさらに朝鮮半島の人々との交雑の深さを窺わせられる。

以上のことから、編纂者に限らず倭政権の人々も倭人系の朝鮮半島居住者やそれらの混血二世の存在という認識を持ち、その把握を行なっていた。また百済系官人として史上に登場しても、倭人という認識を持ち合わせていたことも窺われる。さらに言えば、とりわけ欽明紀の記載の多さは際立っているが、百済側も対日関係の中で倭人系の人物をその都度混成させることに意を払っていたのではないかと想起させられよう。

逆に見れば、帰化渡来系の人・後裔氏族に関して、国内という視点からも倭政権側はより深い認識を持っていたと想定できる。

3　渡来人・集団とその識別

上田正昭は「古く渡来した帰化系氏族の人々は、むしろ地方において勢力をたくわえ、土着の豪族として成長してゆく」と述べるが、私も『新撰姓氏録』の検討から、帰化渡来系氏族の中でも渡来時期とその後の定住期間の長さの差が氏族としての構造が在来系氏族のように本宗氏を中心に擬制的同祖同族関係を形成していることを指摘した。

古墳よりみた帰化渡来人の動向

ここで考古学の視点から、実態面での帰化渡来系氏族の在地での差異などを析出した見解を参照しておこう。古くは遺物などを中心に亀田修一の指摘や文献史学の和田萃の考古学を活かした見解なども見られる。

例えば朝鮮半島系の遺物は一つの指標となるが、技術と人それぞれの伝播があるので人の移住・定住と必ずしも連動しないので注意が必要である。また特徴的な大壁建物やオンドル状遺構などは、人の定住を看取できるが、持続しないことの要因として日本の温暖かつ湿潤の気候に適さなかったためという見解は周知のところであろう。

近年では、複合的に検討を加えながら、墓制の面へと成果を示した土生田純之や若狭徹の一連の研究が注目できる。

ここでは土生田による帰化渡来人の埋葬の諸事例を参看しておきたい。

まず渡来人一世の墳墓として静岡県浜松市内野古墳群（二本ヶ谷古墳群）の積石塚を挙げる。次いで渡来人後裔の墳墓として二本ヶ谷古墳群と辺田平古墳群の西南部積石塚、さらには群馬県渋川市空沢古墳群などを例示する。ここまでは帰化渡来系人に特殊性が顕著に出ており、営墓地も区画がはっきりとしている。

また、同じ営墓地であるが渡来人と在来系倭人との差異が明瞭に看取できる事例として前述の内野古墳群の中の二本ヶ谷古墳群（谷）と辺田平古墳群（尾根上・封土墳）という立地の差異や、群馬県高崎市剣崎長瀞西古墳群の中における円墳が在地人、方墳が渡来人といった企画の差異が表出しているとされる。

一方で、数が多すぎることもあるかもしれないが、渡来系・在来系の墳墓の混在化を指摘するのは長野市大室古墳群についてである。

このように、帰化渡来人の弁別が明確なケースが多いが、古墳群のその後の動態からは、いずれも数世代で在来倭人系と混同化する傾向にあるようである。

帰化渡来人の造墓活動の動態の流れは、数世代で在来系の人々との同質化の傾向があり、集落などにも敷衍できるのではないかと思われるが、本節では造墓の傾向だけ参照するに留めたい。

居住域など行政的把握

集落などの実体的な把握は、面的に膨大な発掘調査事例が必要であり、造墓活動のみの参看に留めたが、文献史料における在地での把握状況などは看取することができる。

【史料六】　『書紀』欽明一七年（五五六ヵ）一〇月条

遣㆓蘇我大臣稲目宿禰等於倭国高市郡㆒、置㆓韓人大身狭屯倉言韓人者、百済也。高麗人小身狭屯倉㆒。紀国置㆓海部屯倉㆒。一本云、以㆓処々韓人㆒、為㆓大身狭屯倉田部㆒。高麗人為㆓小身狭屯倉田部㆒。是即以㆓韓人・高麗人㆒為㆓田部㆒。故因為㆓屯倉之号㆒也。

【史料七】『書紀』欽明二六年（五六五カ）五月条

高麗人頭霧唎耶陛等投㆓化於筑紫㆒、置㆓山背国㆒。今畝原・奈羅・山村高麗人之先祖也。

史料六は、大臣の蘇我稲目を大和国高市郡に遣わして百済人を大身狭屯倉に、高句麗人を小身狭屯倉に置き、また紀伊国に海部屯倉を設定したという記事である。一本では、百済人・高句麗人が屯倉の田部（耕作などに従事する納税主体）となって名称の由来になったとも述べられている。

また史料七では、高句麗人の頭霧唎耶陛らが帰化を求めて筑紫に来たので山背国（京都府の南半分）に安置した。それが現在の畝原・奈羅・山村の高句麗人の先祖となっているということである。

この他にも、史料の引用は省くが、『書紀』欽明二三年（五六二カ）一一月条に摂津国三嶋郡埴廬新羅人の先祖が新羅の使いで帰国しなかった者であること、降って斉明四年（六五八）一〇月条では百済の佐平鬼室福信が佐平貴智らを遣わして唐俘一〇〇余人を献じてきたが、それが今の美濃国不破・片県、二郡の唐人らであるという、出自を明示する事例がある。

あるいはより具体的に『書紀』推古二〇年（六一二）是年条では百済国の帰化人らでみな斑白や白癩がある人たちが宮の南庭に須弥山形と呉橋を作らされた、亦の名芝耆摩呂、時人に路子工と呼ばれた者、また帰化してきた百済人味摩之は奈良の桜井に安置され、伎楽儛を少年に伝習させたが、それが真野首弟子・新漢済であり、今の大市首・辟田首らの祖となっているという記事も見える。

さらに、より具体的な記述が同時代性を有しており、史実としての確度が高い事例もある。『書紀』天智四年（六六五）二月・三月是月条では、百済の百姓男女四〇〇余人を近江国神前郡に居さしめ、翌三月に田を給わっている他、天武四年（六七五）一〇月条では筑紫国から貢された唐人三〇人を遠江国に安置したり、天武一三年（六八四）五月条においても帰化してきた百済の僧尼や俗人の男女二三人を武蔵国に安置した記事などである。

このような同時代的把握は、おそらく在来系の氏族の把握・部称の付与された六世紀代の半ば頃にまで遡る可能性がある。説話的な秦の民の記事もそのように言えるが、敏達一二年（五八四ヵ）是歳条の百済生まれの火葦北国造阿利斯登の子達率日羅の妻子・水手らを、変を生じないように河内国の石川に住まわせたことも、帰化渡来系人の例ではないが、この対応を敷衍して考えることができよう。

この流れの延長線上が、律令制下における帰化渡来系の人々の集住による建郡になると思われる。『続日本紀』（以下、『続紀』と略す）霊亀元年（七一五）七月丙午条では帰化渡来系かは未詳だが尾張国の人外従八位上席田君邇近と新羅人七十四家が美濃国に貫され席田郡を建て、翌霊亀二年五月辛卯条では駿河・甲斐・相摸・上総・下総・常陸・下野七国の高句麗人一七九九人を武蔵国に移して高麗郡を建てている。さらに天平宝字二年（七五八）八月癸亥条では、帰化した新羅の僧三二人・尼二人・男一九人・女二一人を武蔵国の閑地に移して新羅郡を建てている。

同様に、大和国今来郡（後の高市郡）・摂津国百済郡・上野国多胡郡などの例も、多くが帰化渡来系の貫附者で建郡された事例に該当するかと思われる。とりわけ高市郡は、宝亀三年（七七二）四月庚午条で坂上大忌寸苅田麻呂らの奏言により、先祖の阿智使主の居住以来、檜前忌寸と一七県の人夫で満ちており、他氏族は一〇分の一か二だと述べられていることも参考となる。

その後も律令制国家による把握の方法は税の減免にも関わって継続していることが、『続紀』養老元年（七一七）十一月甲辰条の高麗・百済二国の士卒の復を終身に給わっていることから窺える。

以上のように、帰化渡来人の一時的な安置供給と、放還せずに定住し集住化した以後の氏姓付与の流れは律令制前から変わらないことが分かる。蝦夷俘囚も類似する管掌方法だと言える。

このような帰化渡来系の人々の集住のメリット・デメリットそれぞれが想定できるだろうが、本稿では倭王権・律令制国家が彼らの居住域の把握と出自の管掌を連動していたことが指摘できれば十分である。

4　帰化渡来系氏族の出自の管掌

氏族側の意識

出自の管掌を析出するには、まず帰化渡来系氏族の出自意識がどのようなものであったのかを見ておく必要がある。二例ほど参照してみよう。

【史料八】『続紀』天平宝字二年（七五八）四月己巳条

内薬司佑兼出雲国員外掾正六位上難波薬師奈良等一十一人言、奈良等遠祖徳来、本高麗人、帰二百済国一。昔泊瀬朝倉朝廷詔二百済国一、訪二求才人一。爰以二徳来一貢二進聖朝一。徳来五世孫恵日、小治田朝廷御代、被レ遣二大唐一、学二得医術一、因号二薬師一、遂以為レ姓。今愚闇子孫、不レ論二男女一、共蒙二薬師之姓一、竊恐二名実錯乱一。伏願、改二薬師字一、蒙二難波連一。許レ之。

【史料九】『続紀』延暦一〇年（七九一）正月癸酉条

春宮亮正五位下葛井連道依・主税大属従六位下船連今道等言、葛井・船・津連等、本出二一祖一、別為二三氏一。而今津連等幸遇二昌運一、先賜二朝臣一。而道依・今道等猶滞二連姓一。方今聖主照臨、在レ幽尽燭、至化潜運、稟気帰レ仁。伏望、同沐二天恩一、共蒙二改姓一。詔許レ之。道依等八人賜二姓宿禰一。今道等八人因レ居賜二宮原宿禰一。又対馬守正六位上津連吉道等十人賜二宿禰一。少外記津連巨都雄等兄弟姉妹七人、因レ居賜二中科宿禰一。

史料八は難波薬師奈良ら一一人が、本来は高句麗人だが百済に帰化した際に雄略天皇の求めに応じて先祖徳来が来日した。その後推古天皇代に五世孫恵日が大唐（隋）に遣わされ医術を学んできたところ、薬師と号されたが、その後姓と化した。子孫が男女論ぜず薬師の姓を給わったが、名実（ここでは高句麗出自ということと薬師）が錯乱することを恐れるので、難波連の氏姓を賜りたいとして許された、というものである。

史料九では葛井連道依・船連今道らが申上するには、葛井・船・津連らは本来一つの氏であったのに別れて三氏となった。今津連らは桓武天皇代の昌運に恵まれて朝臣の姓を賜ったが、今道らは連のままであるので、桓武の仁徳によって改姓していただきたいと。これを許して、それぞれ道依は葛井宿禰、今道は居地の名にちなんで宮原宿禰を賜い、また津連に姓宿禰や中科宿禰を賜ったという記事である。

いずれの申請理由も、ほとんどこじつけであったり、単なる懇願という内容であったりというものだが、とくに桓武天皇代を中心にこのような帰化渡来系氏族の改賜氏姓の事例は多い。

ただ、ここではこれらの帰化渡来系氏族のいずれもが、自らの出自であったり、その後の系譜的な繋がりなどを認識していることを強調したい。渡来から一～二世紀を経ても、なおその出自が意識されていることは興味深い。

日本的氏姓との混合化

さて、出自は意識しつつも、日本国内での体裁など多様な理由から、帰化渡来系氏族の氏名は賜氏姓・改賜氏姓を通じて氏名の日本的な称へと変改されてゆく。

帰化渡来一世の人物などでも日本的氏姓を賜与されるようになるが、例えば『続紀』神亀元年（七二四）五月辛未条では薩妙観に河上忌寸、高正勝に三笠連、荊軌武に香山連、答本陽春に麻田連など大人数に賜っている。ただし、奈良時代半ば頃から、来日してすでに数世代を経た帰化渡来系氏族の改賜氏姓の申請増加と次第に日本的氏姓を求めて認められるような傾向が看取される。その契機となるのが次の史料である。

【史料一〇】『続紀』天平宝字元年（七五七）四月辛巳条

其高麗・百済・新羅人等、久慕二聖化一、来附二我俗一、志二願給一レ姓、悉聴許之。其戸籍記、无姓及族字、於レ理不レ穏。宜二為改正一。

高句麗・百済・新羅人らで天皇の徳を慕って帰化して日本の風俗に慣れた者は、姓を給うことを願ったならば、それを悉く許聴された。また、戸籍に記すのに際して、無氏姓や族字が付された称は、法理において穏当でないので改姓せよ、との命令である。

これを遡る天平一七年（七四五）五月己未条では、筑前・筑後・豊前・豊後・肥前・肥後・日向の七国の无姓人ということで帰化渡来人対象ではないが、願う所の氏姓を賜っており、律令制前に意義を有していた氏姓が、律令制下において表象としての意味合いが強まってきたことが窺える。

そして史料一〇の時期以降、氏名や姓のレベルにおいて、帰化渡来系氏族が在来系氏族と同様に朝臣・宿禰を賜ることが増え、氏名も日本の地名や清新な名称が許されるようになった。例えば、『続紀』宝亀九年（七七八）一二月庚寅条では唐人の袁晋卿が清村宿禰を、同じく唐人の沈惟岳が清海宿禰を賜ったように、地名や職掌名でもない爽やかな感もする氏名を賜っている。

このように氏姓の名称の面からは、帰化渡来系であるかどうかが一目瞭然ではない事例が増加するのである。

国家側の管掌

改賜氏姓の事例からは、名称面での差異がなくなりつつあり、ある意味では在来系氏族との混淆が進展していると も言えなくはない。本節では、国家側の管掌がどうなったかを見ておきたい。

改賜氏姓の許可は天皇大権であり、氏姓の管理は治部省が行うことから、国家的な管掌は当然継続的に行われてい ることは言うまでもない。

そのような臣民把握の一環としてではなく、氏族政策として取り上げられるべきなのは弘仁六年（八一五）に撰上の『新撰姓氏録』は注視されよう。

『新撰姓氏録』における在来系氏族が分類される皇別・神別氏族においては、系譜擬制など擬制的同祖同族氏族の数の多数は、その本宗氏の勢力の大小に連動していることが看取される。一方、諸蕃として分類される帰化渡来系氏族の特徴は、もちろん勢力の大小の影響も見られるが、独自の特徴で二極化していると言えよう。以下、有力な氏族集団を列挙してみよう。

①太秦公宿禰（秦始皇帝後裔）

秦宿禰・秦忌寸（多数）・高尾忌寸・秦長蔵連・秦公・秦勝・秦造・大里史・秦人・秦姓・秦冠

②坂上大宿禰（後漢霊帝後裔）

檜原・内蔵・山口・平田・佐太・谷・畝傍・桜井・路宿禰・石占・文・檜前・木津忌寸・池辺・火撫・栗栖直・葦屋漢人「坂上系図」には他多数

③広階連（魏曹植後裔）
　上村主・河原・野上・平松連・竺紫・筑紫史・河内画師・河原蔵人
④文宿禰（漢高帝後裔）
　武生宿禰・文忌寸・古志連・栗栖・桜野首
⑤菅野朝臣（百済貴須王後裔）
　津・中科・葛井・宮原・鴈高宿禰・船連
⑥日置造（高句麗伊利須意彌後裔）
　栄井・鳥井・吉井宿禰・和・日置造・日置倉人

右は、帰化渡来系氏族の氏族集団の特徴である二極化のうち、比較的氏族群を形成する事例である。

①②はそれぞれ秦氏系・東漢氏系で、ともに雄略紀に伝承を載せ、擬制的同祖同族関係を含めた氏族群は大きく（氏族数が多く）、在来系の氏族群に類似すると言えよう。本宗系を中心としている②と、横並び的な①といったように、本宗氏や同族氏族同士の結合形態は両者異なるが、これは在来系の氏族にも双方の特徴を持つ例があることと軌を一にしている。

④は応神紀の王仁の伝承を載せる西文氏系の後裔氏族群である。③以下の氏族群はそれほど大きくないが、帰化渡来系氏族としてはまとまりを見せる方である。

他方、その他大多数の帰化渡来系の氏族は、ほぼ擬制的同祖同族関係を結ぶことがなく、個別もしくは数氏程度での存在形態を示しているので、以下に主な氏族を掲示しよう。

　中国系＝陽侯忌寸・錦織村主・高丘宿禰・伊吉連・茨田勝など
　百済系＝飛鳥戸造・百済王・百済朝臣・百済公・和朝臣・葦屋村主など

高麗系＝高麗朝臣・狛造・狛首・御笠連・後部薬使主・河内民首など
新羅他＝豊原連・三宅連・多々良公・辟田首・荒々首など

ここに掲示した氏族は、比較的新来（今来）の帰化渡来人が氏姓を賜った後裔が多いと言える。ただし、新来の場合、すでに説話や氏族伝承が形成された後であるために新たに伝承を創作・付加できない事情も考慮され、氏族群の形成にも影響したのであろう。

以上のように、渡来の時期によって大きな集団もしくは個別的な氏族となることが析出できる。換言すれば、およそ帰化渡来した時期の新古が族的結合の大小と対応しているということが、帰化渡来系氏族における擬制的同祖同族関係の特徴であるということである。

いずれにしても『新撰姓氏録』の三つの分類に端的に表れているように、帰化渡来系氏族の氏としての把握のされ方は、二百年を経過しても諸蕃としてであった。

姓については時代的に近しい皇族の出自であることを示す真人以外は出自による差異は失われていった。

だが、帰化渡来一世であっても氏姓が諸蕃的ではなくなっていき、数世代を経た帰化渡来系即の氏姓も日本的に改賜氏姓されてもなお出自は諸蕃として認識されている。

これは3節で考古学の成果、とりわけ古墳における事例を参照したように帰化渡来人の二世以降、文化・民俗的に同化していっても、出自は管理されたままだった。

実態（文化的・民俗的）と本節で見たような氏族側の認識と国家側の管掌（理念的・名目的）とでは大きな乖離が見られると結論づけられよう。

おわりに

帰化渡来人の実態として（民族学的に見て）大差はないし、倭国・朝鮮半島双方に居住する「多元的」な存在でもあり、対外交渉の実務官レベルでは一貫してその存在を示し続け、半島・列島を股にかける人々はまた混血の人物の存在や多様な出自の人々も同じように活躍していることを確認することができた。

公の交流における人質や博士の往来については半島の人々を中心としながらも、対外交渉における上位の使者としては帰化渡来系氏族の登場は、在来系氏族に比して抽んでて多いわけではないこともまた指摘できた。さらに時代が降ると、対外交渉における帰化渡来系氏族と在来系の差はほとんど見られなくなる。

地域的な集住化による管理と、その後の建郡などにより、帰化渡来人の管理は土地と連動しても行われていたことは間違いない。倭国との関係、朝鮮半島の三国同士の関係からいっても、それらの風俗の差異などからいっても、すぐに在来の人々と混同化しないであろうし、平和的に居住し続けていられるかの問題もあるだろう。隔離ともとれるような居住域の設定という政策は、造墓の面からすると二・三世代であまり問題とならないようになると思われる。

考古学的な実態面における在来系の人々と数世代での混同化に比べると、文献史料的にもはじめにで参照した事例や対外交渉における優先任用の減退などのように文化・民俗的にもほぼ同質化されていくと推測される。しかしながら、帰化渡来一世は当然だが、数世代経ても、改賜氏姓によって帰化渡来系を明示する氏称から変化してもなお、名目的には諸蕃として継続的にしっかりと管掌されていることを強調しておきたい。

この実態と名目の乖離は、氏族レベルの意義において、帰化渡来系氏族の氏姓・出自がもつアイデンティティのみならず、その存在すること自体の政事的意義が重要であり、そのため王権・国家により継続的に管掌されていくことに要因があると結論づけられるのである。

実態面について、より広範に多面的に考古学の成果を対照して確かめていくことを本稿以後の課題として擱筆することにしたい。

参考文献

荒井秀規「古代相模の「渡来人」」『三浦古文化』四八、一九九〇年。

伊藤千浪「律令制下の渡来人賜姓」『日本歴史』四四二、一九八五年。

犬飼隆「「烏羽之表」事件の背景」『愛知県立大学文学部論集』国文学科編、二〇〇八年。

今井啓一『帰化人』綜芸舎、一九七四年。

上田正昭『帰化人　古代国家の成立をめぐって』中央公論社、一九七〇年。

大塚徳郎「8・9世紀における帰化人系氏族の系譜について」『古代学』一四―二、一九六八年。

加藤謙吉『大和政権と古代氏族』吉川弘文館、一九九一年。

加藤謙吉『秦氏とその民―渡来氏族の実像―』白水社、一九九八年。

加藤謙吉『大和政権とフミヒト制』吉川弘文館、二〇〇二年。

加藤謙吉『大和の豪族と渡来人―葛城・蘇我氏と大伴・物部氏』吉川弘文館、二〇〇二年。

亀田修一「渡来人」土生田・亀田編『古墳時代研究の現状と課題　下』同成社、二〇一二年。

倉本一宏『日本古代国家成立期の政権構造』吉川弘文館、一九九七年。

佐藤長門『日本古代王権の構造と展開』吉川弘文館、二〇〇九年。

関晃『関晃著作集二　大化改新の研究　下』吉川弘文館、一九九六年。

関晃『関晃著作集四　日本古代の国家と社会』吉川弘文館、一九九七年。

関晃『古代の帰化人』吉川弘文館、一九九六年。

田中史生『日本古代国家の民族支配と渡来人』校倉書房、一九九七年。

田中史生『倭国と渡来人―交錯する「内」と「外」―』吉川弘文館、二〇〇五年。

中村友一「『新撰姓氏録』における「氏」と同祖同族関係」『駿台史学』一一六、二〇〇二年。

中村友一「『新撰姓氏録』における帰化渡来系氏族」『大学院文学研究論集』一七、二〇〇二年。

中村友一「『新撰姓氏録』と「未定雑姓」氏族について」『ヒストリア』一九六、二〇〇五年。

中村友一『日本古代の氏姓制』八木書店、二〇〇九年。
土生田純之『古墳時代の政治と社会』吉川弘文館、二〇〇六年。
土生田純之『古墳』吉川弘文館、二〇一一年。
森公章『東アジアの動乱と倭国』吉川弘文館、二〇〇六年。
吉村武彦『日本古代の社会と国家』岩波書店、一九九六年。
吉村武彦編『古代を考える　継体・欽明朝と仏教伝来』吉川弘文館、一九九九年
若狭徹『東国から読み解く古墳時代』吉川弘文館、二〇一五年。
和田萃『日本古代の儀礼と祭祀・信仰　上』塙書房、一九九五年。

第6章　七世紀における「任那之調」

河内春人

問題の所在

六世紀における倭国と朝鮮半島の関係に関する研究は着実な進捗を見せている。古くは列島と半島の関係は『日本書紀』が記した「任那日本府」を中心に[1]、古代日本による半島南部の支配という言説で語られていた。そうした近代における歴史認識をここでは「任那」史観と呼ぶことにしたい。戦後の研究の進展によってそうした「任那」史観は批判された。ただし、それは倭国・倭人の半島南部での活動がなかったことを意味するものではなく、「在安羅諸倭臣[2]」と称されるべき人々の活動があった。近年ではそうした集団の実態究明の研究も現れている[3]。ただし、文献史学においては「任那」史観の克服が大きな焦点であったゆえに、その他の論点はいささか手薄になりがちな傾向が看取される。

これに対して朝鮮古代史、特に加耶地域をめぐる研究は文献的な検討と考古学的な成果を中心にそのイメージを一新した[4]。ところが日本古代史の立場としては、一部の取り組みを除いてそれに追いついていないように見受けられる面があることは否めない。

本稿では「任那日本府」とともに「任那」史観において、もうひとつの重要な論点であった「任那之調」を考察の対象とする。「任那」史観の克服に取り組んできた日本古代史と加耶史研究の成果を接合させ、さらなる進展を期すことを目指すものである。

一　「任那之調」の定義

「任那之調」とは何か。『日本書紀』に基いて「任那之調」に関する史的経過を略述すると次の通りである(5)。

五六二年に新羅により任那が滅亡する。五七一年に欽明は死去するが、その際に任那の再建を遺詔する。この遺詔は『書紀』においてくり返し強調されることになる。五七五年に新羅が多々羅・須奈羅・和陀・発鬼の四邑の調を進めた。これが「任那之調」の最初とされる。五八四年に敏達は任那再建を実現せんとするが、病を得て果たすことはなかった。その後、崇峻が五九一年に任那再建を目指して筑紫まで軍を動かす。しかし、崇峻は翌年に蘇我馬子に暗殺された。この後、この時の筑紫派兵関連の記事は見られない。六〇〇年に新羅が任那と交戦し、倭国は新羅に出兵して新羅を降伏させた。そして、新羅と任那に使者を派遣し、これを承けて両国は調を貢じた。しかし、倭国の軍が引くと新羅は再び任那を攻撃した。そこで六〇一年に高句麗・百済に任那を救援させた。六〇二年には来米皇子を将軍として筑紫に兵を集結させたが、皇子は病気になり翌年死去する。そのため当麻皇子を新たに将軍に任命したが妻の死によって都へ戻り、再び軍が出兵されることはなかった。六一〇年に新羅と任那の使者が来朝し、迎接儀礼を受けている。六一一年にも新羅・任那の使者が来朝した。六二三年に任那を新羅に代えて百済に付すことが議論され、新羅に使者を派遣したところ新羅・任那の使者が遣わされたが、倭国の出兵準備を見て出立を取りやめ、調のみが貢上された。六三八年には百済・新羅・任那がともに朝貢した。六四二年に皇極即位を承けて高句麗・百済・新羅・任那に使者を派遣する。なお、百済はこの年に新羅の大耶城を奪っており、倭国からその視察の使者が派遣された。六四五年には高句麗・百済・新羅が調を進め、任那の調は百済が担当するという決まりを定めた。六四六年にも高句麗・百済・任那・新羅が調を貢じたが、同年に新羅に対して調貢献の停止とその代わりの質の派遣を通告した。

右記の『日本書紀』に基づく史的展開は、その筆法を前提としても理解しにくいところが多い。たとえば新羅に吸収されたはずの任那が六〇〇年に新羅と戦うというのはどういうことか。六二三年以後、突如任那を百済に付すという政治課題が現れるが、その背景は何か。そして、六四五年に百済に対して調貢納のルールを定めておきながら、翌年になぜ新羅に調をやめることを通達するのか。そもそも滅んだはずの任那がなぜ外交を展開しているのか。これを『日本書紀』の造作の結果と位置づけてしまうことは容易い。後述のように、これまでの研究でもいくつかの記事は全くのフィクションであると論じられている。しかし、それを認めるにしてもなぜそれぞれ脈絡の不十分な記事を造作したのか説明されなければならない。そこで、その究明のためにまず「任那之調」の実体を確認することから始めたい。

「任那」の範囲については「任那」史観の残滓が影響している時代は加耶全域として捉えられていた。[6] しかし、そうではなく『日本書紀』の分析から「任那之調」における「任那」は五七五年に「調」を出した四邑と見なすことで近年の理解は一致している。[7]

そこで『日本書紀』の「任那」関連記事における地名について見ておく。

①継体紀二十三年四月是月

上臣抄掠四村。金官・背伐・安多・委陀、是爲四村。一本云。多多羅・須那羅・和多・費智爲四村也。（後略）

②敏達紀四年六月

新羅遣使進調多、益常例。并進多多羅・須奈羅・和陀・發鬼四邑之調。

③推古紀八年是歳条

是歳。（中略）於是新羅王惶之、擧白旗到于將軍之麾下。而立割多多羅・素奈羅・弗知鬼・委陀・南加羅・阿羅々六城以請服。

これらはいずれも金官周辺の地名であり、特に四邑は金官を構成する村落であると田中俊明氏は指摘しており、その比定は妥当であると考える。本稿も、「任那之調」における「任那」とは金官国を指すという理解に従いたい(8)。ただし、必ずしも「任那」＝金官ではない史料もある。そうした史料について補足しておかないと、右記の理解に瑕疵を残すであろう。そこで「任那」≠金官とする史料について検討を加える。

④欽明紀二十三年正月条

新羅打滅任那官家。一本云。廿一年任那滅焉。忽言任那。別言加羅國・安羅國・斯二岐國・多羅國・卒麻國・古嗟國・子他國・散半下國・乞飡國・稔禮國、合十國。

これによると「任那」とは加羅国以下十ヵ国の総称であるということになる。こうした認識はいつどのように形成されたのか、それを追究することによって「任那」＝金官との兼ね合いを理解することが可能となろう。

そもそも『日本書紀』以外の史料における「任那」として真先に想起されるのが『宋書』である。五世紀に倭の五王は宋に爵号を要求し続けた(9)。それは諸軍事号・将軍号・王号の三つに分けることができる。このうち注目すべきが諸軍事号である。珍は使持節都督倭百済新羅任那秦韓慕韓六国諸軍事の除正を要求し、百済を外して加羅を加えた使持節都督倭新羅任那加羅秦韓慕韓六国諸軍事を授かる。百済について外されたことは百済王が使持節都督百済諸軍事に任じられており、重複を避けるためであることはいうまでもない(10)。問題は加羅の追加である。珍の除正要求は元嘉十五年（四三八）のことであるが、その時点で倭国王として獲得すべき軍事的指揮権の範囲は、倭国、百済及び慕韓（馬韓）、新羅及び秦韓（辰韓）、そして「任那」であった。百済をも軍事的指揮権に含むものとする珍の要求において「任那」が金官国及びその周辺のみを指すとは理解しがたく、倭国が要求した「任那」は加耶全域を指すものと見なすべきだろう。

一方、右の経緯において百済を除いて加羅を追加したのは宋の判断である。倭国は宋の処置に異論を唱えることはせず受け入れるものの、百済の軍事指揮権についてはくり返し要求し続ける。これに対して「任那・加羅」についてはそのまま定着する。当該期の加耶地域は四世紀まで有力であった金官国にかわって、大加耶が伸長する時期である[11]。宋が「任那・加羅」を二つながら挙げたことは、宋が加耶全域について「加羅」（大加耶）と「任那」（金官）を区別して理解していたことを示す。南朝である宋にとっては対北魏包囲網の形成に朝鮮半島は重要な構成要素の一部であった。その動向は宋の注視する所であり、その情勢認識の反映であった。さらにいうなれば、宋はそうした情報を百済から得ていたとも考えられよう。

なお、加羅は四七九年に中国南朝へ外交使節を派遣する。

⑤『南斉書』加羅伝

加羅國、三韓種也。建元元年、國王荷知使來獻。詔曰、量廣始登、遠夷洽化。加羅王荷知款關海外、奉贄東遐。可授輔國將軍・本國王。

この時の「国王荷知」は大伽耶の嘉悉王であり、加耶地域の政治的統合の本格化と百済の一時的滅亡による弱体化、新羅が国力を飛躍させる直前という条件が重なった中で一度きりであるが実現したものと位置づけられる。

それでは加羅とは区別される「任那」とは何か。『日本書紀』以外の史料でそれを求めると、鳳林寺真鏡大師宝月凌空塔碑に「大師諱審希、俗姓新金氏、其先任那王族」とあるのが目を惹く[12]。新金氏とは金官国が新羅に来降した際にその王族に与えられた姓であり、金庾信がこの血統にあたる。すなわち、朝鮮史料に現れる「任那」とは金官国のことである。

倭国の立場からすると、三世紀の狗邪韓国の時代から交流のある加耶地域において金海＝金官国の所在地はまさにその入り口であり、初期金官国において有力な構成邑であった任那の名称をもって金官国を、さらにそれを敷衍して[13]

表6－1　『日本書紀』に見える進「調」記事

	高句麗	百済	新羅	任那	備考
継体		1			
安閑		1			
宣化					
欽明	1	1	4		
敏達	1	1	5	1	
用明		1			
崇峻		1			
推古			3	3	
舒明					
皇極		2		1	
孝徳	2	4	8	1	
斉明	3	2	1		
天智	4	5	5		
天武			12		耽羅1
持統			4		

加耶全体をそのように呼んでいたと考えられる。そして、五世紀に入り大加耶が加耶地域において最も有力になると「加羅国」の名称も宋から授与される諸軍事号を媒介として用いられるようになるが、「任那」が加耶地域総体を指す名称としても生き続け、それが④の記述につながるのであろう。『日本書紀』の記述は編纂時点において「任那」について加耶地域全体を指す用法と金官国を意味する用法を弁別することなく記述してしまった結果である。

次に「調」について見ておく。「調」の理解は、「任那」史観においては「任那」統治における貢納という理解が一般的であり、[14]「任那」史観への反省と批判が強まった後も五世紀における加耶への間接支配を継承しようとしたものとして理解された。[15]石上英一氏は「任那」から新羅への貢納物を倭国へ転化したものであり、服属・貢納関係は「任那」と新羅の間に成立すると見る。[16]貢納としての調を金官と新羅の間に措定し、新羅から倭国へ、とその転用とみなすものであるが、「調」＝貢納を前提としながら「任那」と倭国の関係を貢納から切り離そうとする結果、金官国と倭国の関係の位置づけが曖昧になっている。鈴木英夫氏も、石上氏の考察をさらに深化させながら倭国と「任那」の関係を倭国側の主観性に基づくと限定したが、その関係について貢納制を否定しきれていない。[17]

つまるところ新羅にせよ倭国にせよ、国内支配において貢納制を採用し、国外からの贈進物も同様に貢納制のシステムを導入したと考える以上、そうした論旨は必然的な帰結である。すなわち、『日本書紀』における朝鮮諸国に対する対外関係に貢納制を読み取る以上、「任那」との関係を直接的・間接的の差はあれど貢納制の関係を認めるか、あるいはその記事自体を否定するという方向性に向かざるを得ないのである。

しかし、本当にそれは貢納制における「調」＝ツキなのか。当該期の倭国と朝鮮諸国の対外交渉は『日本書紀』に依拠する部分が大きいが、どこまでその表記を信頼するかという前提は案外議論されていない。そこで「調」の問題を整理するために**表6-1**を作成した。

この表から析出される問題点として特に留意すべきが、欽明・敏達朝における高句麗進調記事である。高句麗は五世紀には南下政策で百済を圧迫し、倭国・百済と軍事的に対立していた。五八九年に隋が大陸を統一し、その軍事力を対外的に振り向けて五九八年に高句麗と衝突するようになると、高句麗は倭国に対して友好的な姿勢を示すようになるが、それ以前の段階で倭国に対して贈進物を「調」と称することは考えにくい。すなわち、欽明・敏達朝における高句麗の「調」は『日本書紀』の潤色であると考えられる。用明から舒明までの倭国と高句麗の外交に「調」が現れないこともそれを裏付けるものであろう。

さらに百済の「調」についても気を付ける必要がある。三六九年に倭国と百済は七支刀に象徴される同盟を樹立した。貢納ならばその贈与は一方向的になるものであるが、両国の関係は先進知識と軍事力の交換という双方向的なものであるので、その関係は基本的に対等なものである。こうした関係は七世紀まで継続する。『隋書』倭国伝には「無文字、唯刻木結縄。敬仏法、於百済求得佛経、始有文字」として仏教受容における百済優位を記しており、百済側の情報が隋に記録されたものであろう(18)。これに対して倭国は「新羅・百済皆以倭為大国、多珍物、並敬仰之、恒通使往来」として礼の受容における自国優位を主張している(19)。そして、その関係に対する認識は倭国・百済ともに自国を優位にしようとする点において競合的なものであった。このような関係において片務的な貢納関係を想定することは困難である(20)。

このように考えると、『日本書紀』に「調」とあることを以て当該期に「調」があったと速断することは危険といわざるを得ない。『日本書紀』の論理では倭王権への仕奉の具体的実践が貢納であり、外交における贈進物に関する叙述は全て治天下王への貢納物として変換されることになる。この点について請田正幸氏は、当時の実際の外交では「調」ではなく「土毛」「音信物」等の文字が使用されていた可能性に言及している(21)。当該期の外交に文書が用いられていたかどうか慎重を期す必要はあるが、『日本書紀』による書き換えを想定した指摘として重く受け止めるべきであろう。

かくして新羅や「任那」＝金官国の「調」も貢納物としての「調」と理解してよいか再検討する必要がある。そこで金官地域と倭国の物流について考えてみる。

倭国と金官地域の関係は三世紀まで遡る。『三国志』魏志韓伝には、弁辰について「国出鐵、韓・濊・倭皆従取之。諸市買皆用鐵、如中国用錢、又以供給二郡」とあり、弁辰の鉄は周辺地域や楽浪・帯方郡まで流通していた。鉄生産が困難な倭では弁辰からの入手が重要なルートであった。鉄が倭国において威信財として機能したことはすでに多くの指摘があり(22)、倭国にとって欠かすことのできないものであったことは疑いない。ただし、これを貢納と捉えて一方向的な流通とするべきではなかろう。鉄に対するアプローチでは韓・濊・楽浪・帯方郡も入り込んでおり、倭だけが一部であったとしても独占的に占有することが可能であったとは到底想定しがたい。すなわち、三世紀前半において倭と弁辰地域には交易的関係が成立していたという程度に位置づけるべきである。

三世紀後半から四世紀後半まで文献的に不明瞭な点が多く、次に朧気ながら様子を窺えるのは四世紀末である。広開土王碑文において高句麗の南下と百済・新羅の対抗、安羅人戍兵の存在、倭国の出兵が記されている。この史料的性格については広開土王の顕彰のため倭国についてことさらに強大に描いているという指摘に従う(23)。ここで注目したいのは、倭国が半島南部の情勢に絡んで出兵する動機を有していたということである。とはいえ、これ自体は加耶地域における貢納的支配と直接的に結びつくものではない。王権の権力維持に不可欠な鉄の入手の危機的状況という観点からすれば、交易的関係であったとしても十分に出兵動機として成り立ち得る。

五世紀になると前述のように、倭国は半島側の窓口として金官、あるいは加耶地域を「任那」と呼ぶようになり、対高句麗問題を前提にその軍事的指揮権を意識するようになる。しかし、これとて倭王権はあくまで「倭国王」であることは自覚するものの、「任那王」の除正は要求していない。すなわち、その関係について「任那」に対して君臨し、あるいはその仕奉（＝ツキ）を受けることを倭王権自身が想定していない。

このように三世紀から五世紀の倭国と金官の関係を貢納的関係で理解しなければならないという状況は見出せない。ただし、三世紀の段階で金官の鉄は諸方面との交易に利用されており倭の単独的権益は想定しがたいが、長期的な交易の継続によってそれが既得権益化したことは有り得ると考える。特に四世紀以降倭国の鉄需要は永続的かつ安定的な流通を必要としていたと考えられ、金官もそれに対応する努力をすることを合意していた可能性があったと認められる余地はある。

そして交易的関係と見なした場合に問題となるのが、金官から倭国という交易のベクトルとしての鉄の流通に対する対価である。そこで既得権益が形成された四世紀以降において倭国側が提供したと考えられるのが軍事力である。広開土王碑文に記される倭国の出兵は百済との軍事同盟のみならず、あるいはより大きなモチベーションとして鉄への対価としての行動の一面があったと評価し得る。そして、この交易的関係の加耶とは、加耶全体というよりは金官国に限定されると考えられる。それは第一に②の「四邑之調」から遡及的に推定するものであり、第二に広開土王碑によれば「任那加羅」[24]に対する行動として記され、安羅など他の加耶の国とは区別して記されているように読み取れるためである。

六世紀に入ると、五三二年の新羅による金官国併合、五六二年の大加耶滅亡をもって加耶は地図上に存在しなくなる。当該期に倭国はそれ以前のような積極的な出兵を行わない。その理由としては、半島が三国に収斂されていくなかで倭国の軍事力行使におけるメリットよりもデメリットの方が大きいという判断や、六世紀から列島における鉄生産が実現し始めることによって加耶からの鉄獲得の緊急性が低下したことによるのではないかと推測し得る。

本節では「任那之調」についてその実体を探ってみた。「任那」は近年の研究が強調するように金官国と見なすべきである。「調」について古くは「新羅による旧任那領の調の代納」[25]というような貢納制的な理解が一般的であったが、交易的関係から形成された既得権益と理解できるのであり貢納制で理解する必要はない。すなわち「任那之調」とは、金官国との三世紀からの交易的関係において生じた鉄（あるいはそれを中心とした多様な物品）の入手既得権益、と定義できるのである。

二　『日本書紀』の「任那」記事

「任那之調」関係記事における最大の問題点は、その記事の信憑性にある。『日本書紀』の「任那」記事をめぐっては、その幾つかについて編纂時の虚構という見解が述べられている。これまでの研究で問題になっている記事として、推古八年是歳条、推古三十一年是歳条[26]、舒明十年是歳条、皇極元年二月戊申・大化元年七月丙子・大化二年二月戊申条などが挙げられる。ただし、『日本書紀』の信憑性の問題は編纂時の造作とともに原史料の問題でもある。しかし、「任那之調」の研究では後者の論点に言及されることは少ないように見受けられる。そこでこの問題に取り組んでみる。

たとえば敏達四年紀であるが、①～③の記事の地名表記に注目したい。これを比較すると、四つの地名は共通しているが表記は異なることが指摘できる。編纂時の統一的な造作であれば地名表記も統一されると考えられるが、そうではないことになる。そして、和陀＝委陀＝和多において委をワと読ませる上代古韓音が記されている。そして、この記事は百済が全く介在しない内容であることから百済三書に基づくとも考え難い[27]。すなわち、これらの地名表記の原史料は、記事の原史料が推古朝以前に遡るものである可能性を示唆する。そうであるとすれば敏達四年紀の記事の信頼性は高いことになる。これまでも同記事は事実と捉えられ、これを造作と見なす研究はないが、原史料的に考えてもそれを裏付けるといえる。ただし、それは敏達四年＝五七五年に四邑に関わる外交的贈答が倭国と新羅の間で交わされたということであり、それが「調」と称されていたかどうかは別問題である。

さて「任那」滅亡後における「任那之調」関係記事を整理すると、大別して二つに分けることができる。一つは使節の往来などを簡略に記すパターン（A類型）であり、もう一つは外交の経緯を詳細に記すパターン（B類型）である。A類型はさらに、使節名を具体的に記す形式（A-1）と国名のみを記す形式（A-2）に区分することができる。B類型は記事が複数にまたがるパターン（B-1）と説話的に構成されて一つにまとまっているパターン（B-2）に分けることができる。

まずA-1について検討する。「任那」との外交に往来した倭国側の人士は、同じ人物がくり返し担当することが多い。坂田耳子王、吉士木蓮子が挙げられる。新羅も含めるならば、吉士金もこの中に入れることができる。

坂田耳子王は欽明三十二年紀では「坂田耳子郎君」、敏達十四年紀では「坂田耳子王」と記す。坂田公は継体王子仲王の子孫とされ、坂田耳子王がこの系譜に該当するならば世代的に見て仲王の子であり孫王ということになる。欽明紀では「郎君」という古称をそのまま記しており、古い所伝に拠っていることを窺わせる。坂田耳子王が外交に関与する政治的位置にあったとすれば敏達十四年紀で「任那」問題に関与することも容易に想定されるのであり、敏達十四年紀も一定程度の信憑性が担保される。

吉士木蓮子については、敏達四年・十三年・崇峻四年・推古八年紀に登場する。ここで注意したいのは、その氏姓を「吉士」とのみ記す敏達四・崇峻四年紀と「難波吉士」と記す敏達十三・推古八年紀に分かれることである。このうち「吉士」のみ記している記事は難波吉士であることを自明として「難波」を略していると考えられ、難波吉士の家記に基づいていると推測できる。一方、「難波吉士」とする記事は難波吉士の家記以外の記録に基づいているということになる。敏達十三年紀は木蓮子の単独記事であり、他の氏族の家記に拠るとは考えにくい。それゆえひとまず、ヤマト政権の外交記録に基づいている可能性を想定しておく。

吉士金（金子）は木蓮子と同じ記事にしか出てこないので考察は略す。

A-2では舒明十年紀と大化二年紀がこれに該当する。記述としてはもっとも簡略であり、これを疑う見解がある。(28) ただし、西本氏は中国史料の外交記事を例として挙げながら簡略なのは外交記事の常であると反論しており、(29) 見解が分かれている。西本氏が述べるような中国史料と『日本書紀』の編纂を同一視するわけにはいかないが、七世紀の記事であり安易に造作と断定するにも躊躇される。これを否定する場合には、なぜ舒明十年・大化二年という時期に来朝を造作しなければならなかったのか説明が必要であろう。

B-1は推古八年紀群（二月・是歳条）、推古十八年紀群（九月〜十月条）、推古三十一年紀群（七月・是歳・十一月）の三つが挙げられる。推古紀に集中しているという特徴がある。

このうち十八年紀群はきわめて詳細に外交儀礼を記しており、遣隋使の外交儀礼記事と比べても遜色ない。換言すれば、遣隋使の外交記録を担当した主体と同一である可能性がある。編纂時の潤色を想定しなければならないような記述もなく、遣隋使記事に信頼性が認められる以上、十八年紀群も事実としてよい。

問題は残る二群である。推古八年紀群の是歳条は鈴木英夫・西本昌弘両氏が否定し、推古三十一年紀群是歳条は鈴木氏は認めるが西本氏は否定して見解が対立している状況である。気をつけなければならないのは、いずれの記事も単独で成立しているわけではないことである。両群はその中に説話的であるB-2的記事を含むものであり、B-2も併せて考察することにする。

まず推古八年紀群は二月条で新羅と「任那」の抗争が語られ、それを承けて是歳条で倭国の新羅出兵と新羅の服属が語られている。問題の第一は、二月条で「任那」が独立国として存在しているように描かれていることである。なぜ編者は欽明二十三年紀で滅びたことを明確に記しその後も歴代君主が再建に腐心した問題を、そのような叙述で否定的に描くのか。また、これまでも事実と認められている敏達十四年紀では新羅が四邑の調を進めており、推古十八年紀では新羅と「任那」が個別に調を進めている。これ以後新羅使と「任那使」が揃って来朝するようになる。そこで問題の第二として、「任那之調」と称されるものが新羅による進上から「任那使」による進上（それとともに新羅使が同行する）へと変化しており、その原理的転換の背景である。鈴木氏と西本氏はいずれも推古八年紀群を造作として否定しているが、そうするとこの原理的転換に対する説明が不可能になる。それゆえ推古八年紀群を全くのフィクションと捉えることには慎重を期す必要がある。少なくとも推古八年紀群を造作と見なすならば「調」進上の原理的転換の転機が別に存在することを提示しなければならない。他に検討材料となる史料がない以上、説話的であるとはいえそれを推測する手がかりとしての史料的位置は認めるべきであろう。もとよりその叙述を全て認めるものではない。『三国史記』には同年の倭国軍の派兵は記されておらず史実とは考えにくい。しかし、崇峻の時のような筑紫までの示威的派兵はあり得るであろう。また、新羅と「任那」に難波吉士が派遣されており、A-1的記述も存在する。すなわち、筑紫までの出兵とそれを背景にした両国への派遣及びその返答として個別の物品の進上があり、それを『日本書紀』では半島まで出兵して服属させたように誇大化して記述したと考える。是歳条の原史料であるが、境部・穂積の名を闕いていることから両氏族の家記とは考え難い。木蓮子を「難波吉士」と表記することからその家記でもない、ヤマト政権の外交記録の可能性について先述したが、ここでもひとまずそのように捉えておく。

もう一つの推古三十一年紀群について考える。西本氏は推古八年是歳条と推古三十一年是歳条の比較から造作であると論じる。記事の構成を比較分析した説得性の高い指摘である。ただ、その当否を問う前に推古三十一年紀群について全体を見渡すと矛盾があることに気が付く。七月条では新羅から智洗爾、任那から奈末智が到来したとする。ところが是歳条では両者を派遣しようとしたところ倭国が出兵しようとしたのを見て両者は怖気づいて赴かず、堪遅大舎を代わりに派遣する。しかし、十一月条では使人は来ず「調」のみ貢上したという。七月条では来たといい、是歳条では代わりの者が遣わされたといい、十一月条では来なかったとするのである。いずれが正しいのか。この問題については井上光貞氏が指摘しており、七月に智洗爾の派遣が定まるもその出立時の倭国の派兵でそれを取りやめ、十一月に来朝を促した磐金が帰国したと整合的な説明を試みている(30)。ただし、これは鬼頭清明氏の批判のように、記載されている出来事を全て取り入れようとしたために解釈に無理が生じている(31)。

そこで原史料という観点から七月条に注目すると、智洗爾等は仏具を進上し、秦寺や四天王寺に納められたとある。この点を重視すると秦寺か四天王寺の記録を参照した可能性がある。ところで、智洗爾の来朝は恵斉・恵日等の帰国を伴っており、恵日が「其レ大唐国ハ法式備リ定レル珍ノ国也。常ニ達ウベシ」という上奏をしたことは夙に知られるところである。恵日が新羅の使節派遣に便乗して帰国したとすれば、新羅使の到来は確実であり、智洗爾等は到来したと考えるべきであろう。

次いで七月条と矛盾する是歳条・十一月条の関係であるが、そもそも構成に混乱がある。本来是歳条は月次不明により年末雑載として掲示される記事であるが、七月条→是歳条→十一月条となっている。明らかに編纂上の不備が生じていることが見て取れる。ひとまず考えられる編纂過程として、七月条と十一月条が先にあるところに是歳条を入れ込んだということが想定されるが、内容的に是歳条と十一月条は登場人物の連動性が高く一体的であるため成り立ち難い。逆になぜ一体的な両条が分割されたのかと考えてみると、十一月条の原史料に月次が明確な叙述があったのではないかと推定される。十一月条の内容は①吉士磐金等の帰国、②大臣馬子への復命、③時人の噂、④新羅の倭国使迎接の起源譚となる。このうち③は時間をあてはめるのは不適当な内容であり、④は過去の出来事について時間を下らせて書いているので異なり、十一月という月次に掛かるのは①か②ということになる。②は会話であり、月次表記はそぐわないことを考えると、①に該当すると考えてよい。そこで①の内容を見ると、「磐金・倉下等至自新羅」のみである。「磐金・倉下」は是歳条に「吉士磐金」「吉士倉下」とあり、難波吉士である。それを吉士と略称するのは難波吉士の家記であることとは先述した。すなわち、難波吉士家記に十一月に両名が帰国した記録が残っていたため十一月条が立てられたと考える。そして、帰国記事がある以上派遣記事が必要となる。ここで想起したいのが推古八年紀と推古三十一年紀の両是歳条が構成的によく似ているという指摘である。それをふまえると、推古八年紀に記された六〇〇年の新羅に対する軍事的示威行動の記録が書き換えられて推古三十一年紀是歳条として成立したと推測するものである。なお、この書き換えが書紀編者の意図的なものかミスに基づくものかは不明といわざるを得ない(32)。そして、是歳条の成立と組み込みによって十一月条に②と③が付け加えられたと考えられる。

要するに智洗爾等の到来と吉士磐金の半島往来は同一であったとは限らないのであり、時間的に考えて智洗爾の帰国に合わせて磐金が新羅に赴いた可能性が高い。そして、是歳条の作為性は認めるが、それとは別に何らかの物品の進上はあったと見なし得る。

問題の多い「任那之調」記事の検討は以上の通りである。結論としては、記事に潤色や誇張などはあるだろうが、「任那之調」の進上自体は全くの虚構として退けるべきものはないということになる。

表6－2　「任那使」と同期来朝

	任那	新羅	百済	高句麗	
575		○			四邑之調
600	○	○			
610	○	○			
611	○	○			
622	○	○			
638	○	○	○		
645		○	○	○	百済兼担
646	○	○	○	○	

三　亡国の使者

「任那之調」に関連して究明すべき問題として「任那使」の問題が挙げられる。鈴木英夫氏は新羅が「任那使」を派遣することが「任那之調」問題において重視されたとしている。しかし、五七五年の四邑の調では新羅が直接進めている。また、大化元年にも百済使が「任那調使」を兼領したとあり、『日本書紀』において必ずしも「任那之調」を進めるにあたって「任那使」が派遣されているわけではない。なぜわざわざ「任那使」が派遣される必要があったのか。これを「任那」が実在するかのような擬制と捉える考えもあるが、[33]そうであるとすれば「任那復興」という政治課題は生じないはずである。そこでその実体とはいかなるものであったのか検討する。

まず「任那使」の来朝について確認しておく。五七五年の際は新羅が「四邑之調」を進めており、任那使は到来していない。六一〇〜六二二年の時は新羅使とともに「任那使」が来朝している。六三八年には新羅使とともに百済使も同時に来朝している。六四五年は百済使が兼担したとして「任那使」は来ていない。そして、六四六年が最後の任那使となり、この時は三韓が揃っている。これを整理したのが前頁の**表6-2**である。かかる「任那使」の傾向について、従来は親新羅と親百済政策のせめぎ合いのなかで政策的シフトがあったと理解している。しかし、六〇〇年以降、なぜそれが「任那使」というかたちで発現することになるのか、という点については明確な説明がなされていない。そこで見方を変えて、第一節で「任那」とはすでに滅んだ金官であることを確認したが、亡んだはずの国からの使者の派遣の実態をどのように理解するべきかという観点から検討することにしたい。

亡国からの使者の例として、高句麗滅亡後に倭国に派遣されている高句麗使について着目したい。六六八年九月に高句麗は滅亡したが、それにも関わらず『日本書紀』にはそれ以降に高句麗使が到来していることが記されている。それを整理したのが**表6-3**である。これによると六七一年から六八二年にかけて八回の遣使があったことが確認できる。この滅びたはずの高句麗の使者の意義と実体について考えてみる。

高句麗滅亡後に出現する高句麗は、いわゆる安勝の小高句麗国として知られる(34)。その概略を示すと、高句麗滅亡以後、六六九年にその有力貴族であった淵浄土の子である安勝が新羅へ亡命する。それと前後して高句麗故地で牟岑が挙兵し反唐運動を起し高句麗復興運動が巻き起こる。牟礼は安勝を迎え入れて高句麗を再建しようとするが、内部分裂で安勝が牟岑を殺し、六七〇年に再度新羅に亡命する。新羅は安勝を金馬渚に安置し、ここにいわゆる安勝の小高句麗国が出現することになる。新羅が小高句麗国を認めた背景は二つ指摘できる。一つは金馬渚は半島西岸に位置し唐と対決する際には最前線になることが予想される地域であり、新羅は高句麗遺民を来たるべき対唐戦争に利用しようとしたということ、もう一つは小高句麗国を従属させることで新羅の帝国性を誇示しようとしたことである(35)。そして六七四～六七八年に唐・新羅戦争が起こるが(36)、戦争が始まるや新羅は安勝を報徳王に冊封している。新羅における帝国的国家形成の指向性を明瞭に示している。戦争は唐の撤退という形で決着し、新羅は大同江以南の地を統一することに成功した。対外的な危機の解消は小高句麗国の存在意義を低下させるものであり、新羅は六八〇年に安勝を新羅王族と婚姻させて小高句麗国解体に着手、六八四年に安勝に金姓を授け京に移貫させた。ここにおいて小高句麗国は消滅することになる。

表6-3　高句麗滅亡後の高麗使

年	月	高句麗使	新羅使	備考
668	10			高句麗滅亡
670	6	安勝、新羅亡命		
671	1	上部大相可婁		
672	5	前部富加抃		
673	8	上部位頭大兄邯子	送使	
675	3	大兄富于	新羅使	
676	11	後部主博阿于	送使	
679	2	上部大相桓欠	送使	
680	3	安勝、新羅王族と婚姻		
680	5	南部大使卯問	送使	
682	6	下部助有卦婁毛切	送使	
683	10	安勝、新羅品官を授与、京に居住		

こうした小高句麗国の動向と表6-3の倭国に到来した高句麗使の動向を重ね合わせるときれいに重なる。六七〇年に安勝が新羅に亡命

し金馬渚に高句麗王として冊立された翌年から倭国への遣使が始まる。そして六八三年に安勝が新羅王京に遷るとその遣使は見えなくなる。

そこで問題となるのが、この小高句麗使派遣の主体性はどこにあるのかということである。すなわち、その建国当初から新羅に冊立されていることから、小高句麗国は新羅の強い規制を受けていたことは容易に想像できる。そうであるとすれば、小高句麗国の倭国への外交使節派遣も新羅の外交意思を反映していたと見なすことも可能である。一方で、安勝の目論見があくまで高句麗の復興ということであれば、新羅の傀儡という状況に安住するばかりにはいかないであろう。それを小高句麗国の外交権という観点から推し量ってみたい。その外交がどの程度新羅から規制を受けたのかという点について一つの目安になるのが、新羅使の同行如何である。それを見ると、建国当初の六七一・六七二年は小高句麗国が単独で派遣していることが読み取れる。小高句麗国が独自に倭国への派遣を行なっているのであり、それは換言すれば、建国当初の小高句麗国は新羅の意向からある程度自由に外交を行なうことができたことを意味する。それに対して唐との戦争が迫った六七三年以降になると送使というかたちで新羅の使者が同行するようになり、その傾向は六八三年の最後の遣使まで続いている。つまり、対唐戦争が喫緊の課題となると、総動員体制を採るようになった新羅は小高句麗国の外交についても強い規制を加えるようになったといえる。新羅に亡命し、新羅による金馬渚への安置によって成立した小高句麗国は新羅に対して従属的な関係にあったことはいうまでもないが、それでも主体的な外交を展開する余地があったのである。

さて、以上のようなケースをふまえて、もう一つの亡国の使者である「任那使」について考えてみる。その特徴は、第一に新羅使とともに来朝していることである。前掲の**表6-2**に明らかなように六〇〇、六一〇、六一一、六二一、六三八年の「任那使」はいずれも新羅とともに来朝している。

そこで問題となるのが「任那使」の派遣主体である。「任那使」は「任那之調」をもたらすために派遣された。従来これは新羅が派遣したものと理解しており、五七五年の「四邑之調」は新羅による進上のもっとも端的な形式と理解できる。ところが六〇〇年以降、新羅が「任那之調」進上の形式を変えたとすると、あえて新羅使とともに「任那使」を派遣することの意味は何か。「任那使」を「任那」が存在するかのごとく見なす擬制と捉えることは「任那復興」を標榜する倭国にとって矛盾であることは前述の通りである。これを明らかにするためには「任那」の実体であった金官国の滅亡後の状況を考えなければならない。

金官国が五三二年に新羅に降ったことは『三国史記』『三国遺事』に記されている。

⑥『三国史記』法興王十九年

金官国主金仇亥、与妃及三子、長曰奴宗、仲曰武徳、季曰武力、以国帑宝物来降。王礼待之、授位上等、以本国為食邑。子武力仕至角干。

⑦『三国遺事』駕洛国記・仇衡王条

金氏。正光二年即位、治四十二年。保定二年壬午九月、新羅第二十四君真興王、興兵簿伐、王使親軍卒、彼衆我寡、不堪対戦也。仍遣同気脱知爾叱今留在於国、王子・上孫・卒支公等、降入新羅。王妃分叱水爾叱女桂花、生三子。一世宗角干、二茂刀角干、三茂得角干。開皇録云、梁中大通四年壬子、降于新羅。

⑥では金官国最後の王である仇亥は降伏した後に「本国」すなわち旧金官領を食邑として新羅から賜っている。それでは旧金官領は実際にはどのように扱われたのか。井上秀雄氏はそれまでの支配関係が存続したと見なしている。(37)木村誠氏も金仇亥の旧領の支配権を食邑というかたちで認めたと述べている。(38)すなわち、旧金官領において金官王たる金仇亥の支配は継続したことになる。ただし、金仇亥とその王子等は新羅王京に呼び寄せられたとする理解が一般的である。(39)そうすると、実際の旧金官領の支配はどのように行なわれたのか。それを窺わせるのが⑦である。仇衡王（金仇亥）は兄弟の脱知爾叱今を旧金官領に留めて自らは新羅に赴いたとあり、食邑支配の実務は旧金官王族である

脱知爾叱今が担当したと考えられる。

すなわち、「任那之調」たる「四邑之調」の実質的な管理も脱知爾叱今が行なっていたと考えるのが妥当である。もちろん「任那之調」に関する指示は王京の旧金官王権から出されたものであろう。倭国に旧金官領から「任那之調」を進めるのは旧金官王権であり、その際には新羅の監督を受けたと考えるべきである。すなわち、「任那使」の派遣主体は金仇亥あるいはその子孫である旧金官王権そのものということになる。このように考えると『日本書紀』の記事が整合的に解釈できる。たとえば敏達十三年二月庚子条に難波吉士木蓮子が新羅に行き、その後「任那」に赴いたとするが、新羅王京に行き、その足で旧金官領に向かったということになる。また、新羅は、小高句麗国が倭国に外交使節を派遣する際にその行動を監視したように、旧金官王権による「任那使」派遣においてもそれをチェックする役割を担っていたのである。もとより旧金官王権が常に反新羅的行動を取っていたとするものではない。しかし、金官国の降伏とその旧領の食邑化は、新羅のなかにもう一つの疑似国家が出現したようなものであり、その独自の行動は外交にも影響を及ぼすものとして新羅はそのコントロールに腐心したであろう。

新羅が「任那使」を規制する手段の一つが官位授与であった。「任那使」の官位は六〇〇年の使節は使者名も記録されておらず不明であるが、六一〇年には喙部大舎首智買（同行の新羅使は沙喙部奈末竹世士）が、六一一年には習部大舎親智周智（同じく沙喙部奈末北叱智）が派遣されている。これを見ると「任那使」は新羅官位十二等に当たる大舎を帯している。同行の新羅使は十一等に当たる奈末を帯しており、「任那使」より若干高い官位を有している。「任那使」自身が新羅官位を有することで新羅の統制下にあることを自覚させ、かつ上位の官位を持つ新羅使を同行させたのである。

しかし、こうした新羅の規制が全面的に効果を発揮したかというと必ずしもそうとは言い切れない。六二三年の「任那使」は達率奈末智（同行は奈末智洗爾）であり、「任那使」が百済官位を帯している。西本氏は新羅王が百済官位をもつ「任那使」を派遣することは考えられないとして推古三十一年七月条を虚構と位置づける。それは「任那使」の派遣主体を新羅王としたための論理的帰結であるが、旧金官領も一定の独立性を有しており、その上で派遣されたと考えれば決定的な矛盾というほどのものではないことになる。「任那使」の百済冠位帯位はむしろ「任那」＝旧金官王権が新羅に強く規制されながらも独自の政治的活動をしていたことの表れであり、旧金官勢力のなかに百済に接近するグループが存在していたことを示している。新羅は旧金官勢力を制約しながらも、その主体的外交を完全には掌握できていなかったのである。

ところで、新羅王京に移り住んだ金官王族はその後どのような活動をしていたのか。

⑧『三国史記』金庾信伝

祖武力為新州道行軍総管、嘗領兵獲百済王及其将四人、斬首一万余級。父舒玄、官至蘇判大梁州都督安撫大梁州諸軍事。

これによると金仇亥三男の武力は新羅王に仕えた。そして、武力―舒玄―庾信の系統は新羅において将軍として新羅において活躍し続けた。

金官王権のもう一つの大きな転機が六一〇～六二〇年代である。金庾信の妹が金春秋と婚姻関係を結んだことである。

⑨『三国史記』文武王即位前紀

文武王立。諱法敏、太宗王之元子。母金氏文明王后、蘇判舒玄之季女、庾信之妹也。其妹姉夢登西兄山頂、坐旋流徧国内。覚与季言夢、季戯曰。「予願買兄此夢。」因与錦裙為直。後数日、庾信与春秋公蹴鞠、因践落春秋衣紐。庾信曰。「吾家幸近、請往綴紐。」因与倶往宅、置酒、従容喚宝姫、持針線来縫。其姉有故不進、其季進前縫綴。淡粧軽服、光艶炤人。春秋見而悦之、乃請婚成礼、則有娠生男、是謂法敏。

六五四年に金春秋が武烈王として即位すると、庾信の妹は文明王后となる。これはいうなれば七世紀前半に新羅王権と金官王権が結合したことを表すものであった(40)。そしてそれは旧金官王権内の主導権が武力の系統にあることを象徴する出来事であった。旧金官王権が新羅王権との融合を選択した背景には、旧金官王権における倭王権に対する希求性の決定的低下があったと考えられる。その一方で旧金官領には百済に接近する勢力も存在し、この問題をめぐって新羅と対立する倭国はそれとの結託を選択せざるを得なかった。そのことが百済に対する実質の伴わない「任那之調」の進上へと逢着することになる。

おわりにかえて

小論では『日本書紀』の「任那之調」関係記事の史料分析に重点的に取り組んだ。最後にその分析結果を「任那」ではなく金官をめぐる史的展開として再構成してみる。

三～四世紀に半島南岸における鉄を中心とした倭国の既得権益が形成される。これは優先的・安定的入手権などが保証される交易程度のものであり、貢納と捉えるべきではない。『日本書紀』には朝鮮諸国との外交においてもたらされるものを「調」と記すが、それは『日本書紀』の潤色か、あるいは遡っても七世紀後半における半島の流動化の中で外交的贈答が調として認識されるようになったものに過ぎない。交易である以上倭国の鉄利権に対する対価も存在し、その中核は軍事力提供であったと考えられる。

五三二年に金官国は新羅に降伏する。旧金官領は旧金官王権による統治の継続が認められ国王金仇亥に食邑として与えられた。金仇亥・王子等は新羅王京に移住したが、その経営は金仇亥の兄弟が担当し、実質上新羅の中にもう一国存在するようなものであったと推測される。金官国の滅亡は加耶諸国、加耶への進出を目論む百済、鉄の既得権益が不可欠な倭国にとってそれぞれ大きな衝撃を与え、金官国復興すなわち金官国を新羅から離脱されることが当面の議題であり、その対応をめぐっていわゆる「任那復興会議」が五四一年と五四四年に開催された。五六二年に大伽耶が新羅に滅ぼされ加耶が滅亡すると、倭国は金官の既得権益を回復させるための政策に本格的に取り組むようになる。その端緒が五七一年の欽明遺詔であった。倭国は新羅に対して金官の既得権益保証を要求し、新羅も高句麗や百済からの圧力に対抗するために倭国の要求を受け入れたのが、五七五年の新羅による金官四邑権益の提供であった。しかし、新羅による提供はこの一回のみである。その理由は判然としないが、食邑というかたちにせよ旧金官王権が依然として掌握している権益に新羅が直接関与しようとしたことに対する反発があったのかもしれない。それは旧金官領における反新羅的行動へとつながった可能性がある。『日本書紀』に記す推古八年の新羅と「任那」の戦争とは、旧金官領の反新羅的動向に対する新羅の干渉であったと推測される。これに対して旧金官権益の回復を目指す倭国は調停に乗り出し、軍事力を筑紫に進ませる示威的行動を取った。これに対して新羅と旧金官領はそれぞれ使節を派遣した。ここにおいて旧金官領が使節を派遣したということは、旧金官の外交的主体性はいまだ完全に失われたわけではないということになる。

この時点で新羅における旧金官勢力は、反新羅的な旧領グループと王京に居を構えている旧金官王権の二つに分かれている。旧金官王権の動向は特に金仇亥の三男武力の系統の活躍が目立つ。武力は五五二年に百済聖明王を敗死させた将軍であり、その子の舒玄も将軍として高位に昇った。このように見ると、旧金官王権は新羅において親新羅的な立場にあったといえる。旧金官勢力内に旧領グループと旧王権グループという内部相克が生じていたと考えられる。新羅は旧王権グループとのつながりを深めながら旧領グループを牽制したのであろう。六一〇・六一一年に新羅と旧金官からの使者が倭国に到来しているが、その背景にはやはり高句麗や百済との対立があった。そうしたなかで新羅が旧金官王権に対してさらなる結合を目指す。それが舒玄の娘文明と新羅王子金春秋の婚姻、さらには舒玄の子の庾信と春秋の娘の婚姻であった。新羅は旧金官王権を取り込むことによって新羅のなかの旧金官を新羅に融合させることを試みたといえる。一方、旧領グループの反新羅的姿勢はさらに強まった。それを示唆するのが、六二二年の倭国への遣使において旧領グループの使者が百済の官位を名のったことである。この時期に旧領グループが百済に接近していたことを窺わせる。金春秋と文明の婚姻もこの前後のことと推測され、旧王権派と旧領派の乖離は激しくなっていた。

六三八年に百済・新羅・旧金官が連なって倭国に遣使しているが、競合する百済と新羅、百済と密かにつながっている旧金官、旧金官を規制し監視する新羅という入り組んだ関係のなかで実現したものと思われる。そして、六四一年に義慈王が即位すると、新羅に対して積極的な軍事行動を展開する。それが六四二年の百済による大耶城（陜川）占領であった。従来これを百済による旧伽耶地域奪取と位置づけており、それ自体は間違いではないが、陜川は大伽耶周辺であり、旧金官の動向は別に考える方がよいだろう。とはいえ、百済の行動は反新羅的な旧領派を勢いづかせることになった。旧領派と百済の結託は倭国においても無視できないものとなり、六四五年に倭国は旧金官の支配権を名目的に百済に認める挙に出た。倭国による旧金官反新羅派へのテコ入れといえる。しかし、実質上は新羅のままであり、旧金官権益を百済に兼担させたものの、それは内実を伴わないものに過ぎなかった。それゆえ翌六四六年にはすぐに政策を転換し、旧金官権益を断念する。その代わりに金官を実質的に支配する新羅から「質」を呼んだが、それが旧金官王権と婚姻で直接的に結びついた金春秋であったことはきわめて示唆的である。そして、六四〇年代に権力の集中を実現した各国はより激烈な争乱に突入していくことになり、その過程で旧金官は新羅に体制的に統合されていくことになる。

以上、『日本書紀』に記される「任那之調」を金官国との交易における既得権益として捉え、加耶史（金官史）の視点から七世紀史の再構築を試みた。これまでの研究は倭国・新羅・百済など七世紀に生き残った国が亡国の加耶地域を左右するという勝者の視点であった。しかし、古代において滅亡とは一体どのような実態を意味するのか、それを明らかにしないままに論じても近代の植民地的なイメージからの脱却は困難であろう。あえていうなれば、「任那」史観とはそうした側面を色濃く残すものであった。しかし、近年の加耶史研究の深化は朝鮮古代史のみならず倭国と朝鮮諸国の関係を究明する上でも寄与するところが大きく、「任那」史観を乗り越える上で重要な視角である。近年一段落ついた観のある七世紀の倭と朝鮮諸国の関係の研究はいまだ取り組むべき課題が多い。

注

（1）その内容分析については、中野高行「『日本書紀』における「任那日本府」像」（『新羅史学報』一〇、二〇〇七）参照。
（2）『日本書紀』欽明十五年十二月条。
（3）鈴木英夫「任那日本府と諸倭臣」（『國學院大学紀要』四四、二〇〇五）、森公章「「任那」の用法と「任那日本府」（「在安羅諸倭臣等」）の実態に関する研究」（『東洋大学文学部紀要』第六三集史学科篇第三五号、二〇一〇）、鈴木英夫「古代王権の外交と使者」（鈴木靖民編『日本古代の王権と東アジア』吉川弘文館、二〇一二）、仁藤敦史「『日本書紀』の「任那」観」（『国立歴史民俗博物館研究報告』一七九、二〇一三）など。
（4）代表的な成果として、田中俊明a『大加耶連盟の興亡と「任那」』（吉川弘文館、一九九二）、同b『古代の日本と加耶』（山川出版社、二〇〇九）参照。
（5）詳細は、末松保和『任那興亡史』第八章（『古代の日本と朝鮮　末松保和朝鮮史著作集4』吉川弘文館、一九九六、初版一九四九）参照。
（6）鬼頭清明「任那日本府の検討」（『日本古代国家の形成と東アジア』校倉書房、一九七六）、山尾幸久『日本国家の形成』（岩波書店、一九七七）。
（7）末松保和前掲書、鈴木英夫「「任那の調」の起源と性格」（『古代の倭国と朝鮮諸国』青木書店、一九九六、初出一九八三）、山尾幸久『古代の日朝関係』（塙書房、一九八九）、田中俊明前掲書b。
（8）「任那」を金官国とする研究は、鈴木英夫前掲論文、西本昌弘「倭王権と任那の調」（『ヒストリア』一二九、一九九〇）、田中俊明前掲書bなど。
（9）坂元義種「倭の五王」（『古代東アジアの日本と朝鮮』吉川弘文館、一九七八）、拙稿「倭王武の上表文と文字表記」（『日本古代君主号の研究』八木書店、二〇一五、初出二〇〇一）。

(10) 坂本義種「五世紀の日本と朝鮮」（『古代東アジアの日本と朝鮮』吉川弘文館、一九七八、初出一九六九）。
(11) 田中俊明前掲書ａ。
(12)『朝鮮金石総覧』上（朝鮮総督府、一九二三）。
(13) 田中俊明前掲書ｂ。
(14) 末松保和前掲書。
(15) 鬼頭清明前掲論文。
(16) 石上英一「日本古代における調庸制の特質」（『歴史における民族と民主主義』青木書店、一九七三）。
(17) 鈴木英夫前掲論文。
(18) 拙稿「五—七世紀における学術の流通と南朝文化圏」（『古代中国・日本における学術と支配』同成社、二〇一三）。
(19) 黒田裕一「推古朝における「大国」意識」（『國史學』一六五、一九九八）。
(20) **表6-1**では孝徳朝以降に高句麗・百済ともに「調」が急激に増えるが、これは東アジアの対立激化以降倭国の軍事的援助を期待して倭国の「調」要求に合わせた可能性があり、孝徳朝以降の外交関係の特色として別に考える必要がある。
(21) 請田正幸「六世紀前期の日朝関係」（『朝鮮史研究会論文集』十一、龍渓書舎、一九七四）。
(22) 鈴木靖民「加耶の鉄と倭王権についての 歴史的パースペクティブ」（『日本古代国家の展開』上、思文閣出版、一九九五）、同「文献からみた加耶と倭の鉄」（『国立歴史民俗博物館研究報告』一一〇、二〇〇四）。
(23) 李成市「表象としての広開土王碑文」（『思想』八四二、一九九四）。
(24) この「任那加羅」が金官を指すものであることは、田中俊明前掲書ｂ参照。
(25) 井上光貞「推古朝外交政策の展開」（『井上光貞著作集』５、岩波書店、一九八六、初出一九七一）。
(26)『日本書紀』の推古三十一年の部分は錯簡があり、実際は推古三十年に該当すると考えられているが、ここでは現行の『日本書紀』の構成に従って三十一年と記しておく。
(27) 百済三書に関する近年の研究としては、遠藤慶太「古代国家と史書の成立」（『日本書紀の形成と諸資料』塙書房、二〇一五）参照。
(28) 岡田精司「孝徳紀批判の一試論」（『日本史籍論集』上、吉川弘文館、一九六九）、鈴木靖民「奈良時代における対外意識」（『古代対外関係史の研究』吉川弘文館、一九八五、初出一九六九）。なお、鈴木英夫氏は六二三年の「任那之調」を最後としており、論理的にその後の「任那」記事は全て造作ということになる（鈴木英夫前掲論文）。
(29) 西本昌弘前掲論文。
(30) 井上光貞前掲論文。
(31) 鬼頭清明「推古朝をめぐる国際環境」（前掲書）。

（32）鬼頭清明氏は「その事件が生じた時点も正確に確定できなくなった時に、将軍名や経過内容をかえて造作された史料をもとに書紀編者によって年別に編纂されたのではないか」と推測しており、記事の成立を考える上で示唆に富む指摘である。
（33）石母田正『日本の古代国家』（岩波書店、一九七一）。
（34）小高句麗国については、村上四男「新羅国と報徳王安勝の小高句麗国」（『朝鮮古代史研究』開明書院、一九七八、初出一九六六）参照。
（35）当該期において東アジア諸国は「帝国性」を意識するようになる。倭国の帝国性については、中野高行「天智朝の帝国性」（『日本歴史』七四七、二〇一〇）参照。
（36）唐・新羅戦争については、盧泰敦『古代朝鮮三国統一戦争史』（橋本繁訳、岩波書店、二〇一二）参照。
（37）井上秀雄『古代朝鮮』（日本放送出版協会、一九七二）。
（38）木村誠「新羅の禄邑制と村落構造」（『古代朝鮮の国家と社会』吉川弘文館、二〇〇四、初出一九七六）。
（39）木村誠「六世紀新羅における骨品制の成立」（前掲書所収、初出一九七六）、田中俊明前掲書b。
（40）王権間の婚姻については、荒木敏夫『古代天皇家の婚姻戦略』（吉川弘文館、二〇一三）参照。

第7章　天武・持統紀外国使節記事の再検討

外交儀礼の視角から

堀井佳代子

はじめに

天武・持統朝は日本の外交方式におけるひとつの画期とされている。現在、外交儀礼の変遷は以下のごとく捉えられている。

推古天皇十六年（六〇八）の隋使裴世清の来朝に際して、小墾田宮で拝朝・饗宴といった一連の外交儀礼が行われる。これは中国的要素を取り入れ、当時としては画期的なものであった[1]。これ以前、外交儀礼の場は難波であり、有力豪族が使節のもたらした物品の検領を行い、外交内容である使旨もまずは有力豪族に伝えられ、そこから天皇に奏上された[2]。田島公氏はこのような有力豪族が外交に関わる体制から、中国的な外交儀礼が導入されていく変化を、天皇に外交権が一元化する過程として捉えた。特に天武朝から持統朝にかけて、外国使節に筑紫で対応して入京をさせない時期があることに着目し、この間に豪族層を外交事務から排除することで、文武朝に天皇の外交権が確立し、律令制的外交が成立するとした。田島氏の指摘するように、この間に外交方式が変わったことは確かであろう。『日本書紀』をさらに丹念に読み、天武・持統朝の外交上の革新性について改めて検討してみたい。

ただし『日本書紀』は寺伝史料・朝廷の記録・氏の伝承・海外史料といった複数の原史料が用いられており、さらに漢籍・仏典による潤色が施されているとされる[3]。扱うことの難しい史料であることは言を俟たない。これまでもこのような『書紀』の問題点を踏まえ、特に対外関係史の分野では中国・朝鮮史料を参照した上で、当該期の歴史的事実が解明されてきた(4)。しかし、本稿ではそれとは異なる角度、『書紀』の用字法及び記載法の検討から外交記事そのものの特質の一端を明らかにし、その上で天武・持統紀の記事を改めて位置づけてみたい。

一　『日本書紀』での使節来朝を示す表現――「朝貢」「進調」「貢献」の相違から――

『日本書紀』の外交記事の形式分類

まず『書紀』全体の外交に関わる記載を検討する。『書紀』の巻一から巻四（神代・神武～開化）を除いた巻五から巻三〇（崇神～持統）を対象に外国使節の来朝を示す記載を抜きだしたのが**表7-1**である。使節が来たことを史書に書く場合、ある場所に到着したという報告があったと丁寧に記載される場合もあるし、単に朝貢したと簡潔に記載されることもある。この表は、それぞれの使節が最初に『書紀』に登場するときにどう書かれたのかという基準で作成した。来朝を示す語句としては、『書紀』全体を通じて「朝貢」「貢献」「進調」などが多く用いられている(5)。

このような通交を示す語句は日本の対外意識の一端を示すものとされてきた。特に「進調」に関しては新羅との関連が深いとされる。『書紀』神功皇后摂政前紀の三韓征伐にみえる「以二八十船之調一貢二于日本国一」は新羅と日本との通交の由来とされ、日本はこれにもとづき新羅に調の献上を強要する(6)。これに関しては、保科富士男氏が他国から日本に献上される贈進物の名称について国ごとに分析し、調が新羅に多く用いられることを指摘した。また、氏は『書紀』の日本と朝鮮諸国との関係を示す語を集め、特に新羅は、まったく上下関係を示す用語により表現されているとした(7)。『書紀』に見られる、「朝貢」「進調」「貢献」はいずれも日本を上位、他国を下位においた表記であり、『書紀』の正史としての性格上、各国が日本に対して服属していたごとく記述されるのは当然のことではある。次の

表7-1　『日本書紀』外国使節来朝記事

大分類	NO	年	月日	遣使の主体	来朝を示す用字法	分類記号	備考
I類	1	崇神天皇六十五年	七月	任那	「遣…令朝貢」	A	
	2	垂仁天皇三年	三月	新羅（新羅王子）	「来帰」	C	王子来朝（天日槍伝承）
	3	神功皇后摂政五年	三月七日	新羅	「遣…朝貢」	A	
	4	神功皇后摂政四十七年	四月	百済	「使…令朝貢」	A	新羅が百済の貢物を奪う
	5	神功皇后摂政四十七年	四月	新羅	「新羅国調使与…共詣」	E	新羅が百済の貢物を奪う
	6	神功皇后摂政五十年	五月	百済	「至自…」	E	多沙城の割譲
	7	神功皇后摂政五十一年	三月	百済	「遣…朝貢」	A	
	8	神功皇后摂政五十二年	九月十日	百済	「詣之」	E	七支刀の献上
	9	神功皇后摂政六十二年	―	加羅	「向大倭」	E	新羅征討
	10	応神天皇八年	三月	百済人	「来朝」	C	人質の献上
	11	応神天皇十四年	二月	百済	「貢…」	B	工女の献上
	12	応神天皇十五年	八月六日	百済	「遣…貢…」	A	
	13	応神天皇二十八年	九月	高麗	「遣使朝貢」	A^-	高麗の上表記事
	14	応神天皇三十一年	八月	新羅	「貢…」	B	猪名部の成立伝承
	15	応神天皇三十九年	二月	百済	「遣…以令仕」	A	百済王女の来朝

16	仁徳天皇十二年	七月三日	高麗	「貢…」	B	鉄の盾・的の献上
17	仁徳天皇十七年	九月	新羅	「貢献」	C	新羅征伐
18	仁徳天皇五十八年	十月	呉・高麗	「朝貢」	C	
19	允恭天皇三年	八月	新羅	「至自…」	E	良医を求める
20	允恭天皇四十二年	正月十四日	新羅	「貢上…」	B	允恭天皇への弔使
21	雄略天皇五年	四月	百済	「奉遣於朝」	―	武寧王の誕生
22	雄略天皇六年	四月	呉	「遣使貢献」	A	
23	雄略天皇十四年	正月十三日	呉	「共呉国使将呉所献手末才伎泊住吉津」	D	
24	雄略天皇二十三年	是歳	百済	「調賦」	―	献上物の存在を示すのみ
25	清寧天皇三年	十一月	海表諸蕃	「遣使進調」	A	
26	武烈天皇六年	十月	百済	「遣…進調」	A	
27	武烈天皇七年	四月	百済	「遣…進調」	A	
28	継体天皇六年	十二月	百済	「遣使貢調」	A^{-}	任那割譲
29	継体天皇七年	六月	百済	「遣…副…貢…」	A	任那割譲
30	継体天皇七年	十一月	伴跛	「遣…献珍宝」	A	己汶の地の割譲要求
31	継体天皇十年	九月	百済	「遣…副…来」	A	己汶の地の謝礼
32	継体天皇二十三年	四月七日	任那	「来朝」	C	任那王の来朝
33	継体天皇二十四年	九月	任那	「奏云…」	―	毛野臣の悪行を告げる
34	安閑天皇元年	五月	百済	「遣…来貢常調」	A	
35	欽明天皇元年	八月	高麗・百済・新羅・任那	「遣使献」	A^{-}	
36	欽明天皇二年	七月	百済	「遣…来奏」	A	任那復興

Ⅱ類

37	欽明天皇四年	九月	百済	「遣…来献…」	A	
38	欽明天皇五年	三月	百済	「遣…副…上表以聞」	A	任那復興
39	欽明天皇六年	五月	百済	「遣…上表」	A	
40	欽明天皇七年	六月十二日	百済	「遣…献調」	A	
41	欽明天皇八年	四月	百済	「遣…乞救軍」	A	救軍を乞う・質を貢上
42	欽明天皇九年	四月三日	百済	「遣…奏」	A	救軍を取り下げる
43	欽明天皇十一年	四月十六日	百済	「遣…献…」	A	高麗の奴を献ず
44	欽明天皇十三年	五月八日	百済・加羅・安羅	「遣…奏」	A	救軍を乞う
45	欽明天皇十三年	十月	百済	「遣…献…」	A	仏教公伝
46	欽明天皇十四年	正月十二日	百済	「遣…乞軍兵」	A	救軍を乞う
47	欽明天皇十四年	八月七日	百済	「遣…上表」	A	救軍を乞う
48	欽明天皇十五年	正月九日	百済	「遣…於筑紫」	A	救軍を乞う
49	欽明天皇十五年	二月	百済	「遣…乞救兵」	A	救軍を乞う・質を貢上
50	欽明天皇十五年	十二月	百済	「遣…上表」	A	救軍を乞う
51	欽明天皇十六年	二月	百済	「遣…奏」	A	王子来朝・救軍を乞う
52	欽明天皇二十一年	九月	新羅	「遣…貢調賦」	A	
53	欽明天皇二十二年	—	新羅	「遣…貢調賦」	A	
54	欽明天皇二十二年	是歳	新羅	「遣…献前調賦」	A	
55	欽明天皇二十三年	七月一日	新羅	「遣使献調賦」	A^-	
56	欽明天皇二十三年	十一月	新羅	「遣使献并貢調賦」	A^-	
57	欽明天皇三十一年	四月二日	高麗	「到着岸」	—	越人江淳裙代の奏上
58	欽明天皇三十二年	八月一日	新羅	「遣弔使…奉哀於殯」	A	欽明天皇の弔使

59	敏達天皇二年	五月	高麗	「泊于越海之岸」	―	岸から帰国させる
60	敏達天皇三年	五月五日	高麗	「泊于越海之岸」	―	
61	敏達天皇三年	十一月	新羅	「遣使進調」	A^{-}	
62	敏達天皇四年	三月十一日カ	百済	「遣使進調」	A^{-}	
63	敏達天皇四年	六月	新羅	「遣使進調」	A^{-}	
64	敏達天皇八年	十月	新羅	「遣…進調并送仏像」	A	仏像献上
65	敏達天皇九年	六月	新羅	「遣…進調」	A	放還
66	敏達天皇十一年	十月	新羅	「遣…進調」	A	放還
67	崇峻天皇即位前紀	六月	百済	「調使来朝」	C	善信尼らの留学を願う
68	崇峻天皇元年	是歳	百済	「遣…進調并献…」	A	使節とともに僧侶来朝
Ⅲ類						
69	推古天皇五年	四月一日	百済	「遣…朝貢」	A	王子来朝
70	推古天皇六年	八月一日	新羅	「貢…」	B	孔雀献上
71	推古天皇七年	九月一日	百済	「貢…」	B	駱駝など献上
72	推古天皇八年	是歳	新羅・任那	「遣使貢調」	A^{-}	任那復興
73	推古天皇十三年	四月一日	高麗	「貢上」	B	仏像への黄金献上
74	推古天皇十六年	四月	隋	「従…至於筑紫」	D	隋使裴世清来朝
75	推古天皇十八年	三月	高麗	「貢上…」	B	高麗僧の貢上
76	推古天皇十八年	七月	新羅・任那	「到于筑紫」	D	
77	推古天皇十九年	八月	新羅・任那	「遣…共朝貢」	A	
78	推古天皇二十三年	九月	百済	「従…来朝」	C	遣唐使に従って来朝
79	推古天皇二十四年	七月	新羅	「遣…貢…」	A	仏像献上
80	推古天皇二十六年	八月一日	高麗	「遣使貢方物」	A^{-}	

分類	No.	年	月日	国	表現	評価	備考
	81	推古天皇二十九年	是歳	新羅	「遣…朝貢」	A	
	82	推古天皇三十一年	七月	新羅・任那	「遣…来朝」	A	
	83	推古天皇三十一年	是歳	新羅・任那	「貢両国調」	B	任那をめぐる新羅との争い
	84	推古天皇三十三年	正月七日	高麗	「貢…」	B	恵潅を僧正に任じる
	85	舒明天皇二年	三月一日	高麗・百済	「共朝貢」	C	
	86	舒明天皇三年	三月一日	百済	「入王子豊章為質」	―	王子入朝
	87	舒明天皇四年	八月	唐	「遣…送…」	A	
	88	舒明天皇七年	六月十日	百済	「遣…朝貢」	A	
	89	舒明天皇十年	是歳	百済・新羅・任那	「並朝貢」	C	
	90	舒明天皇十二年	十月十一日	百済・新羅	「朝貢之使共従来之」	D	留学生の帰国に伴う使節来朝
Ⅳ類	91	皇極天皇元年	正月二十九日	百済	「奉遣弔使」	―	安曇氏の報告
	92	皇極天皇元年	三月六日	新羅	「遣賀騰極使与弔使」	―	
	93	皇極天皇元年	五月十八日	百済	「進調」	C	貢物の献上
	94	皇極天皇二年	四月二十日	百済	「共調使来」	D	王子来朝・大宰の報告
	95	皇極天皇二年	六月十三日	高麗	「遣使来朝」「朝」	A^-	大宰の報告
	96	大化元年	七月十日	高麗・百済・新羅	「遣使進調」	A^-	
	97	大化三年	正月十五日	高麗・新羅	「並遣使貢献調賦」	A^-	
	98	大化三年	是歳	新羅	「遣…送…来献…」	A	遣唐使とともに来朝
	99	大化四年	是歳	新羅	「遣使貢調」	A^-	
	100	大化五年	是歳	新羅	「遣…為質」	A	質の貢上

101	白雉元年	四月	新羅	「遣使貢調」	A^{-}	
102	白雉元年	四月	高麗・百済・新羅	「遣使貢献」	A^{-}	分註の記載
103	白雉二年	六月	百済・新羅	「遣使貢調献物」	A^{-}	
104	白雉三年	四月	百済・新羅	「遣使貢調献物」	A^{-}	
105	白雉四年	六月	百済・新羅	「遣使貢調献物」	A^{-}	
106	白雉五年	是歳	高麗・百済・新羅	「並遣使奉弔」	A^{-}	弔使派遣
107	斉明天皇元年	七月	百済	「調使」	｜	饗宴記事
108	斉明天皇元年	是歳	高麗・百済・新羅	「並遣使進調」	A^{-}	
109	斉明天皇二年	八月八日	高麗	「遣…進調」	A	
110	斉明天皇二年	是歳	高麗・百済・新羅	「並遣使進調」	A^{-}	
111	斉明天皇六年	正月一日	高麗	「泊筑紫」	D	
112	斉明天皇六年	九月五日	百済	「遣…来奏」	A	
113	斉明天皇六年	十月	百済	「遣…来献…」	A	唐の捕虜を献上
114	斉明天皇七年	四月	百済	「遣使上表」	A^{-}	王子を求める
115	斉明天皇七年	五月二十三日	耽羅	「遣…貢献」	A	王子来朝
116	天智天皇元年	六月二十八日	百済	「遣…進調献物」	A	
117	天智天皇二年	二月二日	百済	「遣…進調」	A	

Ⅴ類

118	天智天皇二年	二月	百済	「上送…」	B	唐の捕虜を献上
119	天智天皇三年	五月十七日	唐	「遣…進表函与献物」	A	
120	天智天皇四年	九月二十三日	唐	「遣…」	—	
121	天智天皇四年	九月二十二日	唐	「進表函」	D	120の分註
122	天智天皇五年	正月十一日	高麗	「遣…進調」	A	
123	天智天皇五年	正月十一日	耽羅	「遣…貢献」	A	
124	天智天皇五年	十月二十六日	高麗	「遣…進調」	A	
125	天智天皇六年	七月十一日	耽羅	「遣…貢献」	A	
126	天智天皇六年	十一月九日	唐	「遣…送…於筑紫都督府」	A	
127	天智天皇七年	四月六日	百済	「遣…進調」	A	
128	天智天皇七年	七月	高麗	「遣使進調」	A^{-}	
129	天智天皇七年	九月十二日	新羅	「遣…進調」	A	
130	天智天皇八年	三月十一日	耽羅	「遣…貢献」	A	王子来朝
131	天智天皇八年	九月十一日	新羅	「遣…進調」	A	
132	天智天皇八年	是歳	唐	「遣…」	—	
133	天智天皇十年	正月九日	高麗	「遣…進調」	A	
134	天智天皇十年	正月十三日	唐	「遣…上表」	A	

135	天智天皇十年	二月二十三日	百済	「遣…進調」	A	
136	天智天皇十年	六月十五日	百済	「遣…進調」	A	
137	天智天皇十年	六月	新羅	「遣…進調」	A	
138	天智天皇十年	十月七日	新羅	「遣…進調」	A	
139	天智天皇十年	十一月十日	唐	「従…来」	E	大宰の報告
140	天武天皇元年	三月二十一日	唐	「進表函与信物」	D	
141	天武天皇元年	五月二十八日	高麗	「遣…進調」	A	
142	天武天皇二年	閏六月八日	耽羅	「遣…朝貢」	A	
143	天武天皇二年	閏六月十五日	新羅	「遣…賀騰極」「遣…弔」	A	
144	天武天皇二年	八月二十日	高麗	「遣…朝貢」	A	
145	天武天皇四年	二月	新羅	「遣…進調」	A	王子来朝
146	天武天皇四年	三月	高麗	「遣…朝貢」	A	
147	天武天皇四年	三月	新羅	「遣…進調」	A	
148	天武天皇四年	八月一日	耽羅	「泊筑紫」	D	王子来朝
149	天武天皇五年	十一月三日	新羅	「遣…請政」「遣…進調」	A	
150	天武天皇五年	十一月二十三日	高麗	「遣…朝貢」	A	
151	天武天皇六年	八月二十八日	耽羅	「遣…朝貢」	A	王子来朝

分類	番号	年	月日	国	記事	型	備考
VI類	152	天武天皇七年	是年	新羅	「遣…貢上当年之調」	A	
	153	天武天皇八年	二月一日	高麗	「遣…朝貢」	A	
	154	天武天皇八年	十月十七日	新羅	「遣…朝貢」	A	
	155	天武天皇九年	五月十三日	高麗	「遣…朝貢」	A	
	156	天武天皇九年	十一月二十四日	新羅	「遣…進調」	A	
	157	天武天皇十年	十月二十日	新羅	「遣…貢調」	A	
	158	天武天皇十一年	六月一日	高麗	「遣…貢方物」	A	
	159	天武天皇十二年	十一月十三日	新羅	「遣…進調」	A	
	160	天武天皇十三年	十二月六日	新羅	「遣…送…於筑紫」	A	唐の留学生を帰国させる
	161	天武天皇十四年	十一月二十七日	新羅	「遣…請政」「進調」	A	
	162	持統天皇元年	九月二十三日	新羅	「遣…奏請国政且献調賦」	A	
	163	持統天皇二年	八月二十五日	耽羅	「遣…来献方物」	A	
	164	持統天皇三年	四月二十日	新羅	「遣…奉弔」	A	弔使来朝
	165	持統天皇六年	十一月八日	新羅	「遣…進調」	A	
	166	持統天皇七年	二月三日	新羅	「遣…来赴王喪」	A	新羅王の喪を告げる
	167	持統天皇九年	三月二日	新羅	「遣…奏請国政且調献物」	A	

【凡例】『日本書紀』にみえる外国使節の来朝記事を集成した。分類記号欄の「—」は本稿で示したA～E型の基準に当てはまらず、分類不能であることを示す。

段階として『書紀』の編纂過程を踏まえた、巻次ごとの検討が必要なのではないだろうか。

『書紀』全体を通じて来朝を示す記事は遍在しており、多様な形をとっているが、ある程度分類することが可能である。すでに鈴木靖民氏が『日本書紀』の朝貢記事の基本的な記載形式に言及している(8)。一定の軸で比較・分析をするために、鈴木氏の指摘を踏まえ、まずは以下のような基準で記事の形式を分類したい。

・**A型**　【国名＋「遣」＋使人名＋「進調」「朝貢」「上表」等の目的を示す語句】

百済遣㆓中部奈率掠葉礼等㆒献㆑調。　(欽明天皇七年六月十二日条)

『書紀』を通してこのA型が最も多い。外国使節の来朝を示すときの基本の形と言える。使節の人物名が明記されており、ある程度詳しい記録をもとに記事にされたと思しい。なお天武・持統紀の記事は、ほぼすべてがこのA型の形式をとっている。

・**A′型**　【国名＋「遣」＋使＋「進調」「朝貢」「上表」等の目的を示す語句】

高麗・百済・新羅・任那並遣㆑使献並修㆓職貢㆒。　(欽明天皇元年八月条)

A型の使人名の部分が「使」のみになっている。固有名詞が無く、造作の可能性も高い。

・**B型**　【国名＋「貢」或いは「貢上」など＋物品或いは人】

百済王貢㆓縫衣工女㆒。　(応神天皇十四年二月条)

使節の来朝そのものを示す記事ではないが、通交の結果、物品や工人などの貢上があったことを示す。全部で一〇例で数は多くない。応神～雄略紀・推古紀に偏って見える。

・**C型**　【国名・人名＋「朝貢」「進調」など】

百済・新羅・任那並朝貢。　(舒明天皇十年是歳条)

国名または人名と「朝貢」だけの簡潔な記事。伝承的な記事の一部となっているものが多い。固有名詞がほとんどなく、Ā型と同様、造作することは容易であろう。

・**D型**　具体的な到着時の様子を記録するもの。

新羅使人沙喙部奈末竹世士与二任那使人喙部大舎首智買一到二于筑紫一。（推古天皇十八年七月条）

なんらかの詳細な記録に基づくものか。おそらく日記的な外交儀礼の記録を原史料としたと思われる。「呉使」や隋使・唐使などの特別な使節に用いられることが多い。

・**E型**　「至自国名」など。

医至レ自二新羅一。（允恭天皇三年八月条）

「朝貢」や「進調」などの言葉を用いず、「至」「詣」などの語で来たということを示す。允恭紀以降はあまり見られない。B型と同じく伝承の一部となっていることが多い。

このようにA～Eの形式に分類することができた。ただここで挙げたA～E型には当てはまらず、分類することができなかった記事も六例あった。各型の性格も考えなくてはならないが、次にここに含まれる来朝を示す語句の分析に移る。A型・Ā型・C型は定型化が進んでおり、来朝を示す語句が明確に表れているので、これらを分析対象として用いる。またこれらの記事は偏りなく各巻に存在しており格好の素材となる。どの箇所でどの語句が用いられているかを確認すると、以下のような巻次のまとまりごとの相違を指摘することができる。

I類　『書紀』巻五から十四（崇神～雄略紀）

これらの巻では、任那・百済・新羅・高麗・呉（宋カ）の使節がみられるが、これらほぼすべてを「朝貢」と表記する。ただし雄略天皇六年四月条の呉使（宋使カ）は「呉国遣使貢献」とし、また仁徳天皇十七年九月条の新羅使も「貢献」とする。[9] これらの巻では、来朝を示す語句として「進調」は用いない。ただ「調」という語句を全く用いないわけではなく、神功皇后摂政前紀の三韓征伐のなかで「男女之調」や「調使」という語句が出て来る。しかしこれは物品や使人を示す語句の一部として用いられ、外国使節の来朝そのものは「朝貢」と表記される。

Ⅱ類　『書紀』巻十五から二十一（清寧紀～崇峻紀）

これらの巻では、「朝貢」及び「貢献」を用いない。それに代わり、巻十五・十六（清寧紀～武烈紀）・巻二十・二十一（敏達紀～崇峻紀）では「進調」が用いられ、巻十七から十九（継体紀～欽明紀）では、「献調」「貢調」が用いられる。ともに「調」を含んだ語句であり、まとめてⅡ類とした。またこれらの巻では、

百済遣二奈卒阿乇得文・許勢奈率奇麻・物部奈率奇非等一上表曰…（欽明天皇五年三月条）

百済王子余昌遣二王子恵一奏曰…（欽明天皇十六年二月条）

のようにA型の型式をとりつつ、より具体的な伝達の内容を含むものも多い。これは半島情勢が険しくなったことにより、それに関わる史料が多く残されたためであろう。また、欽明天皇二十一年～二十三年には「貢調賦」「遣調賦」という独特な語句が見られる。(10)この間の記事は、任那をめぐる新羅との争いに関わる一連のものであり、(11)表記が揃えられたものだろう。

Ⅲ類　『書紀』巻二十二・二十三（推古・舒明紀）

これらの巻ではⅠ類と同様に「朝貢」が多用される。「進調」はほとんど見えない。また記事の形式についてもⅠ類と同様にB型が見られ、Ⅰ類との親和性が高い。

Ⅳ類　『書紀』巻二十四・二十五（皇極・孝徳紀）

これらの巻ではⅡ類と同様に「朝貢」が見えない。「進調」「貢調」「来朝」などの表記法が見られる。多いのは「貢調」で、「調」を含む語句で使節が来たことを示すことが多い。事例が少ないため確実ではないが、特に国による用字の使い分けは見いだせない。また白雉二年（六五一）から四年には次のような表記が見られる。

百済・新羅遣レ使貢レ調献レ物。（白雉四年六月条）

これは、A^{-}型の非常に簡潔な記事ではあるが、恒例の調と天皇などの個人に宛てた別献物との両者を書き分けたものであることが指摘されている[12]。事実をある程度反映して書かれていることが分かる。

Ⅴ類　『書紀』巻二十六・二十七（斉明・天智紀）

これらの巻では「進調」「貢献」が併用される。「朝貢」は見えない点では、Ⅱ・Ⅳ類に近い。ここでは明確に国ごとの使い分けが確認できる。「進調」は高麗・百済・新羅に用いられ[13]、「貢献」は耽羅に対して使用される[14]。耽羅は済州島のことで、斉明天皇七年（六六一）五月に初めて日本に遣使したが、その来朝は「貢献」とされる[15]。ここでは基本的に「進調」を用い、新たに通交を開始する耽羅に対してのみ「貢献」を使用する。

Ⅵ類　『書紀』巻二十八から三十（天武・持統紀）

ここでは「進調」「貢調」「朝貢」が併用され、その使い分けが見られる。その方法はⅤ類の斉明・天智紀とは異なる。この時期には日本へ遣使するのは、新羅・耽羅・高麗のみになる。すでに百済は新羅の支配下に入っていたが、抵抗を続けていた百済遺民の遣使も天智天皇十年（六七一）を最後に途絶えた[16]。高句麗も六六八年に滅亡するが、遺民が復興を目指して活動しており、遣使を行うが、天武天皇十一年（六八二）を最後に高麗使も途絶する。このように、それまで遣使していた国々が滅んでいく。そのなかでも「進調」「貢調」は新羅に対してのみ用いられ、高麗・耽羅には「朝貢」「献方物」などの語句が用いられる。耽羅以外を一律に「進調」としていたⅤ類とは異なり、高麗に「朝貢」を用い、新羅にのみ「進調」を用いる。

ここまでの検討を一旦まとめる。『日本書紀』の外国使節来朝記事における用字法は大きく三つに分けることができる。ひとつは「朝貢」で統一しているⅠ・Ⅲ類（崇神～雄略紀／推古・舒明紀）、ひとつは「進調」等の「調」を含める用字法で統一しているⅡ・Ⅳ類（清寧～崇峻紀／皇極・孝徳紀）、ひとつは用字の統一をせず、国によって使い分けを行うⅤ・Ⅵ類（斉明紀以降）である。この結果は斉明紀以降を除くと、『日本書紀』の音韻による区分論で提示されたα群（雄略紀から崇峻紀・皇極紀から天智紀）／β群（神代から安康紀・推古紀から舒明紀・天武紀から持統紀）の区分と近しいものとなった(17)。ただし雄略紀の分類は異なる。しかし本稿の目的は区分論を確認する点にあるのではない。ここから言えることは次の二点である。

1、Ⅰ類からⅣ類に当たる巻五から巻二十三（崇神～舒明紀）において、「朝貢」「貢献」と「進調」とに大きな意味の違いはない。外国使節来朝について記事を立てる場合に、一律の表記に揃えられたものに過ぎない。中国からの使節に一定の配慮はしているものの、国による使い分けはない。また使節のそのときの自称や貢献物の名称といった具体的な状況を反映したものでもない。「朝貢」と「進調」との違いは各巻の編集方針によるものに過ぎない。ただそこに原史料の形態が影響を与えていることは考慮する必要があるかもしれない。

2、Ⅴ類に当たる巻二十六・二十七（斉明・天智紀）、Ⅵ類に当たる巻二十八から三十（天武・持統紀）は、国により語句を使い分ける。特にⅥ類では新羅のみに「進調」を用い、それ以外の国に「朝貢」を用いる。ⅠからⅣ類では混用されることのない「朝貢」と「進調」とが共に用いられる。Ⅵ類の天武・持統紀に限って、他の巻とは大きく異なる用字法をとるに到った具体的なプロセスを想定することは難しい。原史料である朝廷の記録の表記を強く反映した結果と考えておきたい。

これらの語句は、日本を上位に置いているという点で大きな違いはない。ただ対新羅外交において八世紀以降も「調」の貢納が重視されるが、Ⅵ類の記載はまさにこれに合致し、新羅―調の結びつきを強調するものになっている。これはそれまで日本に遣使していた朝鮮半島諸国が滅亡していくなかで調の貢納という形式を新羅一国に継承させて負わせようとする、この時期特有の状況が影響しているのかもしれない。

二　饗宴の役割

次に具体的な天武・持統紀の外交儀礼に関わる記事を検討する。これまでこの時期の外交儀礼では貢献物の献上・使旨の伝達を行う儀式――後の「拝朝儀」――の変遷が重視されてきた。外国使節が来朝した際には、貢献物の献上・使旨の伝達とともに、使節をもてなすための饗宴が開催される。この時期の使節への饗宴については、服属儀礼的な要素の有無や「饗」「宴」の用字の使い分けなどが論じられ[18]、また饗宴にはコミュニケーション・親睦の場という性格があるという民俗学的な理解も重視されている[19]。しかし七世紀以降の外交儀礼の変遷を考えた場合に、使節への饗宴は、「ねぎらい」「もてなし」以上の重要な意味を持っていたように思われる。本章では特に天武・持統朝を中心にその前後も含めた時期の使節への饗宴を『日本書紀』の記載に即して考えていきたい。

七世紀における宮での外国使節への饗宴

（一）推古朝以降の外交儀礼における饗宴

推古天皇十六年（六〇八）、隋使裴世清の来朝に対し、小墾田宮で使旨奏上・貢献物奉呈・饗宴が行われ、その翌年には、新羅使・任那使に対して同じく小墾田宮で使旨奏上・饗宴が行われた。ただ、このときの新羅使・任那使の貢献物の検領のみは難波で行われていた可能性が指摘されている[20]。それまでの難波などの客館に群臣を派遣して使旨と貢献物を受け取り、朝廷に報告させるという方式がここで改められた。しかし推古朝に行われた新しい王宮での儀礼は完全には定着せず、貢献物の奉呈・使旨の伝達は難波で群臣たちが検領を行う方式へと戻ってしまう。しかし饗宴については宮で行われる方式が継承される。

（a）饗㆓高麗・百済客於朝㆒。　（舒明天皇二年［六三〇］八月八日条）

（b）…時高麗・百済・新羅、並遣レ使進レ調。為張二紺幕於此宮地一而饗焉。（斉明天皇二年〔六五六〕是歳条）

（b）では建設中の岡本宮の宮地にわざわざ紺幕を張って饗宴を行ったことが見える。この段階で使節への饗宴は宮で行うべきという意識が強くあったことが窺える。なお、外国使節への宮での饗宴の実例を直接に示す（a）のような記事は、『書紀』では皇極天皇元年（六四二）を最後に一切見られなくなる。[21]（b）は是歳条であり、飛鳥岡本宮・両槻宮・吉野宮などのこの年の建設事業をまとめて述べたなかの一部であり、実例そのものを示す記事ではない。しかしここから、具体的に記事として見えなくとも、宮での饗宴は行われていたこと、また使節への饗宴を宮で行うことが定着していたことが窺える。これについては後で詳しく述べたい。

この段階では、使節が入京しても宮で行われる儀式は饗宴のみであった。天皇の出御はないものの、最も壮麗な儀式であったであろう。大化三年（六四七）の冠位十三階制を定めた際にも、「此冠者、大会・饗客・四月七月齋時所レ着焉。」とあり、「饗客」つまり外国使節への饗宴は、群臣たちが冠を着用するべき重要な場面とされている。このように推古朝以降、饗宴が唯一の宮を会場として行われる外国使節への儀礼となった。

（二）天武・持統紀にみえる宮での饗宴

次に天武・持統朝の状況を見ていこう。『書紀』には難波や筑紫で行われた使節への饗宴も見える。表7-2『日本書紀』に見える外国使節への饗宴関係記事（斉明紀～持統紀）を見ると、特に天武・持統紀に饗宴に関わる記事は多く残されている。天武・持統紀の編纂時には、外国使節への饗宴について記録した原史料が残っていたと考えられ、またその記事を採録する方針にあったと考えられる。ただ、難波や筑紫を会場とした饗宴の記事は豊富に残っているのにもかかわらず、宮を会場とする饗宴の記事が天武・持統紀には一例もない。天武天皇四年（六七五）二月に来朝した新羅使を取り上げて確認する。

（c）二月
是月。新羅遣二王子忠元・大監級飡金比蘇・大監奈末金天沖・第監大麻朴武摩・第監大舎金洛水等一進レ調。其送使奈末金風那・奈末金孝福送二王子忠元於筑紫一。
（d）三月十四日　饗二金風那等於筑紫一。即自二筑紫一帰之。
（e）四月　是月。新羅王子忠元到二難波一。
（f）八月二十五日　忠元礼畢以帰之。自二難波一発レ船。

新羅王子忠元は四月に難波に到着し、八月に帰国するが、その（e）～（f）の五ヶ月間の彼に関わる記事は見えない。先に帰国した送使については筑紫で饗したことが見えるが、王子には饗宴の記事がない。何らかの饗宴は行われただろうが、記事として立てられていない。天武天皇四年八月一日に来朝した耽羅使も同様に難波まで来ているが、その後の記事を欠いている。また、「向京」等と、入京が指示されている記事が見えるのにもかかわらず、その後の記事が見えないものとして、天武天皇五年十一月三日に到着した新羅使金清平、同六年八月二十八日に来朝した耽羅王子都羅、同七年に筑紫に遣唐使を送り届けた新羅送使加良井山の三例が挙げられる。そしてこれ以外のケースでもこの間、難波や難波館での饗宴の記事は立てられている[22]。

斉明紀にもこれと同様の記事の偏りが見える。斉明紀の具体的な外国使節の饗宴に関わる記事は、斉明天皇元年（六五五）、百済調使に「難波朝」で饗宴を行った記事、斉明天皇六年に高麗使が難波館に到着した記事の二例のみである。難波の記事はあるが、宮を会場とした記事はない。しかし先に挙げたように、斉明天皇二年是歳条には、建設中の岡本宮に紺幕を張り、宮地で饗宴を行ったことが見え、『書紀』に記事として立っていなくても、これ以前には宮で外国使節への饗宴を行っていたことが窺える。実態として行われていても、宮での饗宴は記事にならない。天武・持統紀も同様なのではないだろうか。理由は不明であるが、天武・持統紀は宮での饗宴を記事として立てない方

表7-2　『日本書紀』に見える外国使節への饗宴関係記事（斉明紀～持統紀）

年	西暦	来朝の月日	国名	使者名	記事の月日	上記の使節に対応する宴会・賜禄についての記事
斉明天皇元年	六五五		百済		七月十一日	「於難波朝…并設百済調使一百五十人。」
斉明天皇元年	六五五	是歳	高麗・百済・新羅		—	
斉明天皇二年	六五六	八月八日	高麗	達沙	—	
斉明天皇二年	六五六	是歳	高麗・百済・新羅		是歳	「…為張紺幕於此宮地而饗焉。」
斉明天皇六年	六六〇	正月一日	高麗	乙相賀取文	五月八日	「高麗使人乙相賀取文等到難波館。」
斉明天皇六年	六六〇	九月五日	百済	達率〈闕名〉	—	
斉明天皇六年	六六〇	十月	百済	佐平貴智	—	
斉明天皇七年	六六一	四月	百済		—	
斉明天皇七年	六六一	五月二十三日	耽羅	王子阿波伎	—	
天智天皇元年	六六二	六月二十八日	百済	達率万智	—	
天智天皇二年	六六三	二月二日	百済	達率金受	—	
天智天皇二年	六六三	二月	百済		—	
天智天皇三年	六六四	五月十七日	唐	朝参大夫郭務悰	十月一日	「中臣内臣遣沙門智祥賜物於郭務悰。」
					同四日	「饗賜郭務悰等。」
天智天皇四年	六六五	八月	耽羅		—	
天智天皇四年	六六五	九月二十三日	唐	朝参大夫沂州司馬柱国劉徳高	十一月十三日 十二月十四日	「饗賜劉徳高等。」 「賜物於劉徳高等。」

天智天皇五年	六六六	正月十一日	高麗	前部能婁	―	
天智天皇五年	六六六	正月十一日	耽羅	王子姑如	―	
天智天皇五年	六六六	十月二十六日	高麗	臣乙相奄鄙	―	
天智天皇六年	六六七	七月十一日	耽羅	佐平椽磨	閏十一月十一日	「以錦十四匹…賜椽磨等。」
天智天皇六年	六六七	十一月九日	唐	熊津都督府熊山縣令上柱国司馬法聰	―	
天智天皇七年	六六八	四月六日	百済	末都師父	―	
天智天皇七年	六六八	七月	高麗		―	
天智天皇七年	六六八	九月十二日	新羅	沙喙級湌金東厳	同二十六日 十一月一日 同二十九日	「中臣内臣使沙門法弁・秦筆賜新羅上臣大角干庾信船一隻付東厳等。」 「賜新羅王…付金東厳等賜東厳等物各有差。」 「使布勢臣耳麻呂賜新羅王輸御調船一隻付東厳等。」
天智天皇八年	六六九	三月十一日	耽羅	王子久麻伎	同十八日	「賜耽羅王五穀種。」
天智天皇八年	六六九	九月十一日	新羅	沙湌督儒	―	
天智天皇十年	六七一	正月九日	高麗	上部大相可婁	―	
天智天皇十年	六七一	正月十三日	唐	李守真	―	
天智天皇十年	六七一	二月二十三日	百済	台久用善	―	
天智天皇十年	六七一	六月十五日	百済	羿真子	―	
天智天皇十年	六七一	六月	新羅		―	

天智天皇十年	六七一	十月七日	新羅	沙湌金万物	十一月二十九日	「賜新羅王絹五十匹・絁五十匹・綿一千斤・韋一百枚。」
天智天皇十年	六七一	十一月十日	唐	郭務悰	翌五月二十二日	「以甲冑弓矢賜郭務悰等。」
天武天皇元年	六七二	五月二十八日	高麗	前部富加抃	―	
天武天皇元年	六七二	―	新羅	金押実	十一月二十四日 十二月十五日	「饗新羅客金押実等於筑紫。即日賜禄各有差。」 「船一隻賜新羅客。」
天武天皇二年	六七三	閏六月八日	耽羅	王子久麻芸	八月二十五日	「…肇賜爵位。」
天武天皇二年	六七三	閏六月十五日	新羅	韓阿湌金承元	同月二十四日 八月二十五日 九月二十八日	「饗貴干宝等於筑紫。賜禄各有差。」 「喚賀騰極使金承元等中客以上廿七人於京。」 「饗金承元等於難波。」
天武天皇二年	六七三	八月二十日	高麗	上部位頭大兄邯子	十一月二十一日	「高麗邯子・新羅薩儒等於筑紫大郡、賜禄各有差。」
天武天皇四年	六七五	二月	新羅	王子忠元	三月十四日 四月	「饗金風那等於筑紫。」 「新羅王子忠元到難波。」
天武天皇四年	六七五	三月	高麗 新羅	大兄富干 級湌朴勤修	八月二十八日	「新羅・高麗二国調使饗於筑紫。賜禄有差。」
天武天皇四年	六七五	八月朔	耽羅	王子久麻伎	九月二十七日 翌二月二十四日	「耽羅王子姑如到難波。」 「耽羅客賜船一艘。」
天武天皇五年	六七六	十一月三日	新羅	沙湌金清平	翌三月十九日 翌四月十四日	「召新羅使人清平及以下客十三人於京。」 「送使珍那等饗于筑紫。帰之。」

天武天皇五年	六七六	十一月二十三日	高麗	後部主簿阿于	—	
天武天皇六年	六七七	八月二十八日	耽羅	王子都羅	翌正月二十二日	「耽羅人向京。」
天武天皇七年	六七八	是年	新羅	奈末加良井山	翌正月五日	「新羅送使加良井山・金紅世等向京。」
天武天皇八年	六七九	二月一日	高麗	上部大相桓父	—	
天武天皇八年	六七九	十月十七日	新羅	阿飡金項那	翌四月二十五日	「饗新羅使人項那等於筑紫。賜禄各有差。」
天武天皇九年	六八〇	五月十三日	高麗	南部大使卯問	翌四月十七日	「饗高麗客卯問等於筑紫。賜禄有差。」
天武天皇九年	六八〇	十一月二十四日	新羅	沙飡金若弼	翌年六月五日	「饗新羅客若弼於筑紫。賜禄各有差。」
天武天皇十年	六八一	十月二十日	新羅	沙喙一吉飡金忠平	十二月十日	「小錦下河邊臣子首遣筑紫饗新羅客忠平。」
					翌正月十一日	「饗金忠平於筑紫。」
天武天皇十一年	六八二	六月一日	高麗	下部助有卦婁毛切	八月三日	「饗高麗客於筑紫。」
天武天皇十二年	六八三	十一月十三日	新羅	沙飡金主山	二月二十四日	「饗金主山於筑紫。」
天武天皇十三年	六八四	十二月六日	新羅	大奈末金物儒	翌三月十四日	「饗金物儒於筑紫。」
天武天皇十四年	六八五	十一月二十七日	新羅	波珍飡金智祥	翌正月	「為遣饗新羅金智祥遣浄広四川内王…等于筑紫。」
					五月二十九日	「饗金智祥等於筑紫、賜禄各有差。」
持統天皇元年	六八七	九月二十三日	新羅	王子金霜林	十二月十日	「以直広参路真人迹見為饗新羅勅使。」
					翌二月十日	「饗霜林等於筑紫館、賜物各有差。」

持統天皇二年	六八八	八月二十五日	耽羅	佐平加羅	九月二十三日	「耽羅佐平加羅等於筑紫館。賜物各有差。」
持統天皇三年	六八九	四月二十日	新羅	級飡金道那	五月二十二日	「命土師宿祢根麻呂詔新羅弔使級飡金道那等日…。」
					六月二十四日	「於筑紫小郡設新羅弔使金道那等。賜物各有差。」
持統天皇四年	六九〇	九月二十三日	新羅	大奈末金高訓	十月十五日	「遣使者詔筑紫大宰河内王等日…。」
					十一月七日	「賞賜送使金高訓等各有差。」
持統天皇六年	六九二	十一月八日	新羅	級飡朴憶徳	十一月十一日	「饗禄新羅朴憶徳於難波館。」
持統天皇七年	六九三	二月三日	新羅	沙飡金江南	三月十六日	「…又賜新羅王賻物。」
持統天皇七年	六九三	―	耽羅	王子	十一月七日	「賜耽羅王子佐平等各有差。」
持統天皇九年	六九五	三月二日	新羅	王子金良琳	―	

針があったのではないだろうか。

この想定が許されるのであれば、天武・持統朝前後の外交儀礼は次のように考えられる。天武天皇八年（六七九）から持統天皇四年（六九〇）までは、筑紫から外国使節を帰国させ、入京させない方針がとられ、ここで宮での饗宴は途絶える。その後、持統天皇六年には難波館で使節への饗宴が行われ、再び外交の場が畿内へと戻る。このときには難波での饗宴だけではなく、宮での饗宴も再び復活するのではないのだろうか。この準備期間を経ることで、文武天皇二年（六九八）正月朔の新羅使の朝賀参加という、使節に対する中国的な新しい儀礼が可能になるのではないだろうか。

七世紀における饗宴の役割

（一）天武・持統朝の筑紫での饗宴

先に見たように天武・持統朝には外国使節を入京させず、筑紫で対応する時期がある。この点を見ていこう。

筑紫に外国使節をとどめて対応すること自体はすでに天智朝に見える。白村江敗戦の戦後処理に関わって唐使が来た際には彼らを筑紫にとどめて対応する[23]。また天智朝には新羅使・百済使などにも筑紫で対応している。

使㆓布勢臣耳麻呂㆒賜㆘新羅王輸㆓御調㆒船一隻㆖付㆓東厳等㆒。　（天智天皇七年［六六八］九月二十九日）

新羅使に対して、布勢臣耳麻呂を派遣して対応している。場所は明記していないが、筑紫に派遣されたのだろう。その後使節の入京が再び確認できるのは天武天皇二年（六七三）である[24]。白村江敗戦後からこの間までは、外国使節を入京させず筑紫で対応するという方針が一貫してとられていた。天武天皇二年以降は、筑紫で饗応して帰らせる場合と入京させる場合とに分かれる。そして天武天皇七年（六七八）の新羅使の入京を最後に、すべての使節に筑紫で対応している。これは持統天皇四年（六九〇）まで続く。この間に筑紫で主に対応にあたったのは、中央から派遣された使人であった。『書紀』には、天武天皇十年（六八一）には河辺臣小首を、天武天皇十四年には川内王・大伴宿祢安麻呂等を、持統天皇元年（六八七）には路真人迹見を、持統天皇三年には土師宿祢根麻呂を派遣して対応したことが見える。このような中央からの使者を派遣したことが確認できるのは、新羅王の喪を告げる、あるいは「請政」のための使節などの単なる貢献物献上以外の特別な場合に限られる。彼ら中央から派遣された使人は、使節から外交内容の伝達を受け、貢献物を受領するとともに、朝廷からの伝達事項を伝える重要な役割を果たしていたと考えられる。

なお天武十四年に使人として派遣された川内王等五人については、その中の四人が、翌年の天武天皇の殯宮で官司を代表して誄を行っていることが確認できる。(25) 誄を行うのは各官司の次官クラスとされるが、(26) 使人の地位の高さが窺える。

令制大宰府の前身である筑紫大宰もこれら外国使節への対応には関わっていただろうが、主導権は使人がにぎっていたのだろう。(27) 天武天皇十四年来朝の新羅使金智祥のケースを確認しよう。

（a）天武天皇十四年（六八五）十一月二十七日

新羅遣㆓波珍飡金智祥・大阿飡金健勲㆒請政。仍進㆑調。

（b）翌年正月

是月。為㆑饗㆓新羅金智祥㆒、遣㆓浄広肆川内王・直広参大伴宿禰安麻呂・直大肆藤原朝臣大嶋・直広肆境部宿禰鯛魚・直広肆穂積朝臣虫麻呂等于筑紫㆒。

（c）四月十三日

為㆑饗㆓新羅客等㆒、運㆓川原寺伎楽於筑紫㆒。仍以㆓皇后宮之私稲五千束㆒納㆓于川原寺㆒。

（d）四月十九日

新羅進調従㆓筑紫㆒貢上。細馬一匹・騾一頭・犬二狗・鏤金器及金銀・霞錦・綾羅・虎豹皮、及薬物之類并百餘種。亦智祥・健勲等別献物、金銀・霞錦・綾羅・金器・屏風・鞍皮・絹布・薬物之類、各六十餘種。別献㆓皇后・皇太子、及諸親王等㆒之物。各有㆑数。

（e）五月二十九日

饗㆓金智祥等於筑紫㆒。賜㆑禄各有㆑差。即従㆓筑紫㆒退之。

このときは筑紫で新羅使から貢物が献上され、朝廷へ送られている。使人の任命の四ヶ月後に貢献物が到着しており、使人の到着を待って貢物の検領が行われたことが考えられる。貢献物の検領を行った際に中央からの使人が使旨の伝達も受けたと考えられる。ここで注目したいのは彼らが「為レ饗」の派遣とされている点である。令制下では使旨奏上・貢献物と使節への饗宴とは完全に別の日に行われ、別個の行事とされるが、この段階では「饗」を担当する者は、外国使節への対応のほぼすべてを扱ったのではないだろうか。これは雄略紀の根使主が饗宴を担当する「共食者」に任じられ、呉使への饗宴を取り仕切った記事とも対応する。またこれに関わる史料が延喜玄蕃寮式新羅客条である。

凡新羅客入朝者、給二神酒一。其醸酒料稲、大和国賀茂、〔中略〕若従二筑紫一還者、応レ給二酒肴一。便付二使人一。其肴惣隠岐鰒六斤・螺六斤・腊四斤六両・海藻六斤・海松六斤・海菜六斤。盞卅八口・匏十柄・案六脚。被レ責還者不レ給。〔後略〕

この前半には難波・敏売崎での給酒（中略部分）、後半には難波での外国使節への迎船儀礼（後略部分）が規定されている。これらの省略した箇所は詳細な検討により、八世紀以前に遡る古い規定であることが指摘されている[28]。ここで引用した部分は筑紫より帰国させた場合の待遇を定めたものであるが、これも天智朝以降に見られる筑紫での饗宴に対応して成立した古い規定と考えられる。この条文の「使人」は「饗使」に当たる。職員令では大宰府にも「讌饗」の機能があり、主厨などの饗宴の準備に関わる官司も設置されている。しかしここでは中央からの使人が「酒肴」となる食材をもたらして、使節への饗宴に当たっている。大宰府での讌饗の機能が整備される以前のありかたが反映されているのだろう[29]。

（二）饗宴の内容について

天武・持統朝には、外国使節に対応するための使人は「為レ饗」として派遣され、饗宴を行うとともに使節への対応全般を行っていたと考えられる。外国使節への饗宴は重要な意味を持っていたと考えられるが、しかし実態として、どのように行われていたのだろうか。推古朝に開始される宮での饗宴もどのような形であったのか、具体的に知ることは難しい。

ひとつ手がかりになると考えられるのが、『内裏式』に見える外国使節に対する宴会の儀式次第である。『内裏式』は弘仁十二年（八二一）に撰進された勅撰儀式書であるが、豊楽院を会場とする七日節会（白馬節会）の部分には、外国使節が参加した場合の儀式次第が載せられている(30)。『内裏式』は唐風文化の導入が目指された時期の儀式次第をとどめたものとされ、立礼や再拝など唐の礼式を反映させた内容になっている(31)。しかし外国使節に関する部分には、一部、古態が残っている。例えば外国使節は、宴会の場で位階を授けられるが、同時に衣服と冠を与えられ、その場でそれに着替える。これは衣服と位階が分かちがたく結びついていた古い時代のありかたが残ったものであろう(32)。このような古い要素のひとつとして「供食勅使」を取り上げたい。

この「供食勅使」は、『延喜太政官式』蕃客条に見える「供食使」のこととされる(33)。外国使節の迎接使のひとつであり、豊楽院・朝集堂での饗宴のなかで、使節の傍で食事の供給を行う等の役割を担うものであったとされる。これについては浜田久美子氏が詳細に論じているが、氏も指摘するように、『内裏式』が規範としたであろう唐の儀礼を載せる『大唐開元礼』には、このような外国使節の傍らで差配を行う官人は見えない。また「供食」と音通する「共食」者が雄略紀・推古紀に外国使節の饗宴を差配する者として見えることから、日本独特の古い淵源を持つ役割であることを指摘された。『内裏式』の七日会式（白馬節会）にみえる供食勅使についても分析をされている(34)。ここでは浜田氏の指摘に導かれつつ再度検討していきたい。まずは『内裏式』の該当箇所を確認する。

（f）其日未二御坐一前膳部・酒部等列二立酒罇下一。〔中略〕其勅使・蕃客座熊羆皮上施二床子及食床一氈上施二酒器一事具二所司式一。

（g）供食勅使就レ位与二出儀一同。承勅者喚二通事一二度。通事称唯。就二承宣位一。勅使宣「客人部安良可爾座爾侍止宣」。

通事称唯。就二承伝位一勅使宣《ママ》如レ常。客徒拝舞。
（h）勅使西進当二承歓堂第二階一北折進、当二第一階一北面立。通事引二客徒一西進当二第四階一北折進、当二第二階一立。
（i）勅使登就レ座。次首領升レ堂着座。
（j）供食勅使下レ自二第一階一少東進、東面立。次通事引二録事以上一下レ自二第二階一東面立。首領下レ自二第三階一東面立。群臣及勅使・客徒倶一時拝舞。通事不レ預。他皆效レ此。
（k）勅使・通事引二客徒一列二庭中位一如二初儀一。
（l）勅使南折進、東折度二殿庭一自二顕陽堂第四階一就二群臣座一。

供食勅使は外国使節の着座する殿舎である承歓堂（西第一堂）に座を設けられ（f）、通事とともに外国使節を率いて（h）、着座する（i）。さらに（j）は舞妓による舞踏が終わり、饗宴の全参加者が殿前で拝礼を行う場面、（k）は饗宴の最後に禄を賜うために殿を降りる場面である。ここでも供食勅使が使節を率いる役割を果たしている。そして使節が退場した後が（l）の場面となる。

この食事以前の段階で外国使節は位階を授けられるが、そこは式部省の官人と治部省・玄蕃寮の官人とによって差配される。供食勅使の主な管轄はやはり饗宴の部分にあると言えるだろう。また『内裏式』をベースにして増補を加えた『儀式』正月七日儀の次第文では、（f）の箇所をさらに詳しく述べている。

勅使対二大使一。客徒東面北上。其勅使・大使者、熊羆皮上施二床子并台盤一。毯上施二酒器一。

外国使節の大使の正面に、供食勅使の座が設けられ、両者が対面する形がとられている[35]。食事を供える役割よりもむしろ、食事に相伴する意味合いの方が強い。酒や食事の供給は、他の官人同様に造酒司の酒部や大膳職の膳部が行う。

其日未二御坐一前、膳部・酒部等列二立酒罇下一。臨時簡二大学生及内豎等容貌端正者一令レ着二当色一。…　（『内裏式』七日会式）

通常の節会でも酒部は内豎から選んで宛てられるが[36]、外国使節が参加する場合はさらに、膳部や酒部を大学生・内豎の容貌の優れた者を選抜して宛てるという措置がここに見られる。おそらく外国使節と直接に関わるためであろう。食事の準備・供給は酒部・膳部が行い、供食勅使は使節の正面で共に食事を取る。供食の「供」はどちらかと言えば「ソナフ」ではなく、「ノゾム」の意ではないだろうか。(37)

また注目したいのは（g）の供食勅使から伝えられる宣の内容である。通事に対して「座に侍れ」と使節に伝えよと述べるが、節会の内弁大臣も参加者である官人たちに同様の言葉を発する。

立定。大臣宣「侍レ座」。共称唯・謝座訖。（『内裏式』七日会式）

官人たちが殿庭に参入し終わった段階で、「侍座」と指示を出し、官人たちは称唯・謝座を行って着座する。この内弁大臣は節会の指揮を行う者で、原則として太政官首班に当たる者が務める。(38)供食使が外国使節に対して内弁大臣と同様に振る舞うことは、彼が外国使節への饗宴を統轄する存在であったことを強く示唆している。『内裏式』にみえる供食勅使は、使節と同じ殿舎でその正面で酒食をとるとともに、饗宴全体の統括者としての役割を果たす。これは、平安時代初期に新たに与えられた役割というよりも、古くからの外国使節への饗宴のあり方が遺制として残ったものである可能性が高いのではないだろうか。同一会場でありながら、節会の内弁とは別に使節への饗宴を統轄する役割が存在することは、天皇と官人の人格的関係を示すために行われる節会と、それとは無関係に行われていた外国使節の饗宴とを、両者の確立以降に一本化させたために生じたことを示唆している。ここで取り上げたのは、平安時代初期の使節が節会に参加した場合の儀式次第である。しかし、通常の外国使節への饗宴もこれに近いかたちで行われていたであろう。また、この供食勅使が饗宴を統轄し、同一殿舎で食事をとる形式は、さらに令制以前にも遡るのではないだろうか。

おわりに

本稿は主に『日本書紀』を検討することで、天武・持統朝の外交についての具体的様相の一端を明らかにすることを目指した。ここで指摘したことを再度まとめる。

①『書紀』外国使節来朝記事の用字法を分類すると、「朝貢」と「進調」の巻次による使い分けが明確に見られる。崇神紀から雄略紀・推古・舒明紀は「朝貢」を用い、清寧紀から崇峻紀・皇極・孝徳紀は「調」を含んだ「進調」「貢調」等の語句を一律に用いる。斉明・天智紀と天武・持統紀はこれらの巻と用字法が大きく異なり、国ごとに使い分ける。天武・持統紀は、新羅だけに「進調」を用いるが、これはこの時期に、新羅一国を外交の対象国として確立させたことを意味するのではないか。

②天武・持統紀の外交記事は、難波や筑紫での饗宴は記事として立てながら、宮での饗宴記事が一切無い。この間の『書紀』の編纂方針として、宮での饗宴は記事を立てないという方針があったことが推測される。この推測が許されるのなら、持統天皇六年（六九二）以降には宮での饗宴が行われていた可能性が生じる。それが文武朝以降にも継承されていくのではないだろうか。

③七世紀後半の使節への饗宴は、以降よりも外交儀礼に占める重要性が大きかった。筑紫から使節を帰国させる場合も、「為レ饗」として官人が派遣されており、この官人が貢献物の検領をはじめとする対応すべてを扱ったと考えられる。このような姿は平安時代初期成立の『内裏式』の儀式次第からも窺うことが出来る。

最後になったが天武・持統朝について述べておきたい。この時期は新羅一国を調を貢上する国として位置づけ直したことは確認できる。しかし、外交方式については、使節を筑紫に留める方式などは天智朝のありかたを踏襲しているとも受け取れる。また饗宴のありかたも、古い形式が継承され続けている面を多く指摘できる。文武朝以降へ継承される面と断絶される面とをさらに深く考える必要があるが、それらはすべて今後の課題としたい。

注

（1）瀧川政次郎「江都集礼と日本の儀式」（岩井博士古稀記念会編『典籍論集』一九六三年）をはじめとして、この小墾田宮での外交儀礼をめぐる研究は膨大であるが、近年の成果として、礼書の導入ではなく、直前の遣隋使の見聞がもとになったとする廣瀬憲雄「倭国・日本の隋使・唐使に対する外交儀礼」（同『東アジアの国際秩序と古代日本』吉川弘文館、二〇一一年、初出二〇〇五年）、南朝からの儀礼導入を想定する榎本淳一「比較儀礼論」（荒野泰典等編『日本の対外関係』二　律令国家と東アジア　吉川弘文館、二〇一一年）などがある。
（2）田島公「外交と儀礼」（『日本の古代』七　まつりごとの展開　中央公論社、一九八六年）。
（3）『日本書紀』の史料的性格についての研究史は容易に整理できないが、遠藤慶太「『日本書紀』研究の課題」（同『日本書紀の形成と諸資料』塙書房、二〇一五年）を参照した。
（4）池内宏『日本上代史の一研究』中央公論美術出版、一九七〇年、初版一九四七年、森公章『白村江以後』講談社、一九九八年。
（5）なお、方法は異なるが、「朝貢」「貢上」「貢職」などの語句については、鴻巣隼雄「日本書紀の編纂に就いて―特に使用語句を通じて見たる―」（『日本諸学研究』三、一九三九年）が検討している。他の語句とともにどこの巻で用いられているかを検討し、そこから、神代～安康紀／雄略紀～崇峻紀／推古紀～天武紀／持統紀と書紀を区分する。
（6）鈴木靖民「奈良時代における対外意識―『続日本紀』朝鮮関係記事の検討―」（同『古代対外関係史の研究』吉川弘文館、一九八五年、初出一九六九年）、渡邊誠「日本古代の朝鮮観と三韓征伐伝説」（『文化交流史比較プロジェクト研究センター報告書』六、二〇〇九年）。
（7）保科富士男「古代日本の対外関係における贈進物の名称―古代日本の対外意識に関連して―」（『白山史学』二五、一九八九年）、同「古代日本の対外意識―相互関係をしめす用語から―」（田中健夫編『前近代の日本と東アジア』吉川弘文館、一九九五年）。
（8）鈴木靖民「百済救援の役後の百済および高句麗の使について」（『日本歴史』二四一、一九六八年）。
（9）ただし、この仁徳紀の記事は、的氏宿祢が任那で活躍したという氏族伝承の一部である。このことと関係するかもしれない。
（10）『書紀』欽明天皇二十一年九月条・同二十二年条・同二十二年是歳条・同二十三年七月条・同年十一月条。
（11）池内宏「安羅におけるわが官家の没落」（同氏註（4）前掲書）で欽明紀の一連の造作記事と判断している。
（12）石上英一「古代における日本の税制と新羅の税制」（朝鮮史研究会編『古代朝鮮と日本』龍渓書舎、一九七四年）。
（13）天智天皇七年四月六日条など。
（14）天智天皇六年七月十一日条、天智天皇八年三月十一日条など。

(15) 森公章「古代の耽羅の歴史と日本」(同『古代日本の対外認識と通交』吉川弘文館、一九九八年、初出一九八六年)。
(16) 鈴木氏註(8)論文。
(17) 森博達『日本書紀の謎を解く』中央公論新社、一九九九年。
(18) 中山薫「『日本書紀』にみえる饗について」(『日本宗教社会史論叢』国書刊行会、一九八二年)、同「『日本書紀』にみえる宴と『続日本紀』にみえる饗について」(『神道史論叢』一九八四年)。
(19) 浜田久美子「日本古代の外国使節への饗宴儀礼」(『国史学』二〇八、二〇一二年)。饗宴の民俗学的理解については、倉林正次『祭りの構造—饗宴と神事—』日本放送出版協会、一九七五年。
(20) 廣瀬氏註(1)論文。
(21) なお、西本昌弘「豊璋と翹岐」(『ヒストリア』一〇七、一九八五年)が、この部分には錯簡があり、皇極紀の百済関係記事は一年繰り下げるべきことを指摘している。その後、広瀬憲雄「皇極紀百済関係記事の再検討」(『日本歴史』七八六、二〇一三年)で、その必要が無いことが論じられている。本稿ではひとまず『書紀』の紀年に従う。
(22) 『日本書紀』天武天皇二年九月二十八日条、持統天皇六年十一月十一日条。
(23) 『日本書紀』天智天皇三年(六六四)五月十七日条、天智天皇四年九月二十三日条、天智天皇六年十一月九日条、天智天皇十年正月十三日条、同年十一月十日条。
(24) 『日本書紀』天武天皇二年閏六月十五日条。天武の即位を祝す賀騰極使に限って入京させるという方針が示され、新羅使金承元らが京に向かっている。
(25) 『日本書紀』朱鳥元年九月二十七日・二十八日条。川内王は左右大舎人事を、大伴宿禰安麻呂は大蔵事を、藤原朝臣大嶋は兵政官事を、穂積朝臣虫麻呂は諸国司事を誄している。
(26) 倉本一宏「天武天皇殯宮に誄した官人について」(同『日本古代国家成立期の政権構造』吉川弘文館、一九九六年、初出一九八四年)。
(27) 森公章「大宰府及び到着地の外交機能」(註〔15〕書)、吉岡直人「大宰府外交機能論—大宰府西海道管内支配との関係からの考察—」(『立命館史学』三一、二〇一〇年)。
(28) 中野高行「延喜玄蕃寮式に見える新羅使への給酒規定について」(同『日本古代の外交制度史』岩田書院、二〇〇八年、初出一九八九年)、同「難波館における給酒八社について」(同上書、初出一九九二年)、森公章「古代難波における外交儀礼とその変遷」(註〔15〕書、初出一九九五年)。
(29) また割注に「被㆑責還者不㆑給。」とあるが、天智朝から持統朝にかけては、責められて筑紫から帰国するケースでも使節への饗は行われており、この時期にできた規定とは考えにくい。天平十五年(七四三)には、新羅使金序貞を、貢献物が旧例と異なるとして、大宰府から帰国させている。このような無礼を責めて帰らせる時期の状況を反映させ、新たに付加された部分であると考えられる。

(30) 酒寄雅志「雅楽「新靺鞨」にみる古代日本と東北アジア」(同『渤海と古代の日本』校倉書房、二〇〇一年、初出一九九七年)、同「渤海通事の研究」(同上書、初出一九八八年)、中野高行「慰労詔書に関する基礎的研究」(註〔28〕書、初出一九七八年)等の研究では、『内裏式』を用いて外交制度を明らかにしている。

(31) 所功「『内裏式』の成立」(同『平安朝儀式書成立史の研究』国書刊行会、一九八五年、初出一九八四年)。西本昌弘「古礼からみた『内裏儀式』の成立」(同『日本古代儀礼成立史の研究』塙書房、一九九七年、初出一九八七年)。

(32) 石母田正「古代官僚制」(『石母田正著作集』三　岩波書店、一九八九年　初出一九七三年)。

(33) 田島公「日本の律令国家の「賓礼」」(『史林』六八―三、一九八五年)、浜田久美子「延喜式に見える外国使節迎接使―太政官式蕃客条と治部式蕃客条の検討―」(同『日本古代の外交儀礼と渤海』同成社、二〇一一年、初出二〇〇二年)。

(34) 浜田氏註(19)論文。

(35) 『儀式』元日豊楽院儀では、顕陽堂などの官人の着座する殿舎での座について「東西面北上」とする。節会における官人の座も、勅使・大使と同じく対座であった。

(36) 『内裏式』会は元日節会の儀式次第を載せるが、その酒部の割注に「此皆選二内豎一着二当色一者而充レ之。(後略)」とある。

(37) 天理図書館善本叢書『類聚名義抄観智院本』八木書店、一九七六年。

(38) 土田直鎮「上卿について」(同『奈良平安時代史研究』吉川弘文館、一九九二年、初出一九六二年)、末松剛「『内裏式』にみえる上卿代役規定について」(『福岡大学人文論叢』三五―一、二〇〇三年)など。

テキストとして日本古典文学大系『日本書紀』、増訂故実叢書『内裏儀式・内裏式・儀式』、新訂増補国史大系『延喜式』を用いた。

コラム

東アジアの一切経

河上麻由子

日本古写経

近年、日本各地に残された古写経についての調査が進められている。唐徳宗代（在位七七九～八〇五年）に編纂された『貞元新定釈経目録』（以下『貞元録』）に基づき、平安・鎌倉期に書写・整理された一切経を中心とする写経群である。

日本古写経の存在は早くから知られていたが、各経巻の内容にまで踏み込んだ詳細な調査は、一九九〇年台から本格的になったといってよい。その結果、日本古写経中には、隋代編纂の経典目録で欠本とされた『十二門経』のように、既に散逸したと思われた経典が含まれることが判明している（大阪金剛寺一切経）。あるいは、『貞元録』の入蔵録にはない経典が多く含まれることもわかっている（尾張七寺一切経など）。日本古写経は、基本的には『貞元録』に従って膨大な経典を整理しつつ、様々な理由で入蔵録からはもれたものを含みこむ経典群であった。

古写経が書写される少し前、一〇世紀半ばの中国では、唐末以来の動乱がようやく終息に向かいつつあった。五代の後継王朝たる北宋は、まずは北中国を押さえ、各地に残る諸勢力を統合していく。四川省の後蜀を滅ぼした北宋は、開宝五年（九七二）、占領政策の一環として、勅命により蜀地で一切経（開版の年号を取って開宝蔵とよばれる）を開版し始める。この開宝蔵は、九八五年、宋皇帝に朝見を許された入宋僧奝然により日本に将来された。開宝蔵が日本にもたらされた頃より、日本では一切経の書写が盛んに行われていく。書写された経典の中には、開宝蔵の刊記をそのまま書写する写本が存在する。版本系一切経の経巻末尾に付された音義が書写されることも多い。そのため日本古写経は、開宝蔵以降、中国で盛んに作成された版本系一切経を書写したものと考えられてきた。

その一方で、本文の検討を通じて版本系一切経以外を書写したことが判明した写本も存在する。最も著名なのが、京都興聖寺一切経中の『続高僧伝』（唐初の律僧道宣により撰述された、南北朝～唐代に活躍した僧侶の伝記集）である。興聖寺本『続高僧伝』は、高麗再彫版（高麗再彫版は、北宋開宝蔵を定本として高麗時代に開版された一切経。「再彫」というのは、元軍の侵攻により一度焼失した高麗初彫版を再度開版したことによる）を定本とした『大正新修大蔵経』（以下『大正蔵』とする）とは、収録僧伝の数や「玄奘伝」など僧伝の内容において大きく異なる。そこで藤善眞澄氏は、両者の差異は、筆者である道宣が情報を追加し、最終稿を完成させる以前の『続高僧伝』が中国で流通、その写本が日本に将来され、興聖寺本の祖本になったために生じたのであろうと論じた。

右の研究が発表されて以降も、日本古写経は、基本的には版本系一切経を書写したという見方が定説であった。しかし近年の調査報告をみるに、この定説には見直しが必要なようである。

その代表が『馬鳴菩薩伝』である。七寺一切経・興聖寺一切経中の『馬鳴菩薩伝』が、『大正蔵』の『馬鳴菩薩伝』と異なることを発見した落合俊典氏は、古写経中『馬鳴菩薩伝』の文が唐代の『法苑珠林』や『一切経音義』に引用されるのに対し、『大正蔵』中の『馬鳴菩薩伝』がそれらに全く引用されないことから、古写経中の『馬鳴菩薩伝』こそが真経であり、『馬鳴菩薩伝』は版本系一切経成立時に何らかの理由で置き換えられたものであることを論証した。

また、興聖寺一切経中の『続高僧伝』が、収録僧伝の数や僧伝の内容において版本系一切経と異なることは先述した。筆者である道宣が、繰り返し『続高僧伝』に増補・改訂を加えたために生じた差異であった。ところが近年、斉藤達也氏により、金剛寺一切経・七寺一切経中の『続高僧伝』は、興聖寺本『続高僧伝』よりもやや情報量の少ないことが確認された。両寺の『続高僧伝』には、唐太宗（在位六二六〜六四九年）の諱である「民」を欠筆（漢字の最後の一画を欠くことで、敬意を表すこと）する文字も見出された。この二点により、両寺の『続高僧伝』の祖本は、唐代に興聖寺本よりも前に道宣の手元を離れて流布した写本であったと推定されるに至っている。道宣が『続高僧伝』に推敲を繰り返しながら、しかしその書写と流通を許したがゆえに、異なる『続高僧伝』が日本にも伝わったという説である。

版本系一切経よりも情報量が少なく、しかも「民」の字を欠筆するという特徴は、『続高僧伝』以外の古写経にも見出せる。例えば、興聖寺一切経・金剛寺一切経・七寺一切経中の『広弘明集』（同じく道宣により、護法のために編まれた書物。南北朝〜初唐の詔勅・書状・詩文などが収録される）は、複数個所において、版本系一切経中の『広弘明集』とは異なる文字をとり、しかもその文字は三写本で一致する。「民」字に欠筆を施すことも多い。三写本にのみ欠ける文章も存在することから、現時点では、『広弘明集』全三〇巻中、少なくとも以上の特徴が認められる巻については、版本以外――しかもそれは唐皇帝の諱を欠筆せねばならないという認識が共有された時代、すなわち中国でいえば唐代、日本でいえば奈良時代に書写された写本――を祖本とする可能性が大きいと考えている。

以上のような調査の積み重ねにより、最近は、日本古写経中には、一切経開版以前の写本を定本とするものが多数含まれると予想されるに至っている。全容の解明は今後の研究に拠らねばならないが、日本古写経には、奈良時代以来書写されてきた写本を定本とするものが相当数含まれることは間違いない。奈良時代の一切経写経の詳細を知るためにも、古写経の内部に立ち入った研究の一層の進展が求められている。

五月一日経

奈良時代には、聖武天皇や光明皇后を中心に、多くの一切経が書写された。その一部が正倉院聖語蔵などに残る。聖語蔵経巻は、正倉院に残された写経関連文書とともに、奈良時代における一切経書写のありようを伝えている。

奈良時代の一切経写経中で最も著名なのが、光明皇后によって主導された五月一日経である。巻末に付された願文が五月一日の日付を持つことによる。ここに『奈良朝写経』（奈良国立博物館、一九八三年）の写真図版に従い、願文の全文を掲げておく（ただし旧字・異体字は全て新字に改めた）。

皇后藤原氏光明子奉為／尊考贈正一位太政大臣府君尊妣贈／従一位橘氏太夫人敬写一切経論及／律荘厳既了伏願憑斯勝因奉資冥／助永庇菩提之樹長遊般若之津又願／上奉聖朝恒延福寿下及寮采共盡／忠節又光明子自発誓言弘済沈淪勤／除煩障妙窮諸法早契菩提乃至伝／燈無窮流布天下聞名持巻獲福消／災一切迷方会帰覚路／天平十二年五月一日記（『阿闍世王経』巻下、奈良国立博物館所蔵）

皇后藤原氏光明子が、尊考贈正一位太政大臣府君（藤原不比等）と、尊妣贈従一位橘氏太夫人（県犬養橘三千代）の奉為に、一切経論及び律を敬いて書写し、（書写した経論律を）荘厳することがここに終了いたしました。伏して願いますことには、この勝因により、（亡父母の）冥助に資し奉り、（彼らが）永く菩提を得て、長く般若の岸に遊ばんことを。重ねて願いますことには、（この勝因を）上は聖朝に奉り（聖武天皇）の福徳と寿命が長く広くなり、下は官人に及ぼして（彼らが）共に忠節を尽くしますように。さらに私光明子が自ら誓言を発しますに、弘く（苦海に）沈み苦しむ（衆生）を救済し、勤めて

（彼らの）煩障を除き、詳しく諸法を窮め、早く菩提を契り、乃至、法灯を伝えること極まりなく、（これを）天下に流布せしめ、聞名して巻を持し、福を得て災いを消し、一切の迷える衆生を、悟りの道に会帰せしめんことを。

天平十二年五月一日記す

先行研究によれば、五月一日経の書写は、およそ以下のような過程を経たという。


1天平五年（七三三）頃に開始。

2天平七年（七三五）に玄昉が帰国、翌年には玄昉が請来した『開元釈教録』（以下『開元録』）入蔵録に従い、玄昉将来経を本経として書写することに。

3天平一二年（七四〇）、願文がつけられる。その間写経は中止。翌年に書写再開。

4天平一四年（七四二）までには、入蔵録にない別生・疑偽経や録外経も書写の対象となる。中国・韓半島・日本で撰述された章疏も収集され始める。

5天平勝宝四歳（七五二）の大仏開眼会に際し、講説転読のテキストとして使用された後、経律論集伝部を東大寺に奉納。

6天平勝宝六載（七五四）には勘経が開始。

7天平勝宝八載（七五六）、聖武の死去を以て打ち切り。都合六五〇〇〜七〇〇〇巻を書写。章疏部を東大寺へ奉納。

中国撰述目録の入蔵録に依拠しつつ、そこからは外れた経典をも含み込むという点は、先にみた日本古写経と共通する。

膨大な労力をかけて遂行された五月一日経の写経事業に、宗教的意義はもちろんのこと、大きな政治的意義が込められたことは間違いない。その後の一切経書写で、基準目録兼書写テキストとされたことも、五月一日経の重要性をよく表している。五月一日経の意義については多々議論されているが、ここでは特に山下有美氏に始まる研究動向に注目したい。

山下氏は、日本は『開元禄』に基づいた一切経をいち早く整備せんとし、その計画が頓挫した時には、独自の判断の下に一切経＝五月一日経を「創出」することで、新羅に対する優越をアピールしたと論じた。

正倉院文書の精緻な分析に基づく山下氏の見解は、その後の研究に大きな影響を与えた。例えば上川通夫氏は、大仏開眼会に帰結する一切経書写と法会について以下のように述べる。唐の軍事的後退が歴然とし、新羅との対抗を軍事的緊張に高めた日本は、対外的な国家公権の思想的根拠を独自に模索しはじめた。汎東アジア的思想たる仏教の理念世界を最大限重視し、その側面の限りでは、唐皇帝に対してさえ独立の国家公権を対等に位置づけようとしたと推定する。中林隆之氏もまた、『開元録』を基準とした一切経を整備し、ただし『開元録』の入蔵録にはない注釈書類もその中に包含することで、日本は、新羅に対する優位性と、唐に対する主観的同立性（ないし潜在的には優位性すら）を示そうとしたのであろうとする。

五月一日経写経事業が推進された事由として、新羅への対抗を挙げた山下氏に対し、中林・上川両氏は、山下氏の研究を出発点としながら、同様の視点を唐にまで拡大したといえる。

東アジアの一切経

政治的視点から一切経整備の意義を探る先行研究には学ぶ点が多い。しかし、五月一日経が中国仏教との同等性や優位性を志向したという論にはやや違和感が残る。

五月一日経書写事業が開始された時期、玄宗治世下（七一二～七五六）の唐は、中央・西アジアにおける領域の縮小はみられるものの、軍事的後退といえるほどの状況にはない。むしろ玄宗朝には、複雑な西域情勢があいまって、中央・西アジア地域における唐のプレゼンスは高まっていた。北東アジアでは、契丹・奚との間で、婚姻を介した和親が繰り返された。東アジアでは、渤海と唐の対立はみられるが、その一方で渤海は唐の冊封を受けてもいた。アジアにおける唐の影響力は、五月一日経書写事業時にはよく保たれていたというべきである。

唐の軍事的後退が決定的になるのは、天宝一四載（七五五）に始まる安史の乱においてである。しかもそれが日本に伝えられたのは、天平宝字二年（七五八）のことであった。安史の乱以前、唐が自らを主軸としたアジア情勢の再編成を積極的に推進する中で、たとえ主観的にでも、仏教信仰における唐との同等性を、日本がそれまで以上に強く志向せねばならなかった契機は、アジア史の観点からいえば特に見出せないのではあるまいか。

日本の一切経書写事業がもつ対外的な意義を探るには、むしろ、その他地域の一切経との比較検討が有効であろう。以下試みとして、敦煌と吐蕃の一切経を取り上げる。

敦煌は、東西陸上交易の要地に位置するオアシス都市である。古来よりそのコミュニティの大半は漢人に占められるが、漢人に加えて、当地を経由した東西交易商人や使者などにも仏教を信奉するものが多く、彼らの支持により美麗な仏像・壁画を持つ石窟が多く開かれたことで著名である。

東西交易がもたらす利を重視する唐は沙州を置いて当地を支配したが、八世紀末には、敦煌は東西交易ルートの掌握を目指す吐蕃の手に落ちてしまう。しかしその後も敦煌の中心寺院たる龍興寺では、唐支配時期に将来された道宣『大唐内典禄』を改変した「入蔵録」により仏典を組織しつつ、「入蔵録」にはないが実際に寺院の経蔵に保管される典籍—そこには中国以外で漢訳された経典・別行経典・疑偽経・中国撰述の各種疏釈・三階教経典が含まれた—を整理し目録化するということが行われた。龍興寺は官寺であり、しかも敦煌仏教界の中心的地位を占める寺院である。そのため本寺の経蔵は、当該地域の寺院における経蔵に大きな影響を及ぼしたと推定されている。

吐蕃支配下にありながら、中国撰述の経典目録を改変した目録を作成し、安西（クチャ）で漢訳された『仏説金剛壇広大清浄陀羅尼経』や敦煌で撰述された曇曠『大乗起信論疏』などとあわせて経蔵を組織することは、中国仏教界への追従を示すと同時に、敦煌仏教界の孤立と、孤立に起因する自立とをふたつながら意味するであろう。

日本の五月一日経が、『開元録』の入蔵録に依拠しつつ、しかし入蔵録にない経典・章疏までを書写しそれを目録化したこと、しかもそのようにして誕生した五月一日経が、その後の日本における一切経書写に大きな影響を与えたことが想起される。

さて、日本が漢訳仏典の収集と書写に邁進したのに遅れて、自国語による一切経の整備に乗り出した国がある。「仏教世界」における唐との対等を目指す吐番では、梵語・漢語・ブルシャスキー語などの経典をチベット語に翻訳するのみならず、勅撰経典目録を作成することで、ツェンポの権力を背景とする一切経の完備が急がれた。吐蕃の一切経整備が、唐との軍事的・政治的対立を踏まえた、「仏教世界」における中国との対等性を志向するものであったことは疑いない。中国仏教を相対化する立場から、漢訳仏典世界から離脱せねばならないとするのが、現実世界における唐との対等性を志向した吐蕃の採った方針であった。

おわりに

その他地域の一切経と比較して五月一日経の性格を分析することは、先行研究においても試みられてきた。しかし、中国における一切経研究が著しく深化し、日本古写経研究が飛躍的に進展した現在、それら研究成果を踏まえた再検討が求められていよう。

またその対外的意義については、吐蕃によるチベット語一切経の整備はもちろん、北宋開宝蔵開版以降、東アジアの複数の王権が一切経開版に邁進していったのに対し、日本では近世に至るまで一切経が開版されなかったことなど、一切経をめぐる東アジア情勢も視野に入れつつ、総合的・通史的に考察されるべきであろう。

参考文献

岩尾一史「古代王朝時代の諸相」（沖本克己編『新アジア仏教史09チベット須弥山の仏教世界』所収、佼成出版社、二〇一〇年）

落合俊典「興聖寺本『馬鳴菩薩伝』について」『印度学仏教学研究』四一―一、一九九二年）

梶浦晋「金剛寺一切経と新出安世高訳仏典」（『仏教学セミナー』七三、二〇〇一年）

上川通夫「一切経と古代の仏教」（『日本中世仏教史料論』所収、吉川弘文館、二〇〇八年、初出一九九八年）

斉藤達也「金剛寺本『続高僧伝』の考察―巻四玄奘伝を中心に―」（『日本古写経善本叢刊　第八輯　続高僧伝　巻四巻六』所収、古写経研究所、二〇一四年）、同「七寺一切経中の『続高僧伝』巻一の二本について」（『国際シンポジウム報告書　東アジア仏教写本研究』二〇一四年）

竺沙雅章『宋元仏教文化史研究』（汲古書院、二〇〇〇年）第二部第一章（初出一九九三年）、同第二章（初出一九七八年）、同第三章（初出一九九一年）、同第四章（初出一九九八年）

中林隆之「『花厳経為本』の一切経法会体制」（『日本古代国家の仏教編成』所収、塙書房、二〇〇七年）

藤善眞澄『道宣伝の研究』（京都大学学術出版会、二〇〇二年）第六章（初出一九七九年）、第七章、第八章（初出一九九二年）、第九章（初出一九九五年）
皆川完一「光明皇后願経五月一日経の書写について」（『正倉院文書と古代中世史料の研究』所収、吉川弘文館、二〇一二年、初出一九六二年）
森安孝夫「中央アジア史の中のチベット―吐蕃の世界史的位置付けに向けての展望―」（長野泰彦・立川武蔵編『チベットの言語と文化』、冬樹社、一九八七年）、同『興亡の世界史5 シルクロードと唐帝国』（講談社、二〇〇七年）、同『東西ウイグルと中央ユーラシア』（名古屋大学出版会、二〇一五年）第一篇第三章（初出一九八四年）、第三篇第九章（初出二〇〇七年）
山口瑞鳳「吐蕃王国仏教史年代考」（『成田山仏教研究所紀要』三、一九七八年）
山下有美「日本古代国家における一切経と対外意識」（『歴史評論』五八六、一九九九年）、「五月一日経『創出』の史的意義」（『正倉院文書研究』六、一九九九年）、『正倉院文書と写経所の研究』（吉川弘文館、一九九九年）、「五月一日経における別生・疑偽・録外経の書写について」（『市大日本史』三、二〇〇〇年）
崔明徳『中国古代和親通史』（人民出版社、二〇〇七年）
方広錩『中国写本大蔵経研究』（上海古籍出版社、二〇〇六年）
拙稿「日本古写経中の『広弘明集』について―巻第十七を中心に―」（『日本古写経研究所紀要』二、二〇一七年掲載予定）

第8章　紙・木・竹・絹　古代日本と中国の文字と書記メディア

多田伊織

文字を持たなかった古代日本は、中国の漢字を導入することで、東アジアの制度や技術、文化を取り入れ、成長していった。漢字の習得に使われたメディアの一つが、木簡である。ところで、その時代には、すでに中国では紙が普及していた。漢字学習の最初から紙木併用であった日本と、竹や木の札（簡牘）と絹布（帛書）とを使い分け、紙を発明した中国では、書記メディアの使い方が異なる。

本稿では、考古学的事例と文献学的事実とを抽出し、どのように文字が習得され、また記録されていったかを概観する。

一　七夕のうた

昨年、平成二七年の正倉院展には、七夕に関する文物が纏めて出陳された。中で異彩を放っていたのが、子どもの手習いよろしく、真黒になるまで文字を書き込まれた帳簿である。帳簿は「造仏所作物帳」、書き付けられたのは詩序と七夕詩二首だ。(1) 七夕詩と詩序を筆写したのは、金光明寺写経所で案主を務めていた辛国連人成と見られている。「造仏所作物帳」が役目を終えて金光明寺写経所に反故として下げ渡された天平一五年以降、裏面が帳簿として再利用され、切り離されていった。廃棄された帳簿の表面の後半部分に、人成は七夕詩とその詩序を表面が真黒になるほど繰り返し書き付けた(2)。

人成の名は、この二年後の天平十七年八月一日付に作られた「優婆塞貢進文」の下書きに見えている(3)。

辛国連人成（年廿四　労八年）

読経　理趣経一巻　薬師経一巻　観世音経一巻　唱礼

天平十七年八月一日

誦陀尼　根本陀羅尼　随願薬師経陀羅尼　唱礼

経師として、また案主として、写経に携わること八年、その功と仏教の学識を勘案された形だ。天平六年の規定では、「法華経か最勝王経一部を暗唱」「礼拝の作法を身につけている」「浄行三年以上」が得度の条件だったが(4)、人成の場合は、写経に従事した功徳を浄行に読み替え、必須とされる二部の経典のどちらも読経のリストには入っておらず、暗唱できる経典は『理趣経』『薬師経』『観世音経』と『唱礼』である。なお、陀羅尼で暗唱できるものは『根本陀羅尼』『随願薬師経陀羅尼』と『唱礼』という後ろの一行は、写真を見ると別筆である。二箇所『唱礼』が出るのは、それぞれ別人の記録と見た方が良いだろう(5)。この後、人成の名は、正倉院文書からは消える(6)。

『続日本紀』天平十七年（七四五）九月癸酉（十九）条には、

天皇不予。……度三千八百人出家。

とあって、病篤い聖武天皇のために、一度に三千八百人の大量出家が許された。あるいは、辛国連人成もその一人であったろうか。大量得度者の中では、確りと仏教と文字の教育を受けている部類に入る。

さて、七夕詩と詩序に戻ろう。日本人は、中国語の定型詩を作るのが苦手だ。日本最古の漢詩集『懐風藻』(7)の各作品についても、対句を作るのがやっとで、それも先行する中国の作品を換骨奪胎したものが多く、ほとんど詩の体を成していないと評されているのだが(8)、この文書に書かれた詩稿も、同様の誹りを免れない。

まずは、詩序の部分を読んでみよう(9)。措辞に誤りがあるので、いささかぎこちない訳になる。

孟秋の良辰、七夕の清節。
涼気　初めて升《のぼ》り、鳴蝉　園柳に驚く。
素露　方《まさ》に凝らんとして、金蛍　砌草に焼く。
時に、紛綸たる風士は、酌滲の吉日、
倩盼《せんべん》たる淑女は、穿針の良夜。
此の時に当たる也、豈に筆を投げ得ん。
人　一字を取り、各　二韻を成さん。

初秋の良き日、七夕の清らかな節句。

秋の涼しい気が今年初めて上ってきて、庭の柳の木で鳴いていた蝉は、驚いているかのよう。

白い露が寒さでいまにも凝ろうとして、階の縁に生えた草の辺りで金色に光る蛍は、身を焼いているかのよう。

いまこそ、大勢の風流の士は、酒を酌み交わす吉日。

愛らしいかんばせの淑女は、月明かりを頼りに針に糸を通して、裁縫の上達を祈る佳き夜。

この時機に当たって、さあ、詩を書こうじゃないか。

一人韻字を一つ取って、おのおの四句の詩を作ろう。

この詩序の中で読みにくい語句を指摘すると、「素露」「風士」「酌滲」の三語は、中国の古典ではあまり見かけない。梁代に昭明太子蕭統が編纂させた中国詩文の詞華集『文選』、唐以前の詩文を集めた逯欽立『先秦漢三国魏晋南北朝詩』や厳可均『全上古三代秦漢三国六朝文』、唐代の詩文を集めた『全唐詩』『全唐文』等の総集、唐代までに成立した経典や諸子の書物、史籍を博捜しても、適切な用例が見つからない。恐らく、中国語を母語としない奈良時代の日本人、あるいは朝鮮半島の人々が作り出した、中国の古典に典故のない造語ではないかと思われる。「素露」は「白露」、「風士」は「風騒之士」あるいは「風流之士」、「酌滲」は「酌醪」に相当するとみて、現代語訳を試みた。「滲」だが、そのままでは「こす・しみこむ・漏れる」等を意味する動詞で、ここで要求される名詞にはならない。古典で「酌」に続く語としては、奈良時代までに船載されて、詩文の作成に利用された跡が伺える類書、唐・虞世南『芸文類聚』[10]が引く晋・左思「蜀都賦」に

酌醪酤、割芳鮮。

醪酤（にごりざけ）を酌み、新鮮な肉を割く。

の句が見える。『文選』にも同賦を載せるが、

酌清酤、割芳鮮。

清酤（澄んださけ）を酌み、新鮮な肉を割く。

と「醪」を「清」に作る。「醪」は濁り酒、「清」は清酒であり、「酟」は酒で、意味は対照的だ。『芸文類聚』と『文選』で用字が異なるのは、伝写の過程で異なった本がそれぞれに用いられたと見るのが穏当だろう。『芸文類聚』より古い類書である隋・虞世南『北堂書鈔』が「醪」に作るので、唐高祖が欧陽詢等に編纂を命じた『芸文類聚』では必ずしも原典を見ず、先行する類書を孫引きした可能性があるだろう。[11]「醪」と「清」とは、書承では紛れやすい文字なのだ。

「醪」「清」と「七夕詩序」の「滲」を比較すると、辛国連人成が見た詩文作成の参考書には元々は「酌清醪」とあった可能性も考えられる。「醪」も酒を意味する。「清」の旁の崩し字は、「醪」の旁の崩し字に近づく。「清醪」の二字が伝写の過程で崩され、文字の姿が似通えば、衍文と誤解されて一字に合することが想定される。写経所で働く下級官人達が、李善注の『文選』六〇巻の書写を行っていた事実はあるが、[12]皆が皆足本を手に入れられたとは考えにくく、一般に参考にできたのは、『芸文類聚』のような類書を抜き書きした抄本であっただろう。[13]馴染みのない文字は誤写されやすい。

注目されるのは、「金蛍」で、これは当時かなり新しい詩語だ。駱賓王の「秋晨同淄川毛司馬秋九詠　秋蛍」の

　玉虯分静夜、金蛍照晩涼。

　水時計は静かな夜を昼夜に分かち、〔秋の徳の〕金に輝く蛍は涼しい夜気の内に輝く。

が典故である。七世紀末に没した駱賓王の詩語が、八世紀の写経所の案主の詩に紛れ込んでいるのだから、いかに平城京で初唐の詩人達の作品がもてはやされていたかが分かる。

太陰暦では、七日の月、すなわち上弦の半月の夜、月の出は正午、日が沈んで辺りが暗くなる頃には、月は西に傾

いている。月明かりは昏い。勢い、針に糸を通すのは難しくなり、女工の上達を願う乞巧奠の行事にふさわしい。

では、詩序では「二韻」と言いつつ、実際には、四韻と二韻の二首の七夕に取材した五言詩の出来はどうか。唐代に完成した近体詩、すなわち絶句・律詩・排律には、句中および隣り合った句間の平仄の組み合わせに厳密な格律がある。人成の二首の漢詩は、それぞれ八句・四句から成り、見た目は律詩・絶句のようだが、果たして、当時唐で最新流行の近体詩の格律を満たしているだろうか。おのおのの用字の平仄を調べ、格律通りかどうかを検証してみよう。平仄は『廣韻』に従った。

平声は○、平声韻は◎、仄声は●、平仄どちらでもよいものは※で示す。詩句の隣に平仄を標し、その右に格律に沿った平仄を示す。格律に合わない詩句は、句の上に×を付けて示す。

五言八句の詩の平仄は次の通りとなる。押韻は毎偶数句末で、下平十八尤韻。

※●○○●
●●○○●
皎々河東女、　上二九篠／上二九篠／下平七歌／上平一東／上八語

※○※●◎
○○●○◎（二四同）
×迢々漢西牛。　下平三蕭／下平三蕭／去二八翰／上平一二齊／下平一八尤

※○※●●
○●●●●（孤平・二四同）
×銜怨待七夕、　下平二七銜／去二五願／上一五海／入五質／入二二昔

※●※○◎
●●●○◎
巧咲悦三秋。　上三一巧／去三五笑／入一七薛／下平二三談／下平一八尤
※●○○●
●○○●●
×面前開短樂、　去三三線／下平一先／上平一六咍／上二四緩／去三六効
※○※●◎
●●○○◎（下三平）
×別後悲長愁。　入一七薛／上四五厚／上平六脂／下平十陽／下平一八尤
※○※●●
○○○●●
誰知情未極、　上平六脂／上平五支／下平一四清／去八未／入二四職
※●※○◎
○○○●◎
×反成相望悠。　上平二二元／下平一四清／下平十陽／去四一漾／下平一八尤

八句中、五句が格律を破っている。その内、二句目は、第二字目と第四字目の平仄が同じ「二四同」、三句目は句の中に一つしか平声の文字がない「孤平」と「二四同」を、六句目は最後の三文字がすべて平声となる「下三平」という重篤な違反を犯している。

律詩では、一・二句を首聯、三・四句を頷聯、五・六句を頸聯、七・八句を尾聯というが、首尾聯を除いて、対句を作る。この詩では、頷頸聯を対句とする格律を守っているが、首聯も対句にしている。

以上から、この五言八句の詩は、五言律詩ではなく、五言古詩とするべきである。

ところで、梁の沈約は詩作時の留意事項として「四声八病説」を唱えた[14]。その一つ「鶴膝」とは、奇数句末の声調が同一になることで、近体詩にもこの法則は取り入れられた。この五言八句詩では、奇数句末は、上八語・入二二昔・去三六効・入二四職とできるだけ声調を変え、「鶴膝」を冒さないよう注意している。

五言四句の詩の平仄は次の通りとなる。押韻は毎偶数句末で、上平二七刪韻と上平二八山韻の通押である。

※●○○●
●●●○●（孤平）
×度月照山裏、　去十一暮／入一〇月／上三〇小／上平二八山／上六止
※○※●◎
●○○○◎（下三平・二四同）
×古神遊河間。　上一〇姥／上平一七眞／下平一八尤／下平七歌／上平二八山
※○※●●
●○○●●
幸相三餞別、　上三九耿／下平一〇陽／下平二三談／去三三線／入一七薛
※●※○◎
○●●○◎

不辞客非還。　下平一八尤／去六至／入二〇陌／上平八微／上平二七刪

四句中、起句は孤平、承句は下三平と二四同の重篤な違反を犯している。この五言四句の詩も、近体詩ではなく、五言古詩とするべきである。

この二首の平仄を調べて気がつくのは、仄声の内、入声の文字を多用していることである。日本漢字音では、入声は他の声調、すなわち平・上・去の漢字と異なり、発音すればすぐ入声と区別できるため、仄声を要求される部分にたやすく嵌め込まれたのではないか。

それ以外の部分については、この詩も「鶴膝」を冒さないよう注意しており、ある種の韻書または作詩の手引き(15)を用いている可能性を指摘できる。例えば、五言四句の古詩の後半二句では、韻律は近体詩のものと変わらない。ただ、この二句は読みがたく、単に平仄が合うように文字を並べただけ、という印象が強い。このように文字を並べるためには、韻書に類した書物を利用したものだろう。平仄は合っているが意味は通らないというのは、漢詩作者の初心者にありがちな失敗である。

二首の内容については、すでに多くの先行研究があるのと、措辞に誤りがあって解釈しにくいので、特に気づいたところを指摘するに留める。なお、「七夕詩二首」については、渡邉寛吾氏に専論がある(16)。

まず、八句からなる五言古詩だが、一二句は、「古詩十九首」之十の冒頭「迢迢牽牛星、皎皎河漢女（はるかな彦星、白く瞬く織姫）。」を踏まえる。「古詩十九首」は、作者不詳の五言詩で、日本では「安積山」「難波津」の二つの歌が「歌の父母」ならば、漢代に民謡から発展した「五言詩の祖《おや》」ともいうべき詩群である。中国文学では、「古詩十九首」「五経」に行きつけば、それ以上、出典探しは求めない。

三句目最初の「銜怨」は、『漢書』巻八六　王嘉伝に引く姓不詳の永信少府猛「王嘉罪議」の「故死者不抱恨而入

地、生者不銜怨而受罪。（だから、死者は恨みを抱かずに地に入り、生者は怨みをふくまずに罪を受ける）。」を典故とするが、奈良時代の人々が依拠したのは、李善注『文選』巻三一の江淹雑体詩三十首之一二「陸平原羇宦　機」の「流念辞南澨、銜怨別西津（身内への思いを流れに托し、怨み悲しむ気持ちを堪えて川の南岸にある西の渡場で、別れを告げた）。」や初唐の詩人駱賓王「蕩子従軍賦」の「征夫行樂踐榆溪、倡婦銜怨坐空閨（旅人は楽しく過ごして〔要塞のある〕楡渓の地をふみ、うかれめは怨みを堪えて独り寝の寝室にすわっている）。」であったかも知れない。中国書の伝来を考慮するならば、中国で言う典故と、当時の日本の人々の依拠した出典は必ずしも一致しないだろう。

　四句目最初の「巧笑」は、『毛詩』国風・衛風「碩人」で美人を歌う「巧笑倩兮、美目盼兮（愛らしく笑うと口元がかわいらしい。綺麗な目元は白目と黒目がくっきりと）。」を踏まえる。この句は『論語』八佾篇にも引かれている。「巧笑」は愛らしく笑う様。その後も用例は絶えず、中国最古の詩集『詩経』中の詩語の中でも寿命の長い語である。

　五六句目は、『懐風藻』に収める藤原不比等の五言古詩「七夕」の七八句目と全く同じである。人成が詩を書きつけた時期は天平十五年から十七年（七四三～五）までの間になるが、不比等の死は養老四（七二〇）年であり、その間四半世紀に垂んとする。人成が書いたのは、不比等の詩から抜粋した詩句だったのか、それとも、人成も不比等も別な作品から同じ句を写したのか、それは定かではない。前者であれば、不比等の文集が下級官吏の人成の手の届くところにあったのであり、後者であれば、詩作のための参考書が広く普及していたことになるだろう。

　末句の「反成」は、文章語ではなく日常語に近いと思われる。古い例としては、『五分律』の「我欲作小皆反成大（わたしは小さいのを作ろうとしたのに、みんな逆に大きくなってしまった[17]）。」がある。『五分律』は景平元（四二三）年～元嘉一一（四三四）年に、カシミール出身の佛陀什と中国僧の竺道生等が共同で訳出した広律である。訳経中の語は、典雅な語ではなく、一般民衆の使用していた言語に近い、野卑な言い回しを多く含む。これは外国からの翻訳僧はもちろんのこと、中国国内の翻訳僧もまた、士大夫層の出身ではなく、『文選』に代表されるような洗練された文辞を学ぶ機会がなかったためである。人成は写経所の下級官吏であり、普段触れる機会が多いのは、仏典だった。当時の日本人は、仏典の言語の質を他の文章語と比較できるほど、中国語の情報を得ているとは考えにくいので、雅語で書かれるべき詩に、人成が仏典に見られるような vulgar な表現を用いたとしても、不思議はない。むしろ、写経等で普段から仏典を目にしている分、『文選』や初唐の詩文で用いられる雅語よりも仏典内の表現に慣れ親しんでいたのではないか。

二首目の五言古詩は、問題が多い。二句目の「古神」は、漢水の女神の伝承を踏んでいる。漢水の伝説については、夙に小島憲之氏が詳細に指摘している(18)。

三句目冒頭の「幸」だが、句作りからすると四句目冒頭「不」と対応するので、虚字である(19)。しかし、七月七日を期として毎年相逢う二星を詠む詩で「さいはいに」という読みはやや落ち着きが悪い。先ほどは、訳経の語に淵源する用例を見た。見落とされがちなのだが、魏晋南北朝期の文言には、特殊な言い回しが少なくない。いずれも、地域や時代に特有のものであり、一般的な漢和辞典等では対処できない。「幸」を調べてみると、魏晋南北期には、「正・恰」の意で用いられている(20)。『懐風藻』では、大伴王「従駕吉野宮　応詔　二首　其二」の第二句

欲尋張騫跡、幸逐河源風。張騫の跡を尋ねんとし、幸《まさ》に河源の風を逐ふ。

黄河の源を突き止めた張騫の足跡を尋ねようと、〔御幸に従って〕ちょうど吉野川の源の風を逐ってきた。

また、正五位上大学博士守部連大隅「侍宴」の第七句

幸陪濫吹席、還笑撃壌民。幸に濫吹の席に陪し、還りて撃壌の民を笑ふ。

浅学菲才の身でありながら、帝の宴席に侍る光栄に浴し、かえって、腹鼓を打ち地を撃って平和を謳歌した聖王堯の治世の民を笑っていられる。

に見える。守部連大隅の方は「さいはいに」でも良いが、大伴王の方は七夕詩と同様の用法であると見て良いだろう。三句目の二・三字目は、従来から読みがたい部分である。「相」は、四句目との対応からすると、動詞に読みたい。残る「三餞別」だが、「三」は措き、「餞」は文書そのものを見る限り「淺」ではないか、という渡邉寛吾氏の説に従う。さすれば「淺別」とは何か。これは陸雲の「贈顧尚書」(21)の一つにある

會淺別速、哀以紹欣。會ふこと淺く別るること速かにして、哀れむに以て欣《よろこび》に紹ぐ。

逢瀬の時は短く、別れは速やかに、昂った喜びには哀情が続く。

の逢うてたちまち別れを迎える時の流れの速さを嘆く字句である。

末句「不酔客非還」は、『毛詩』小雅・湛露の

厭厭夜飲、不酔無歸　厭厭たる夜飲、酔はざれば歸ること無し。

やすらかな夜の宴、酔いが回るまでは帰らない。

を踏まえる。「湛露」は、『懐風藻』でも、

今日良酔徳、誰言湛露恩。（巨勢朝臣多益須「春日　応詔」其一）

今日は心底　帝の徳に酔った。滴る露の如き皇帝の徳の恩などと、誰がいうのかね。

湛露重仁智、流霞軽松筠。（安倍朝臣首名「春日　応詔」）

滴る露の如き皇帝の徳は仁智を大事にし、流れる靄は変わらぬ姿を保つ松や竹を軽んずる。

多幸憶広宴、還悦湛露仁。（息長真人臣足「春日侍宴」）

身に余る幸せだ、この盛大な宴を心に留めよう。再び喜ぼう、帝の滴る露の如き徳に浴したことを。

と帝王の開く宴席で披露する詩に用いられる常套句であった。詩作の腕前を期待されて、天皇・皇族の詩宴に招かれる臣下は、春秋時代の諸侯一行が外交の席で『詩経』の歌を歌いあったように、『毛詩』を自家薬籠中のものとして典故とする程度の学識が要求されていたのである。

都の写経所で働く下級官吏、辛国連人成の書き写した七夕詩序と詩二首からは、当時の詩作を許された人々は、外典だけなく、内典からも中国語を吸収している様子が窺える。いままで「和習」として退けられていた表現の中には、朝鮮半島や中国で使われていたvulgarな字句が潜んでいる可能性があるのではないか。

三句目の「三」は四句目の「客」に対応して名詞に読むと思われるのだが、人成が句作りで誤解をしていたならば、三四句目は、本来は二・三で切れる五言を上三と下二に区切っている可能性がある。写真を見る限りでは同じ文書内の「三」に字形が近く、同じ文書にある「之」と比較すると第一画がやや長いのだが、「之」に読めなくもない。試訳として

幸相之浅別、不酔客非還。幸《まさ》に之に相ふも浅別せん、酔はざる客は還るに非ず。

ちょうど思う人に逢うことは出来たがすぐに別れを告げる、酔っていない客は家路に就かない。を挙げる。もっとも、句の落ち着きが悪いのは変わらない。

二　中国の紙木併用時代

辛国連人成の習書で思い出すのは、紙が改良される以前の中国、前漢の司馬相如の話である。彼の作品「子虚賦」を読んだ武帝がその才能を認め、「上林賦」を書くために、宮廷から「筆札を給わった」ことが『漢書』「司馬相如伝」上に見えている(22)。

上令尚書給筆札。

武帝は尚書に命じて司馬相如に筆札を給付させた。

「筆札」の語には、初唐の顔師古の注が付いている。

師古曰、札、木簡之薄小者也。時未多用紙、故給札以書。札音壮点反。

顔師古がいうには、札は木簡の薄く小さいもののことである。この当時、まだあまり紙を使うことは多くなかったので、札を給付して、それに書いたのである、と。札音　壮点の反し。

「札」については、顔師古が「この頃はまだ紙を使うことは多くなかったので、札を給付して、文章を書かせた」と注している。初唐の人顔師古が、前漢の「札」を「木簡」と呼び換えているのも興味深い。竹冠の文字「簡」が表すものは竹製の札という原則が、初唐では既に崩れていたのであろう。このことは、書記材料として、竹は一般的でなくなり、木が中心になっていたことを示す。

ところで、宮中で官製品を支給するからには定式があったはずで、宮中でものを書くときに使う木簡については、大きさは決まっていたことになる。あるいは、漢代と同様に、八世紀初頭の日本でも官衙で用いる木簡の規格が定められていたかもしれない。規格化された木簡の存在は、それを作る専業の工房の存在を示唆する。造籍のように、大量の木簡を消費する事務作業においては、書き手が一々木簡を作るよりも、既成の木簡を使用して作業を進める方が遥かに効率は良い。

簡牘による書物を売る書店も、前漢には存在した。書店を表す「書肆」という語は、揚雄（紀元前五三～一八）が用いた(23)。

好書而不要諸仲尼、書肆也。

書物が好きでも孔子の著作を必要としないものは、書肆と変わらない。

が古い。前漢でも、儒学の書物は時代遅れと思われていたのか、売れ筋ではなく、店頭にはそうそう並んでいなかった、ということがこの記述から読み取れる。この時代の書肆に並んでいたのは、木や竹の簡を紐で簾のようにまとめた冊の形の書物である。揚雄は、前漢の成帝に文学者として仕え、その後は文学を捨てて哲学や言語学に沈潜した知識人であり、漢を簒奪して新を建てた王莽の友人でもあった。日本では、平安時代に宮中の賢聖障子に描かれたことでも知られる。

後漢の洛陽にも、書店はあった。永元中（八九～一〇五）に七十歳余りで亡くなった王充（建武三　二七～永元一二　一〇〇頃）は、若い頃、都の洛陽にある太学で学んだ。『後漢書』列伝第三九の王充伝[24]には

家貧無書、常游洛陽市肆、閲所売書、一見輒能誦憶、遂博通衆流百家之言。

家が貧乏で書物がなく、いつも洛陽の市場に出かけては、売られている書物を読むと、一度読んだだけで、そのたびに暗記できたので、とうとう様々な著作家達の思想に広く通じるまでになった。

とある。「史上初の立ち読みの記録」と称される話柄だが、後漢の都の書肆では、あたかも図書館のように、諸子百家の書物を手に取ることが出来たことがわかる。この時もまだ、書物は木や竹で作られたものが主流である。彼は、自著『論衡』を完成させるために、

乃閉門潜思、絶慶弔之礼、戸牖牆壁各置刀筆、箸論衡八十五篇、二十余万言。

そこで、引き籠もってじっくりと思索にふけり、慶弔の礼も絶ってしまい、家のドアや窓や壁のあちこちに刀と筆を置き、『論衡』八十五篇、二十余万言を著した。[25]

と伝えられている。原稿用紙は、紙ならぬ竹や木の札、刀は消しゴムである。懐に竹や木の札を忍ばせ、想を得ると家のどこででも書きつけられるようにした、ということだろう。

製紙法を改革し、安価で誰にでも扱いやすい現在の「紙」に近いものにしたのが、後漢の宦官であった蔡倫（?～

永寧二　一二一）である。表面が滑らかで比較的製造に手間がかからず、材料も得やすいものとなった。蔡倫が時の皇帝和帝に改良した紙を献上したのは、元興元（一〇五）年のことである。紙は爆発的に普及し、後漢の学術を発展させる原動力となった。[26]蔡倫以前にも紙はあり、中国のあちこちで見つかっている。現在までで最古の紙は、一九八六年、中国西方の甘粛省の天水市にある、麦石山山麓放馬灘の五号墓から発見されたものである。残念ながら小さな破片が残るのみだが、紙質は薄く、表面は平滑で、細い筆を用いて、墨や朱で山や川、道路などの地形を示した地図が描かれている。[27]五号墓の年代は、前漢の文帝もしくは景帝期（紀元前一七九～一四三年）と推定されている。紙が使われ始めても猶、簡牘も、長く併存して使用されるのである。紙は貴重なものであり、[28]得やすく安価な木や竹は相変わらず文字を書くメディアとして生き延びてゆく。

たとえば、『三国志』の英傑の一人、魏の曹操（永壽元　一五五～建安二五　二二〇）も書刀を使っていた。死後八十年ほどして、かつて曹操の本拠地があった鄴に赴任した陸雲（永安五　二六二～太安二　三〇三）が、兄陸機（永安四　二六一～太安二　三〇三）に曹操の書刀などの遺品を探し当てたことを手紙で知らせている。[29]

筆亦如呉筆、硯亦爾。書刀五枚。

筆もやはり呉の筆のようでした。硯もやはりそうでした。書刀は五丁。

東晋（三一七～四二〇）の時代になっても、まだ書刀は使われていた。南京市博物館には、市内から発掘された東晋の書刀が展示されている。

東晋の葛洪（永安四　二六一～漢興四　三四二）が著した『抱朴子』には、二十歳の頃まで師事した鄭隠の元に、古い書物があったとして、次のように言う。[30]

又許漸得短書縑素所写者、当出二百許巻、終不可得也。他弟子皆親僕使之役、採薪耕田、唯余羸、不堪他労、然無以自、常親掃除、払拭几、磨墨執燭、及与鄭君繕写故書而已。

一方、許されて、ようやく「短書・縑素」を得て書写したものは、二百巻余りあったが、とうとう手に入れることは出来なかった。他の弟子達はみな先生の身の回りの世話を身を以てしていて、薪を採ったり田を耕したりしたが、わたしだけは身体が弱かったので、他の労役に堪えず、それで、自分を役に立てることはできずに、いつも、自ら掃除をし、机の塵を払い拭き、墨を磨り、灯りを手に取り、鄭先生と古い書物を書き写すことくらいしか出来なかった。

葛洪のいう「短書・縑素」とは竹や木の簡牘と、帛書のことである。儒学の根本経典である『五経』を写すときは、聖人の教えに敬意を払って、二尺四寸の長さの簡を用い、『孝経』は内容が子ども向けになるので、少し謙遜してその半分の一尺二寸、『論語』は更に謙遜して三分の一の八寸の簡を用いることになっていた(31)。そして、聖人の手になる儒学の経典ではない、俗な書物は、長さ一尺の簡に書き写したので、経典より長さが短い書物、ということで「短書」と称した。葛洪が師の鄭隠と簡牘や帛書に書かれた古い書物を転写したメディアは、おそらく紙であっただろう。

三人兄弟の末子であった葛洪は一三歳で父を亡くし、父から教育を受ける機会を失い、貧窮の内に畑仕事で口を糊していた(32)。

又累遭兵火、先人典籍蕩尽。農隙之暇、無所読。乃負笈徒歩行借。……伐薪売之、以給紙筆、就営田園処、以柴火写書。……常乏紙、毎所写、反覆有字、人尠能読也。

その上、何度も兵火に遭って、先祖から伝わっていた典籍が焼けてしまって、農作業の合間に読むものがない。そこで笈を背負って徒歩で書物を借りに出かけた。……薪を伐って売り、その儲けを紙や筆に充て、田畠を耕している所で、柴を焚いて書物を写した。……いつも紙が足りなくて、書写する度に、字の書いてあるところに何度も書きつけたので、他人は何が書いてあるかほとんど読めなかった。

辛国連人成の「七夕詩序並詩」のように、葛洪は少しでも空白があれば、そこにも文字を書いて、真黒にしたのである。辛国連人成の場合は、官給品を使ったのだが、葛洪の場合は、農作業の傍、薪を作って売り、その儲けで文具を揃えたのである。葛洪の父は、

秋毫之贈、不入于門。紙筆之用、皆出私財。

贈り物はこれっぽっちも門に入れなかった。事務に用いる紙や筆の支払いは、すべて自腹だった。

という、清廉潔白な人物だった。天平の経師達とは、随分と隔たりがある。

その後も、貧しい階層の人々は、紙を買うことが出来ず、木や竹に文字を書いていたようである。梁代（五〇二～五五七）の文学者劉勰は、その著書『文心雕龍』五〇篇を、政治と文学界の時の権力者である沈約に読んで貰おうと、待ち伏せをしたが、その様子は(33)

乃負書候約於車前、状若貨鬻者。

書物を背負って、沈約の車の前で待っていたが、まるで物売りのようだった。

と描写されている。劉勰は大変に貧乏だった。『文心雕龍』は五〇篇とはいえ、それほど紙数を要する分量のある書物ではない。紙に書いたのであれば、「若貨鬻者」などと蔑んだ口調で描写されるほどには分量はないはずである。劉勰が背負っていたのは、木か竹に書かれていた原稿ではないか。

三　唐代――再構成される簡牘の使用法

ところで、まだ高価ではあったものの、紙の使用が優勢になった唐代では、簡牘は、書記メディアとしては遠い存在になりつつあった。

唐の太宗（五九九　隋・開皇一九～六四九　貞観二三　在位六二七　貞観元～六四九）の詔を受けて、孔穎達等が編纂し、高宗の永徽年間（六五〇～六五五）に完成した『五経正義』には、簡牘に関する議論が載る。細い木や竹の札に基本的に一行のみ文字を書く簡と幅広の木材に複数行の文字を書く牘について、西晋・杜預（二二二　黄初三～二八五　太康六）の『春秋左氏伝正義』は序に、

大事書之於策。小事簡牘而已。

大事は、そのことを策に記録する。小事は簡牘に記録するだけだ。

と記す。杜預の時代は、先に見たとおり紙木併用時代で、策も簡牘も使用されていた。この文を、杜預から四百年後の唐代の『春秋左氏伝正義』(34)は、次のように説明する。

又論所記簡策之異。釈器云、簡謂之畢。郭璞云、今簡札也。許慎説文曰、簡、牒也。牘、書版也。蔡邕独断曰、策者、簡也。其制長二尺。短者、半之。其次、一長一短。両編下附。鄭玄注中庸亦云、策、簡也。由此言之、則簡札牒畢同物而異名、単執一札謂之為簡、連編諸簡乃名為策。故於文策、或作冊象其編簡之形、以其編簡為策。故言、策者簡也。

一方、簡策に記す内容が異なることを論ずる。『爾雅』釈器にいう「簡は畢と名付ける」と。郭璞の注は「今の簡札だ」と。許慎（五八?～一四七?）の『説文解字』（一〇〇　永元一二）では、「簡は牒である。牘は書版だ」と。蔡邕（一三二　永建七～一九二　初平三）の『独断』には、「策というものは、簡である。その規格は、長さ二尺である。短いものはその半分である。そのランク付けは一長一短で、両編して下に付ける」と。

以上のことから、簡策についていうならば、簡・札・牒・畢は同じ物で、名前が違うだけだ。一枚の札を一つだけ手に取る場合は、これを簡と呼び、何枚かの簡を連ねて編むと、そこで名付けて策と呼ぶ。だから、文策にあっては、「冊」の字に作ることもあるが、それは簡を編んだ形を象っていて、その簡を編んだものを、策というのである。だから、策というものは簡だ、というのだ。

そして、簡には長さの決まりがある。

又論所記簡策之異。釈器云、簡謂之畢。郭璞云、今簡札也。許慎説文曰、簡、牒也。牘、書版也。蔡邕独断曰、策者、簡也。其制長二尺。短者、半之。其次、一長一短。両編下附。鄭玄注中庸亦云、策、簡也。
鄭玄注論語序以鉤命決云、春秋二尺四寸書之、孝経一尺二寸書之。故知六経之策、皆称長二尺四寸。
蔡邕言二尺者、謂漢世天子策書所用。故与六経異也。

『鄭玄注論語』序には、緯書の『孝経鉤命決』を引用して次のように言う、「『春秋』は二尺四寸の長さの簡にこれを書き、『孝経』は一尺二寸の長さの簡にこれを書く」と。だから、儒学の根本経典である六経の策は、皆長さ二尺四寸と称していることがわかるのだ。

蔡邕が策の長さを二尺というのは、漢代の天子の策書が用いていた長さを言っているのだ。だから、六経とは長さが違うのだ。

書かれている内容の尊さによって、簡策の長さは異なっていた。聖人の教えを記した六経は二尺四寸、儒学の経典ではあるが、初学者向けの『孝経』は半分の一尺二寸、そして、人君の策書は、六経よりは短く、二尺だ、というのである。さらに、短いものがあって、その長さは一尺である。

先に、葛洪の『抱朴子』では、「短書」が俗な書物を指し示すことを見た。短書は長さ一尺で、蔡邕の『独断』に見えた、「短き者は、之を半ばす。」というのと合致する。簡の長さは、書かれている内容に比例するから、俗書は、天子の策書よりは短くなくてはいけない。人間の頂点に位置する天子の策書が二尺で、それより身分の低い者たちが書いた書物の簡の長さはその半分とするのである。

さらに、簡と牘の使われ方の違いにも言及する。

簡之所容一行字耳。牘乃方版、版広於簡、可以並容数行。
凡為書字有多有少、一行可尽者、書之於簡、数行乃尽者、書之於方。方所不容者、乃書於策。
聘礼記曰、若有故、則加書将命。百名以上、書於策。不及百名、書於方。
鄭玄云、名、書文也。今謂之字。策、簡也。方、版也。是其字少則書簡、字多則書策。

簡が文字を書けるスペースは、一行の字だけである。牘はつまりは四角い板だ。板は簡よりも幅が広いので、数行をまとめて書くことが出来る。

大体、文字を書く場合には、文字が多いことも少ないこともある。一行で書き尽くすことが出来る場合は、これを簡に書く。数行でやっと書き尽くす場合は、これを四角い板に書く。四角い板でも足りない場合は、そこで策に書く。

『礼記』聘礼の注釈にいうには、「もし、何か問題がある場合は、文字を書き加えて、命令しようとする。百字以上は、策に書く。百字未満のものは、板に書く」と。

鄭玄がいうには、「名は、書き文字のことである。今はこれを字と呼んでいる。策は簡である。方は版である」と。これはその文字が少なければ、簡に書き、文字が多ければ策に書くのだ。

書く文字の数の多寡によって、少なければ簡を、多ければ牘を、それでもまだ書き切れなければ、簡を編んだ策に書く、というのである。

更に、書く内容によって、書記メディアは異なる。

此言大事小事、乃謂事有大小、非言字有多少也。大事者、謂君擧告廟、及鄰国赴告。経之所書、皆是也。小事者、謂物不為災、及言語文辞。伝之所載、皆是也。大事後雖在策、其初亦記於簡。何則弑君大事、南史欲書崔杼、執簡而往、董狐既書、趙盾以示於朝。是執簡而示之、非擧策以示之。明大事皆先書於簡、後乃定之於策也。

其有小事、文辞或多。如呂相絶秦（成公伝十三年）、声子説楚（襄公伝二十六年）、字過数百。非一牘一簡所能容者、則於衆簡牘、以次存録也。

杜所以知其然者、以隠十一年伝、例云、滅不告敗、勝不告克、不書于策。明是大事来告、載之策書也。策書不載、丘明得之。明是小事伝聞、記於簡牘也。以此知仲尼脩経、皆約策書成文、丘明作伝、皆博采簡牘衆記。故隠十一年注云、承其告辞、史乃書之于策。若所伝聞行言、非将君命、則記在簡牘而已。不得記於典策。此蓋周礼之旧制也。又荘二十六年経、皆無伝。伝不解経。注云、此年経伝各自言其事者、或策書雖存、而簡牘散落、不究其本末。故伝不復申解、是言経拠策書、伝馮簡牘。経之所言、其事大。伝之所言、其事小。故知小事在簡、大事在策也。

ここで大事小事というのは、そこで、事に大小があることをいうのだ。文字の多少があることを言うのではない。

大事というのは、君主がわざわざ宗廟にその事を報告したり、隣国に使者を遣して告げることを言う。経が記しているのは、皆この大事である。

小事というのは、物が災いを起こさなかったり、発言や文学的な言葉をいう。伝が載せているものは、皆この小事である。

大事の後には、その事実は策に記されるけれども、大事の起こった初期にもやはり簡に記録する。なぜならば、襄公二十五年に起こった、斉の君主が弑殺された大事で、南史は崔杼の罪を記録しようとして、簡を手にとって斉の宮廷に赴くと、大史の董狐が既にそのことを記録していて、趙盾がその記録を朝廷に示していた。

これは簡を手にとって、そうして斉の君主が崔杼に弑殺された事実を示したのである。策を掲げて、それでこの事実を示したのではない。明かではないか。大事はすべて先に簡に記録し、後になってからやっとその事実を策にきちんと記録するのであることは。

史官が記録すべき小事があって、文辞が多い場合、成公十三年の伝にある、呂相が秦との外交断絶を告げ、襄公二十六の伝にある、声子が楚に伍子挙の帰還を説得したことなどは、文字は数百以上になり、木牘一枚や竹簡一枚に収まり切るものではないので、何枚かの簡牘を順番に繋いで記録を残したのである。

『春秋左氏伝』に注をつけた杜預が『春秋左氏伝』の体例がこのようであると知っている証拠は、隠公十一年の伝に、例を挙げていうなら、「滅んだ側が敗北を通告せず、勝った側が勝利を通告しない場合は、策には記録しない」と書いていることである。明らかではないか。これこそ、大事のことで、通告があったことはその事実を策書の載せるのである。

ところが策書が載せなかったことなのに、左丘明がその内容を知っている。明らかではないか。これこそ、小事のことで、伝聞したことは、簡牘に記録するのである。

このことでわかるのだ、孔子は『春秋経』を編集するのに、すべて、策書の記録を簡約して経文を作り、左丘明が『左伝』を作るのには、すべて、簡牘やいろいろな記録を広く集めたのだということが。

だから、隠公十一年の注がいうところの、「その告辞を受けて、史官はやっと策書に記録する。行動や言動を伝聞したことのようなものは、君命でそうしたのでなければ、記録して簡牘に留めるだけなのである。正式の記録である典策に記録することは出来ない」というのは、これは恐らく周の礼の古い制度だろう。

一方、荘公二十六年の経文には、すべてに伝がついてない。伝は経を説明せず、注していう、この年の経伝は、それぞれその本文に書いてあることを言うものなのである、と。

あるいは、策書は存在するけれども、それでも、簡牘は散逸してしまって、事実の本末が究められない。だから伝は改めて経文の事実を解説しないのだ。

これこそ、経が策書に基づき、伝は簡牘に依ることを言っているのである。経の言っている内容は、その事は大きく、伝の言っている内容は、その事は小さい。だから小事は簡に書かれ、大事は策に書かれているのを知るのだ。

史官は、記録する際に、文字の多少ではなく、事柄の大小によって、書記メディアを変えた、というのである。大事は簡を編んだ策に、小事は簡に書いた。もっとも、大事であっても、史官が最終的な整理する前は、簡にまず記録を留めた。簡に記された記録から、大事は策に編集し直され、小事はそのままに置かれた。『春秋』は孔子と左丘明が、一緒に魯の史官の記録を収めた書庫を訪ね、孔子が経を、左丘明が『左伝』を作った、という伝説がある。孔子は、大事を書き連ねた策を読んで『春秋』を述べ、左丘明は、策に編集し直されなかった小事を拾い集めて、『左伝』を書いたことになる。

すでに、竹木が一般的な書記メディアではなくなっていた唐代では、「大事は之を策に書す。小事は簡牘而已」と書いた杜預よりは、簡牘は遠い存在であった。しかし、こうした遺制は、日本の木簡の長さを考えるとき、無視できない。

以上、唐代の経学で理解されていた簡牘について、整理すると、簡と牘の大きな違いは

簡は一行を書く細長い札、牘は数行を記す幅広の板

であり、記す分量による書き分けは、

百字未満の記述は、牘に記す。
百字を超える記述は、複数の簡を編んで策に記す。
のである。内容による書き分けでは、史官の記録は
原則は、大事は策に、小事は簡に。
しかしながら、最初の記録はすべて簡に記し、後に整理して、大事は策に書き改める。
という。パラフレーズするならば
個々の史料は簡に、整理した稿本は策に。
ということであろう。
そして、簡の長さは、聖人の書である儒学の経典について言えば、
六経は二尺四寸、『孝経』は半分の一尺二寸、『論語』は三分の一の八寸
であり、人間の世の一般的な書き物について言えば、

天子の策書は二尺、俗書は半分の一尺

である。

こうした、唐代から見た簡牘の制の内、日本で取り入れられた形跡がないのは、一行書の簡を編制した策である。すでに紙木併用時代であった日本では、わざわざ簡を編んで広い平面を得る必要はなく、簡や牘にメモした後、大事であれば、紙に改めて書き直せば良かったからだろう。

四　日本の紙木併用時代

奈良時代、出羽国に対蝦夷攻略の前線基地として秋田城が置かれた。秋田城遺跡からは、当時の木簡が見つかっている。もっとも古いものとして、天平六年（七三四）の紀年のある木簡が突出しているが、多くは延暦一〇（七九一）～延暦一四（七九五）年に集中する。『続日本紀』によると、桓武天皇は、延暦一〇年に蝦夷征討を本格化し、五年後の同一四年に終わる。木簡の点数が増えるのは、軍事作戦に伴い、物資や命令のやりとりが活発化したことを反映していると考えられる。延暦一三年（七九四）の蝦夷征討では、「征軍十万、軍監十六人、軍曹五十八人。」[35]ということれまでにない大規模な軍勢が東北に送られている。

ところで、この秋田城遺跡から、一般に『文選』木簡と呼ばれる、文学作品を書写した木簡が見つかっている。『文選』は南朝・梁の昭明太子蕭統（南斉・中興元　五〇一～梁・中大通三　五三一）が編纂させた（普通七　五二六年頃～中大通二　五三〇年頃）詞華集で、全三〇巻、文体別に梁代までの代表的な古典文学作品を集めている。後世にも広く行われ、高級官僚登用試験である科挙の受験勉強の、文学の基本的な教科書として長く使われる。科挙に合格するためには、実務能力の有無よりもまず高度に訓練された文人であることを求められた。南宋の詩人陸游（一一二五　宣和七～一二〇九　嘉定二）はその著『老学菴筆記』巻八で、次のように言っている。

国初尚文選、当時文人専意此書。（略）方其盛時、士子至為之語曰、「文選爛、秀才半。」

宋の初め、『文選』が尊重され、当時の文人達は、文章を作るときには『文選』に倣うように意を砕いた。まさに『文選』尊重の最盛時には、士大夫の子達は次のような決まり文句を口にするに至った。「『文選』を自家薬籠中のものとして初めて、科挙への準備が半分できた」と。

日本でも奈良時代に『文選』が学ばれていた形跡がある。天平十四年（七四二）十一月十五日に秦大蔵連喜達の「優婆塞貢進解[36]」が大安寺の僧「菩提」から出されているのだが、この喜達の学業の一つが

文選上帙音

なのである。「文選上帙音」とは『文選音義』上帙ということであろう。『文選』には、読みがたい文字が多いので、中国でも歴代で音注が付けられている。喜達の学んだのは、その一つということになる。喜達の学業には、他に

梵本陀羅尼

として

仏頂陀羅尼・千手陀羅尼・般若陀羅尼・如意陀羅尼

が挙げられている。このことから推測するに、師僧の「菩提」とは、当時大安寺に止住していたインド僧菩提僊那ではないか。喜達は「修行十二年」と記されているので、最初に師事したのは、天平八年に来朝した菩提僊那ではない僧侶だが、その後、菩提僊那に就いたとみられる。なお、天平八年十二月の溝部浄土の「氏名闕優婆塞貢進解」[37]では、師僧の名が明らかではないのだが、学業に

誦経　仏頂陀羅尼（婆羅門音）
唐唱礼

と明記されている。唱礼にわざわざ唐と併記するのは他に例がなく、仏頂陀羅尼も漢音で読誦するのが普通で、それを「婆羅門音」とするのは、梵音を指すと思われる。さすれば、この溝部浄土の師僧も、奈良に止住し始めた菩提僊那ではないかと推測される。時期から察するに、天平八年十二月の優婆塞貢進は、来朝した菩提僊那への「褒美」としての特に許されたものであった可能性がある。菩提僊那が来日早々、聖武天皇の敕によって止住した大安寺にいた得度候補の修業者達に梵文の「仏頂陀羅尼」と唐の寺で使われていた「唱礼」を短期間で暗唱させ、その中から溝部浄土を選抜した、とも考えられる。

もし、推測のように、秦大蔵連喜達の師僧「菩提」が菩提僊那であるなら、大安寺では、唐代の長安音に準拠して、仏典の暗唱が行われ、菩提僊那の故郷インドの雅語サンスクリットを用いて、陀羅尼を誦していたものだろう。得度を目指す僧侶の見習が本来は文学の書である『文選』の読み方を示した『音義』を習得するのは奇妙に見えるが、長

安音習得の語学教科書として用いられたと考えれば、得心がいく。

さて、秋田城遺跡の『文選』木簡は『文選』の全部を写しているのではなく、現行の李善注『文選』巻一九に収められる「洛神賦」の一部分を記す。作者は三国・魏の陳思王曹植（一九二〜二三二）で、三十一歳（黄初四年　二二三）の時の作品である。曹植は、前述した曹操の三男で、魏・文帝曹丕は兄である。賦というのは、漢代にピークを迎えた美文を特徴とする、長大な文体で、適宜、韻を踏む。

『文選』木簡は次のような内容である。

・而察察察察察察察之之之之之灼灼灼灼灼若若

・若若若若若夫夫夫蕖蕖　蕖出緑緑波波波醲醲醲醲

この木簡は、現状は腐朽が激しく、下半分は保存処理ができず、永久に失われてしまった。上半分も字の残りが悪い状態である。従って、出土時に撮影された写真がもっとも文字が鮮明だ。（図版　秋田城趾遺跡出土『文選』木簡）

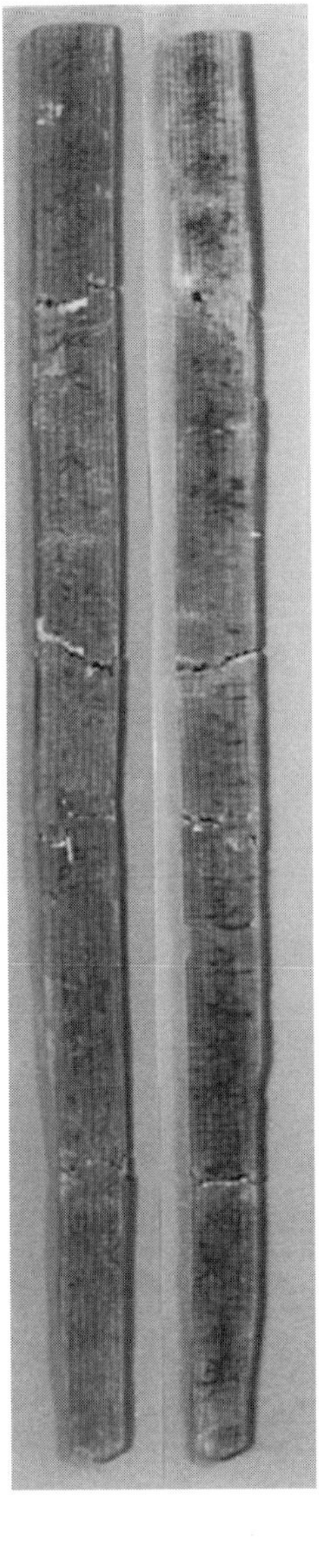

図８−１　秋田城趾遺跡出土『文選』木簡（秋田市教育委員会秋田城跡調査事務所編『秋田城跡Ⅱ　鵜ノ木地区』二〇〇八年）

上記の文字を、「洛神賦」の原文と対照すると、木簡に書かれているのは次の部分である。

余告之曰、其形也、…迫而「察之、灼若芙蕖出淥波。襛」纖得衷、脩短合度。

現代語に訳すと、(38)

（私は次のように言った。
その姿はといえば、…近くから）見つめると、澄んだ波間から顔をのぞかせる蓮の花のようにあでやかだ。
太（からず細からず、また高からず低からずの肢体。）

となる。この部分は、曹植が幻想の中でまみえた洛水の女神の美しさ、とりわけ花の容を歌う個所である。

一々の文字を、『文選』の最善本とされる胡克家重彫宋淳熙刊李善注『文選』（胡刻本）と比較すると、「夫・緑・醲」の三文字が異なっている。元になったテクストがこうした俗字を多く用いていたのか、それとも書き手にあまり教養がなくて、知っている文字で写したのかは不明だ。まだ、この時代は、書物は写本だけで伝わっていて、印刷術はなかったので、北宋以降のように、基準となる版本というのは存在しない。それ故、書物の異本は多かった。異なっている文字の内、「淥波」は「清く澄んだ波」を意味するが、他の作品では「淥波」を「緑波」「緑波」と作る異本があり、唐代以降も混乱している語句である。糸偏を崩して書けば、「さんずい」によく似るので、文学的な知識がなければ、混同される。

重要な軍事的拠点である秋田城から、なぜ、極めて高尚な中国の文学作品を書写した木簡が出てくるのか。この謎を解くには、日本海側地域の地理的条件を考えなければならない。たとえば、『続日本紀』巻三九　延暦五年（七八九）九月甲辰条には、渤海国の大使の乗船が海難に遭い、出羽国の海岸に漂着したと記されている。当時の日本海側は、対岸にある中国や朝鮮半島、渤海といった文化先進国との玄関口であった。延暦五年の漂着では、使節一行の内、一二人が蝦夷に攫われている。出羽国は、対蝦夷の最前線であると同時に、海外交渉の窓口の一つでもあった。従って、この当時の東アジアの共通言語である中国語に堪能な人材を派遣すべき場所でもあったのだ。延暦五年の事例のように、外国使節が漂着することもあり、ただ中国語が堪能なだけでは勤まらない。日本の国力を示すために、中国文化に造詣の深い人材を選んで、交渉に当たる必要があった。「洛神賦」が書かれた木簡が秋田城に残った背景には、そうした外交政策が反映していると考えられる。

もっとも、この木簡の書き手の教養がどの程度だったかといえば、これは所謂「習書木簡」である。別に「洛神賦」のテクストがあって、それを木簡に写したものだ。

では、秋田城には、『文選』そのものがあったのだろうか。これにも疑問がある。『文選』は、唐代においても、大量の注釈を付して、やっと内容が理解出来る難解な書物で、注釈を付けると、元の倍以上の分量になる。当時盛行していた李善注『文選』なら六〇巻になる。それほど大部の、中国や朝鮮半島から将来した貴重な書物を、外交・軍事拠点の秋田城まで運んだか、というとまず無理ではないか。そうすると、この木簡は、『文選』木簡と呼ぶよりは、「洛神賦」木簡と呼ぶ方が適切である。

木簡に残る部分は、洛水の女神の美しさを歌う個所である。「洛神賦」は、絵の題材としても非常に好まれ、賦の場面を描いた絵巻が古くから作られた。東晋の明帝司馬紹（二九九～三二五）の「洛神賦図」を嚆矢とし、同じく東晋の顧愷之（三四四頃～四〇五）の「洛神賦図」には宋代の模写が複数現存する。「洛神賦」木簡は、あるいは、洛神賦図の更に一部分、洛水の女神の容姿を描いた部分だけが秋田城に持ち出され、そこに付された賦の本文を書き写したものとも考えられる。

日本の木簡に記される中国の書物は、一部だけを、そして、「洛神賦」木簡のように、一つの文字を何度も重ね書きするスタイルの「習書木簡」と呼ぶのが適当なものが多い。

五　木簡の長さ

ところで、秋田城の「洛神賦」木簡についてだが、下端が失われ、かなり傷んだ状態で発見されたので、元の長さは不明だが、出土時で、長さ四五八ミリ、幅二六ミリ、厚さ九ミリあった。すなわち、長さが四五センチ以上もある、かなり長いものである。四五センチ以上というと、奈良時代の尺度では一尺五寸以上になる。

「洛神賦」木簡のように、何か作品を抜き出して習書したものではなく、奈良時代の前後に漢詩を直接書いた木簡が、いくつか見つかっている。その一つに、長屋王邸跡から見つかった、詩稿木簡がある。現状では

　翼遊魚賎謗鱗分階散花影饒砌動

という一四文字が並んでいて、習書木簡のように見えるが、韻や語句の意味を調べると、この一四文字は

　○○○○翼／遊魚賎謗鱗

　分階散花影／饒砌動○○

という五言詩の一部であることがわかる[(39)]。この木簡は上下が意図的に折り割られていて、いま残っているのは長さ二百九ミリほど、幅は一九ミリで厚さ五ミリである。

この詩が、絶句のような五言四句の二十文字からなる漢詩で、それを表側に一行で書いた木簡だと推定すると、文字だけの長さで二九・九センチ、上下に若干の空白があるとすれば、およそ長さ一尺の木簡だったことになる。ただ、

残っている詩句からすると、この四句だけでは詩としては収まりが悪い。律詩のような五言八句、四十文字からなる漢詩だとすると、長さは更に倍、二尺の木簡だったことになる。

この詩稿木簡は、長屋王邸で開かれた詩宴のために用意された草稿だと推定しているのだが、書風は比較的立派で、かなり上手な文字だ。一般に習書木簡といわれるものは、文字が下手くそで、いかにも手習いという印象がぬぐえないのだが、この詩稿木簡の書き手は、かなり本格的に書の勉強をしているようだ。今と違って、書の勉強ができるのは、相当身分が高い人物に限られるので、長屋王の詩宴に招かれるにふさわしい身分の人物の手になるものだろう。ただ、詩句はこなれておらず、漢詩作りに苦労している日本人の作ではないかと思われる。そして、詩作の参考にしている書物は、中国や朝鮮半島から将来された書物、しかもこの時代は写本のみであるから、そうした貴重な、部数の限られた書物を自由に見られる身分の人物となる。

この二尺という長さには、意味がある。前述のように、木や竹に書物を写す時代の長かった中国では、書物の内容に従って、使う簡の長さが決まっていた。聖人の著作ではない普通の書物は一尺の長さの簡に書き、儒学の聖典である『五経』は二尺四寸の長い簡に書き、漢代の天子の策書の長さは二尺だった。

これまでに発見された歌木簡として知られる、紫香楽宮出土の「あさかやま」木簡、京都府木津川市の馬場南遺跡出土の「秋萩」木簡は、いずれも長さが二尺ほどで、何らかの典礼で用いられたと考えられる。ただ、この二点は長

図8-2　長屋王邸「詩稿」木簡　奈良文化財研究所画像提供

屋王家詩稿木簡と比べると、文字が拙劣である。

ここで思い出すのは、先に引いた司馬相如が宮廷から「筆札を給わった」故事だ。官給品であったからには、規格があった筈だと述べたが、同様のことが、二点の「歌木簡」と長屋王家詩稿木簡にも言えるのではないか。前漢で司馬相如に支給された「筆札」のように、宮中で詩や歌の会を開くときに用いられた下書き用木簡の規格を反映している可能性があるのではないだろうか。

詩宴にも歌会にも、天皇を始めとする皇族が参加するので、かつて『五経』が二尺四寸の簡に書写されたのと同様、木簡の長さも、通常使われるものよりは、身分に対する敬意を表して長かっただろうと思われる。蔡邕が『独断』で漢代の皇帝の策書が長さ二尺と言っているが、日本の二尺の詩稿木簡や歌木簡は、あるいはこの漢制が何かの形で遺っていた可能性はあろう。

唐代の文物を輸入し、文化国家としての体裁を整えつつあった奈良時代において、中国の規範は、倣うべきものであった。先に見たように、唐代において、簡牘の使用は、すでに日常からは遠いものであった。しかし、唐代に成立した『五経正義』には、簡牘が実用であった時代の状況について論議がなされている。当時、まさに紙木併用時代であった日本においては、こうした唐代の簡牘の議論に見られる簡の長さ、用法について、取るべきものは取っていたのではないか。それが、公的な儀式に関連すると思われる「二尺の長さ」に反映していると考えられるのである。

注

（１）続修　正倉院古文書　第三二巻

（２）奈良国立博物館編『第六七回正倉院展』図録　九〇～一頁

（３）続々修　三七帙九裏　『大日本古文書』二四巻二九七頁

（４）『続日本紀』天平六年（七三四）十一月戊寅（廿一）

自今以後、不論道俗、所挙度人、唯取闇誦法華経一部、或最勝王経一部、兼解礼仏、浄行三年以上者。
(5) 陀羅尼に関する記録が別筆であることは、竹内亮氏に指摘を頂いた。経典の読誦と得度については、拙著『日本霊異記と仏教東漸』(法蔵館　二〇〇一) 一八～二四頁、表　一四六～一六三頁参照のこと。
(6) 渡辺晃宏「金光明寺写経所の研究―写経機構の変遷を中心に―」『史學雜誌』九六（八）一二九二～一三二七頁、一四〇五～七頁　一九八七年八月
(7) 大野保「懐風藻と六朝初唐の詩」『懐風藻の研究』三省堂　一九五七　一九五～二〇五頁
(8) 吉川幸次郎「雑感　「懐風藻」その他」『吉川幸次郎全集』一七　筑摩書房　一九六九　七一～三頁。初出は一九六五岩波「日本古典文学大系」月報。なお、興膳宏氏は、不馴れな外国語を用いた奈良時代の詩人に同情を寄せる。同氏『古代漢詩選』日本漢詩人選集別巻　研文出版　二〇〇五　一三～四頁
(9) 秋孟良辰、七夕清節。
涼気初升、鳴蝉驚於園柳。
素露方凝、金蛍焼於砌草。
于時、紛綸風士、酌滲之吉日、
倩盼淑女、穿針之良夜。
当此時也、豈得投筆。
人取一字、各成二韻。
(10)『芸文類聚』巻第六十一　居処部一　総載居処
(11)『芸文類聚』は大部であるが、整理が行きとどいているとは言えない。中国語に習熟してはいない奈良時代の日本人が用いるには『芸文類聚』より少し後に編纂された『初学記』の方が便利だっただろう。
(12) 濱道孝尚「写経所における『私書』の書写」『正倉院文書研究』一三　吉川弘文館　二〇一三　一二六～一五三頁
(13) 書承の過程で起きる二字を一字にする合字や、一字を二字にする伝写の誤りの具体例については、前掲の拙著二一六～二〇頁。
(14)『南史』巻四十八　陸厥伝　時盛為文章、呉興沈約・陳郡謝朓、琅邪王融以気類相推轂、汝南周顒善識声韻。約等文皆用宮商、将平上去入四声、以此制韻、有平頭、上尾、蠭腰、鶴膝。五字之中、音韻悉異、両句之内、角徴不同、不可増減。世呼為「永明体」。また空海『文鏡秘府論』南・西巻。
(15) 時代は下るが、藤原佐世（八九八年卒）が編纂した『日本国見在書目録』十「小学家」には、前注で見た四声八病説の専論と思われる『四声八体』一巻や『詩筆体』一巻・『詩格』三巻・『詩病体』一巻・『詩人病』一巻・『文音病』一巻など、詩の格律や詩人が陥りやすい欠点（病）を説いた実用書が多く著録されている。
(16) 渡邉寛吾　学位論文『奈良時代漢詩文論攷』第二部　正倉院文書「造物所作物帳」七夕詩二首　注解　九九～一二六頁（未刊）

今回、渡邉氏より、当該箇所の提供を受けた。感謝を捧げる。なお、同学位論文の詩序についての箇所は、同氏「正倉院文書『造仏所作物帳』七夕詩詩序注解」『萬葉語文研究』第五集　萬葉語学文学研究会　和泉書院　二〇〇九年

(17) 大正蔵二二　№一四二一　宋罽賓三藏佛陀什、共竺道生等譯『彌沙塞部和醯五分律』巻二六　第五　雑法　一七〇頁

(18) 小島憲之「第九章　七夕をめぐる詩と歌」『上代日本文学と中国文学　中』塙書房　一九六四　一一二〇～三五頁

(19) ここでは中国語の品詞を実字と虚字の二つに分かつ。虚字は副詞・接続詞・助動詞などを指す。

(20) 江藍生『魏晋南北朝小説詞語匯釈』語文出版社　一九八八　二三四～五頁

(21) 『陸雲集』巻三　贈顧尚書七首　第六

(22) 『漢書』巻五七上　司馬相如伝上

(23) 『法言』吾子篇

(24) 『後漢書』列伝第三九　王充伝

(25) 同右

(26) 清水茂「紙の発明と後漢の学風」『東方学』七九号、一～一三頁、一九九〇、東方学会

(27) 甘粛省文物考古研究所・天水市北道区文化館「甘粛天水放馬灘戦国秦漢墓群的発掘」『文物』一九八九年第二期　一～一一、三一頁

(28) 北宋の詩人蘇舜欽（大中祥符元～慶暦八　一〇〇八～一〇四八）が讒言によって陥れられた際、「官で使われて出た故紙の売却」が口実に用いられた。宋代にあっても、紙は高価なものであったことが分かる。傍点は筆者による。

『宋史』巻四四二　文苑伝四　蘇舜欽伝

御史中丞王拱辰等不便其所為。会進奏院祠神、（蘇）舜欽与右班殿直劉巽輒用鬻故紙公銭召妓楽、間夕会賓客。拱辰廉得之、諷其属魚周詢等劾奏、因欲揺動（杜）衍。事下開封府劾治、於是舜欽与巽倶坐自盗除名、同時会者皆知名士、因縁得罪逐出四方者十余人。

(29) 陸雲「与兄平原書　其二」

(30) 『抱朴子』内篇巻十九　遐覧篇

(31) 『儀礼』巻二四聘礼　賈公彦疏所引鄭玄『論語』序

(32) 『抱朴子』外篇巻五十　自敍篇

(33) 『南史』巻七二　文学伝　劉勰伝

(34) 『春秋左氏伝正義』序

(35) 『日本後紀』巻二一　弘仁二年五月壬子条

(36) 『大日本古文書二』三一四～五頁

(37)『大日本古文書二四』四七～八頁
(38)興膳宏・川合康三『鑑賞　中国の古典一二　文選』、六九～七一頁、一九八八、角川書店
(39)拙論「長屋王の庭―「長屋王家木簡」と『懐風藻』のあいだ」奈良国立文化財研究所学報六一　研究論集XII『二条大路木簡・長屋王家木簡を読む』

第3部　日本古代の古代性〈シンポジウム〉

『日本に古代はあったのか』をめぐって

基調講演　井　上　章　一

ディスカッサント

藍原有理子・磐下　徹・加藤謙吉・

久米舞子・黒須利夫・河内春人・佐藤　信・

多田伊織・リチャード トランス・

中町美香子・中村友一・堀井佳代子・

三舟隆之・宮川麻紀・倉本一宏（司会）

二〇一五年二月七日

於　国際日本文化研究センター

倉本　それではシンポジウム形式で、井上さんの『日本に古代はあったのか』という本に関して、ご本人から少し説明をいただいて、その後、この場に集まっている東京・関西の古代史研究者からコメントをいただきたいと思います。

この本が出版されましたのは二〇〇八年でした。非常に野心的で、古代史の研究者にとっては、何というか、目からうろこが落ち、なおかつちゃんとこれは受け止めなければいけない本だと思ったのですが、恐らく書評はまだ出ていないはずですし、古代史研究者からの公式な発言はないと思います。ご本人のためにもなると思いますし、学界の発展にも寄与するところがあるかもしれないということで、この企画を作らせていただきました。

それでは、井上先生、ご発表をお願いいたします。

グローバルな視点からの古代史

井上　簡単に、できるだけ質疑応答の時間が作れるようにしゃべります。

ご存知のように、ドイツという国に古代史はありません。ドイツにあるのは中世以降の歴史です。ドイツにとって古代に当たるのはローマ帝国の時代です。ローマ帝国時代のドイツ、ゲルマニアに文字はありません。国もないし、都市もない、法整備もできていない、原始未開時代です。つまり、ドイツは原始未開時代から中世史を経て国らしいものを作り上げていく、そういう構図でドイツ史は書かれます。

フランス史に古代はあります。ですが、今のフランスへ直につながるフランス古代史ではありません。フランスにとっての古代史はローマ帝国ガリア領時代です。イギリスも同じです。イギリスに古代史はあります。しかし、それはローマ帝国ブリタニア領時代です。今のイギリスにつながる歴史もやはり中世史から始まります。

私は、ヨーロッパの日本研究者から尋ねられることはありませんが、ヨーロッパの人から「えっ、日本に古代ってあるの」と驚かれることがあります。

昔ある研究会で法隆寺の話をしたことがあります。七世紀以降の古代日本建築という説明をしました。聞いてくれていたイギリス人のある建築家は、七世紀なら中世だろうというふうな反応をしました。そんなことが重なってこのことを考えるようになったわけです。

ちなみに、イタリアには古代史がありますし、ギリシャにも古代史があります。そして、ヨーロッパで自国の古代史を語ってもいいのはそういうところだけだとされているようです。

ソビエト連邦時代に日文研へ来られたロシア人の研究者にソ

連古代史ってありますかと聞いたら、ありますと言われました。モスクワあたりのことではありません。トルコとソビエトの国境に旧ローマ帝国領があるので古代はあると。それと、中国とソビエトの国境線にも古代漢帝国の跡があるので、古代史の跡があるというふうに言われました。つまり、古代漢帝国や古代ローマ帝国とかかわりのない古代史を、そのソ連邦時代の研究者は想定していませんでした。

西アジアで中世史はマホメット以降に始まります。インドだとグプタ王朝とか、あのあたりまでがインド古代史でしょうね。そうなると、十一、二世紀あたりまでを古代にしている日本古代史は、グローバルスタンダードから見て相当遅い時代に設定されていることとなります。

私はこんなふうに思っています。三世紀に中国漢帝国が滅びるわけです。滅びる原因はいろいろあると思います。大きいものにやはり北の方から匈奴とか鮮卑が押し寄せてくることがあったと思います。北方異民族の流入で帝国の箍が緩んだと思います。魏、呉、蜀という三国に分かれる三国時代。後には五胡十六国時代を迎えるわけです。この五胡十六国時代に北方から入ってきた異民族が、漢帝国を真似ながら自分たちの小さい国々を作っていくわけです。そのあり方は、ゲルマン人たちがローマを手本にしながら自分たちの国々を作っていくのと、よく似ています。

そう言えばどちらも民族大移動の賜物です。近年の地球考古学は、三世紀から五世紀あたりを寒冷期だと想定しています。北方の民族たちが地球の寒さに耐えられなくなり、南の方に南下してきた、そのおかげで全ユーラシアを通じて古代帝国と言われるところが崩れていった可能性もあるわけです。

そして、三国時代の三国や五胡十六国が大陸でできたように、民族大移動の時期を通じて日本列島でも一つのまとまりのある国の姿ができ始めたように私は思います。あの邪馬台国がどこにあったのかはわかりませんが、纏向を中心とする初期大和王権は、あるいは邪馬台国も、この民族大移動期に成立しました。その意味では中世国家と考えていいのではないかと私は思っています。つまり、ヨーロッパでブルグンド王国やランゴバルド王国が、東ゴート王国が生まれたのと同じように、日本列島でも初期大和王権もしくは邪馬台国が魏と国交を結ぶ格好でできていったのではないかというふうに考えています。少なくともそういう歴史像があり得る、あっていいと私は思っています。

ちなみに、ヨーロッパではキリスト教が入っていって、土着的な民族宗教を追い落としていく、その過程を「中世化の過程」と位置づけています。いっぽう日本でも同じような過程があるのですが、仏教が入ってきて、土着的な信仰の上に覆い被さることを、こちらは「古代仏教の流入」ととらえてきました。同じ中央アジアあたりで生まれ、似たような過程のなかで浸透していった仏教とキリスト教を、片一方は古代と位置づけ、片一方は中世と位置づける。

まあこんなことを問題にするのは、私が史料の読めない素人だからでしょうね。玄人の歴史研究者たちも、そんな大き過ぎる問題はほっといて史料に沈潜しよう、世界史の見取図なんかは素人のやる議論だというふうに思っているのでしょう。

世界史への志

井上　中国が漢帝国の崩壊で中世を迎えるというのは、京都大学の東洋史が採用してきた時代区分ですね。東京大学はそういう見方をとっていません。私は今、露骨に京大の肩を持つような見方をしてしまっているのですが、しかしこの研究所（国際日本文化研究センター）に来る人たちの話を聞くと、グローバルスタンダードはやはり三世紀から中国中世史をはじめているように思います。

もちろん、ユーラシアが三世紀から五世紀に中世を迎え、日本が十一、二世紀で中世を迎えて何が悪いんだという議論はあり得ると思います。何人にもそう言われました。ある人からは、琉球と近畿にだってそのくらいの時代差はあるんだ、別におかしくはないというふうに言われたこともあります。

ここで考えるわけです。ヨーロッパでは五世紀に一斉に全域が中世を迎えています。じっさいには、イタリアのトスカーナとフランスのブルターニュをくらべると、社会の進み具合には随分違いがあると思います。だけど、そんなのを全部一緒くたにして、ブルガリアもデンマークもアイスランドも同じ時期に中世を迎えるわけです。各国史のちがいなど度外視して、ヨーロッパという域内の全体を一つの時代区分でまとめようというところに、西洋史の志があったのだと思います。

私たちは、古代、中世、近世、近代という時代区分をヨーロッパ史に学んだと言ってきました。大概の史学史の本にはそう書いてあります。西洋に留学して、あるいはリースから教わった西欧の時代区分を日本史も取り入れたと。本当でしょうか。私は取り入れていないと思います。少なくとも西洋史のこだわり、ブルガリアもデンマークもアイスランドもみんな一斉に中世を迎えるという世界史への志を受け取らず、琉球と近畿は違う、中国と日本は違うというように、把握した。東アジア全体でわかちあえる時代区分を設定しようとはしなかったわけです。

私は、東アジアにとってのゲルマニアに当たる場所は、バイカル湖からゴビ砂漠を経て、満州、モンゴルへいたる大平原だと思います。地中海に当たる場所は黄河流域だと考えています。日本史はそう見なさずに、そのあたりへ目を配ることを全くおろそかにしましたね。もっと狭い範囲の関東平野が勃興して近畿地方を凌駕しそうな勢いに、中世の開幕をみとめてきました。

私は、原勝郎の『日本中世史』も読みましたが、その地理的な把握は「みみっちい」と思います。何で京都盆地がローマ帝国になぞらえられるんやねん、何であの関東平野がゲルマニアなんだと、こういうちっぽけな見取り図では、とうていヨーロッパ史と対をなす東アジア史にならないなと、考えます。どうしてこんなちっぽけな見取り図が採用されたのでしょうか。

もしモンゴルの大平原を東アジアにとってのゲルマニアにしてしまえば、中国にもヨーロッパ並みの歴史があったことになります。日本史は、その辺境でくりひろげられたことになってしまいます。恐らく明治の脱亜入欧を夢見た歴史家には、それがたえられなかったのだと思います。東アジアの中でヨーロッパのようになるのは日本だけ、近代の日本をとらえたこの思いが、列島の中だけに西欧的な古代と中世の区分を持ち込ませたんだと思います。モンゴルや黄河からは目をそむけて。

あるいはこうも言えると思います。特に原勝郎に顕著なんですが、関東平野が近畿地方を乗り越えていく、この勢いをとりわけ多くの関東の歴史家たちはうるわしく描きたがったのではないでしょうか。

私はこんなふうな情操教育を受けたことがあります。平家と平清盛は京都にいた。笛を吹き、歌を歌い、舞いを舞う、公家のような腑抜けになってしまった、それで堕落したんだと。源頼朝は京都へ行こうとしなかった、最終的に関東を選んだ、だから健やかな武士の都を営むことができたんだ。この京都に住んでおったら人間が腐ると言わんばかりの情操教育をもたらした根っこが、私は近代日本の関東史観にあると思います。この関東史観こそがちっぽけな、「みみっちい」、日本列島だけの古代から中世へという歴史をもたらしたのだと、そう考えています。

私は歴史研究に関して全くの素人です。皆さんのように史料を読むことはできません。歴史を考えるのは好きですが、歴史が好きだということと、史料を読みながら史実を考えていくということの間に大きい断絶があることぐらいは、わきまえているつもりです。その意味で私はただの歴史好きでしかありません。そのただの歴史好きが、一寸の虫にも五分の魂という想いで日本史の史学史的な成り立ちを、問うているのです。まあ、玄人の人たちは史料を読む力があるだけに、史料とは無関係に論じることのできるこういう議論を馬鹿にしていらっしゃるのではないかという気も、一方ではしていますけどね。

私は、日本に古代はなかったという議論を、押しつけようとは思いません。ただ、せめてあの古代・中世という時代区分をヨーロッパに倣って日本に持ち込んだんだという史学史のあの論じっぷりを改めてほしい。形は真似ているけれども、世界史への志を真似たとはとても思えないということで、簡単なまとめにいたします。

符牒としての「古代」

倉本　どうもありがとうございました。私は司会なのですが、日頃から思っていることがあるので、少し最初にお話ししたいと思います。

この本を最初に拝読したときに、私も賛成でした。古代はなかったと言われたら、そうだと思います。ただし、中世もなかったと言いたい。日本に本当の封建社会はなかったと思っています。つまり、マルクスが設定した古代とか、中世とか、それを日本に無理やり当てはめようとした明治の歴史家の問題だというふうに思います。

弥生から中世だと言われるとかなり違和感があって、古代や中世や近世や近代というのは、それもそもそもなかったというふうに言いたいという気がしております。以前、五味文彦さんと話したときに鎌倉まで古代でいいんだっていう話を彼はしていまして、それもすばらしい発想だと思います。

それから、京都に行ったら堕落するという発想もなかなかすごいですね。関東の人間がそう言っているとのご指摘でしたが、一般に関西と呼ばれている地域の人でも同じように思っていることは結構あると思います。

私はかつて神戸で一番いいと自称するステーキ屋というところへ行ったことがありますが、そこのステーキ屋のおやじが言うには、神戸牛というものは神戸を一歩たりとも出たらだめなんだと、すばらしく育てたやつが前いたけども、一回だけ京都に行ってしまったと。京都に行ったから、そいつは神戸牛と同じく育てたのに、もう神戸牛と呼んではいけないのだと（笑）。

井上　それはそのとおりだと思います。そうおっしゃる人はいますよ。

ただ、神戸から出たら牛がだめになるという話は、歴史教育を通じてそのように国民に押し付けられているわけではないじゃないですか。だけど、京都＝頽廃論は、そういうアイテムになっています。公家と坊主が支配する澱んだ世の中を関東武者が覆して新しい中世が始まる。乱れた戦国を最終的に江戸がまとめて新しい近世が始まる。近代は東京。つまり、新しい時代は常に関東地方で始まり、そこからとりのこされる澱んだり乱れたりした時代は常に近畿地方を中心にしているという見取図ができているわけです。

倉本　『大日本史料』の綱文では、武家がやることは褒めた感じで書いてあって、藤原氏だと何かひどい言い方をしているっていつも気になっていることがあります。ちなみに、平清盛とかあの連中はみんな三重県の津の出身でありますので、堕落の根源は実は伊勢にあったと思っておりますが。

さて、それでは皆さんのご意見を聞きたいと思います。ランダムに指名しますが、藍原さんからご発言いただけますか。

藍原　私は学生時代は古代史の専攻で、勤めたらいきなり近現代史の仕事になりました。最初はさっぱりわからないままやっていたのですが、近現代、特に明治以降見ていると、本当に古代に帰りたがるようなことばっかりやっている。それで、歴史って教科書に載っていた年表の色分けが当然と思って見るのではなくて、人間が作ってきた一つの通史として見るべきじゃないかって思ったことがありました。そういうふうに見ると、今専攻は何って聞くときに、中世です、古代史ですとかっていう言い方をしますけれども、あんまりそういう区切りってなくてもいいんじゃないかって。

倉本　学会の大会やるときの部屋を割るのに便利なんですよね。ただ私、平安の終わりごろやっていると、古代史部会と中世史部会を行ったり来たりしなきゃいけなくて結構大変なんですけれど（笑）。それでは、次は多田さん、お願いいたします。

多田　私の専門は全然史学ではなくて、しかもやっている範囲は中国の古代、漢代になります。日本だと大体奈良時代ぐらいまで、奈良から平安ちょっと入るぐらいです。それと近世と近代の接点のことなど他の研究テーマにも取り組んでいることがあって、よくわからないですね。

今は国史を主とする組織でずっと教えていますが、もともと史学科じゃないこともあって時代区分がわからない、どういう都合で古代を古代としているのかわからないところがあります。中国だと確かに古代ってわかりやすいんですけれども。

倉本　皇學館の「古代」は古くからありそうですよね。それでは、黒須さんお願いします。

黒須　私も原勝郎を学生に教えることがある時には強調するのですが、明治の歴史家はどうしてもヨーロッパとの共通点を見出したいというところがあるように感じます。そのために原勝郎は、無理にこういうような時代区分を作っていったんだということはやはり言えると思います。

だからといって、原勝郎自身が例えば関東がすばらしいとか、そういうようなニュアンスで書いているようには私はちょっと思わなかったんです。

原勝郎自身の仕事としては、『日本中世史』のほうがどうしても注目されますが、『東山時代における一縉紳の生活』のようなすばらしい仕事もしていると学生には教えています。

私自身も大学院のときに史学史で原勝郎を読めというふうに習ったんですけど、そのときに若い頃に京大の人文科学研究所にいらした熊倉功夫先生からは原勝郎のこういう本を読め、ただし『日本中世史』よりも、『東山時代における一縉紳の生活』

の方をきちんと読めと教わりました。

少し脱線しましたが、時代区分に関しておっしゃるような違和感のある点は、どうしても日本の場合にはそういうふうに最初に作られてしまったんだということでやはり教えていますが、自分自身がそれについてどう考えるかというところまでは思いが至っていなかったので、そういう点ではやはり反省させられるなあと、感想めいたコメントで申し訳ないんですけど、そういうふうに思いました。

井上 京都大学に伝わる伝説で僕の原勝郎に関する考え方は歪んでいる可能性があります（笑）。どんな伝説かというと、彼は子供が京都弁をしゃべるたびに殴ったはったらしいんです。今の時代区分は、京都弁でしゃべるやつを見ると殴りたくなるようなおっさんが作ったんだという思いが私にあります。

それともう一つ、原勝郎がヨーロッパに倣おうとしたと私には思えないんです。もし本当にヨーロッパに倣うのならば、ゲルマニアは関東平野ではなくてモンゴルの大平原になるはずだし、ローマ帝国は京都盆地ではなく黄河流域になるはずだと私は思います。だから、ヨーロッパに学ぼうとしなかったんだと。

倉本 ありがとうございました。三舟さん、何かありますか。

三舟 私は、中学・高校の教員を長くやっていましたので、そういうことにあまり批判を持たずに教えていたというのがあるのですけれど、ただやっぱり時代区分って非常に難しいのは、やはり古代・中世の定義をどうするのかということだと思います。

結局、時代区分自体に矛盾は何かしらあるというのは、奈良時代、平安時代、まあこれは全部都がある場所を時代名称にしています。鎌倉・室町・江戸時代も都は京都だから、その都がどこにあるかという基準で考えれば、明治になる前まではもう全部平安時代です（笑）。

だから、私も授業をやっていて、どこに視点を当てるかということで、この時代区分というのは、実はあまりそんなにこだわる必要はないんだぞって教えていましたね。

時代区分というのは、その提唱する先生がどういうところに視点を持つかによって、いろいろ変わってくるものだと思っていました。例えば、考古学の専門家のあいだでもいろいろな見解があって、私が教わっていた杉原荘介先生は古墳時代を土器の型式から「土師時代」と呼称することを主張されていました。

ですから、やはりそこまでは深く思いをめぐらせていなかったのですが、特に今日考えなきゃいけないと思ったのは、ヨーロッパの視点から考えなければいけないということに関して勉強になりました。

倉本 幕末まで平安時代にすれば全て片付くんですよね。

井上 上山春平は事実上そういう歴史観を出していますね。というか、明治以降も平安時代の延長みたいに書いてしまっています。

ところでひとつ申し上げたいんだけど、ソビエト時代の日本史研究では、奈良時代も平安時代も古代ではなくて中世なんです。コンスタンチン・ポポフの日本史には、中世の都、奈良というふうな章立てがあります。そのころの貴族は、封建領主になっています。こういうソビエトの史学は、本質的に間違っているのだと、みなさんはお考えなのでしょうか。

それから、もう一つ問いたいことがある。コンスタンチン・ポポフのこの本は、日本語訳もされていますから、読んでいる人はいると思うんです。日本の時代区分と明らかに違うので、本来なら問い質す人がいてしかるべきだと思うのですが、多分見て見ぬふりで、外国人の指摘ということで軽んじられてそのまま流されてしまったような気がします。

ちなみに、幸か不幸か、ソビエトが崩壊した今、ロシアの日本史研究は日本国史学水準の時代区分に変わりましたが。

倉本　それは水準が上がったのか、下がったのか。

井上　本質的に上がったのか下がったのかわからないんだけれどもね（笑）。だけど、そのことを誰も問題にしようとしていない。そんな大きいことはどうでもいいや、時代区分なんてとりあえずの符牒だというような処理をされることに私は違和感を覚えます。まあ、門外漢ですのでそんなところでしか違和感を抱けないんですけれども。

世界史を取り入れるということ

倉本　若い研究者の皆さんはどのような意見をお持ちでしょうか。磐下さんはどう思われますか？

磐下　『日本に古代はあったのか』という本を拝読し、大変勉強になりました。私もそれまでは古代だとか中世だとかというのは、単なる符牒だというぐらいにしか考えてなくて、古い時代だから「古代」でいいのではないかというぐらいの認識でいましたが、ヨーロッパの歴史学において込められている意味を考えると、私たちが日常的に古代だとか中世だとかと言っているものもきちんと捉え直していかなければいけないんだなということはすごく感じました。

ただ、古代とか中世だとかという時代区分が、ヨーロッパの歴史家たちの世界史を語ろうという心意気の産物なんだというお話をされていたと思うんですが、おそらく彼らの「世界史」というものはヨーロッパを出ないんじゃないのかなっていう気もしていて、本当の意味の全世界の時代区分を考えていくというのは、相当に難しいことだろうなと感じました。

もう一つ気になったのは、この本では何をもって中世が始まるのかということにすごくこだわられているので、この本を読み終わったときに、本のタイトルは『日本の中世はいつから始まるのか』という方が実は本質的なところを捉えているんじゃないかなというふうに感じたのを覚えています。

倉本　河内さん、いかがですか。

河内　今の話を聞いていて、時代区分の問題とともに地域区分の問題が気になりました。イタリアには古代があるというお話でしたが、例えばローマ帝国として語られることは、イタリア史に還元されてしまうのだろうかと。フランスにもイギリスにもローマ帝国の遺跡はあるけれども、それはあくまでもイタリア史の範疇で語られる話であって、イギリス史やフランス史ではないというふうにも受け取られかねないように思います。

あるいは、漢も古代だということでおっしゃっていました。それでは、いわゆる中原と呼ばれる地域と西域と呼ばれる地域も漢帝国の一部であったりしたわけですけど、それだと西域の部分、地域としての歴史というのはどのような扱いになるか。こうしたところがやはり問題になってくるのではないか。

その点について井上先生の本意がどの辺にあったのかというのが、もう少し伺いたいと思いました。

倉本　ありがとうございました。井上さんと京都の関係は微妙でして（笑）、そのあたりは後でご本人から説明があるかもしれません。

それから、ローマ帝国は支配したところに必ず同じようなものを作る。一昨年パリに行ったときにも確認したのですが、浴場とコロセウムがちゃんとパリの中にもあるんです。どこへ行っても同じようにある。それこそ帝国なんだなというふうに感じたことがあります。そうだとしたら、フランスにも古代はあったと見ていいんじゃないかな、必ずしもフランス人の古代じゃなくてもいいんだろうなという気はした覚えがあります。

それでは、久米さん、お願いいたします。

久米　古代・中世・近世・近代という枠組みが出来上がっているなかで、自分が興味を持った部分がたまたま「古代史」と言われるところでした。区分で言えば古代中世の間ぐらいなので、私が研究している時代よりも、「中世史」の後輩の方がもっと古いところをやっていたりというのが普通にありまして、時代区分って何だろうって思ったことがあります。

そもそも、古代・中世といった呼び方自体がヨーロッパ中心的で、そういう意味で符牒だろうというふうに私は思っています。磐下さんも言われていましたけれども、世界史と言うのであればヨーロッパのなかの話だけではないので、そこにどこまで意味があるのかなと思っています。

学部生のころ、ビザンツのことを研究していらっしゃる先生に、日本史・東洋史・西洋史という分け方がまずおかしいと、言われたことを思い出します。ビザンツは東洋史・西洋史にまたがって、どちらにも入れてもらえなかったということがあって、あなたは日本史をやっているというけれどもどう思っているのかというふうに突きつけられて。それからは地域区分にこだわらず、歴史に興味を持つようになりました。

また私が大変お世話になっている、メキシコのインディオのことを研究されている先生は、コロンブスから近代は始まるのだと、あるいはアメリカ大陸にヨーロッパ人がやってきたところから時代は変わるのだというふうにおっしゃっていました。

そうすると、日本史は時代区分のことだけではなくて、何か島のなかだけで完結しているような分け方になっていますけれども、世界史の地域区分にしてもこれでいいのかと考えなければならない。どちらの区分も問題がいろいろある中で、ずっと使われてきているからとか、便利なので使われているものなのだろうというぐらいに私は考えています。

倉本　昔、横浜である遺跡が壊されようとしたことがありました。そのときに、横浜市は中世のものなんかは要らないのだと言っていました。横浜市にとってはペリーが来てからが歴史なんだということがみんなわかったという話をしていたことをふと思い出してしまいました。

それでは、堀井さん、お願いします。

堀井　私も時代区分のことをちゃんと考えたことがなかったので、こういうことを考えなければいけないと思いましたが、いくつか疑問に思ったこともありました。

一点目は、武士の世が非常に評価されたというお話につきまして、戦前の教科書などを見ているとむしろ「天皇の権力を疎外した悪い武士たち」といった記述が結構よくあるようにも思います。そのようなことと井上先生のおっしゃったことがどのようにつながってくるのかが気になりました。実際はご指摘のようなことがあって、いっぽうで教科書の記述は天皇中心だからそう書いているというように理解されているということでよろしいでしょうか。

もう一点は、ヨーロッパ史のことです。ヨーロッパはキリスト教の伝統があるから、神の歴史と人間の歴史という形で多分進行していったと思うのですが、日本が仏教を中心に据えて歴史を描くというのは難しかったんじゃないでしょうか。ヨーロッパの時代区分を日本が受け入れるときにそういう判断があったのではないかと、思いつきですけれども、そういうことを少し考えました。

あともう一点、武士の世をすごく高く評価しているっていうのは、明治以降よりも多分江戸時代の新井白石とかの伝統があるのかなということは少し思いました。

倉本　井上先生、お答えになられますか。

井上　白石は頼朝に割と冷たくて、権力の簒奪者という面にも着目しているんですけれども、山鹿素行がやや早くに武士の肩を持つような歴史観をあらわしているような気がします。

それと、世界史への志がヨーロッパにあったというのは、やや言い過ぎなのかもしれないんだけれども、すくなくとも、ヨーロッパ全域史を念頭においています。だけど、日本で書かれる日本史の時代区分に、東アジア史全域への配慮はありません。ヨーロッパに行った日本の歴史家たちは何を学んできたのでしょうか。彼らは、決してあちらの広い視野をそのまま取り入れてはいない。西欧の時代区分を取り入れたと史学史は普通書くんだけれども、デンマークからイタリアまでを同じ尺度で見ようという歴史観を取り入れたら、モンゴルから日本までを同じ尺度で眺める目も持てたのに、そこから目をそむけた。とまあ、そういうところに私の申し上げたい力点はあります。

　それと議論が少し遡りますが、ビザンツのお話をされたことに関連して、最近ヨーロッパのほうでも事情が変わってきて、ドイツに古代史が出始めていることを申し上げたいと思います。メロヴィング朝、フランク王国メロヴィング朝を古代史と考える歴史観が浮かび上がっています。それはなぜかというと、メロヴィングの王たちが実際には王らしくふるまっていないことが当時の文書から明らかになってきたのです。幾つか残っているメロヴィングの王家の発給文書を見ると、コンスタンチノープルの執政官としての文書になっている。あれは王じゃないと、コンスタンチノープルから派遣された代官だと。その意味でメロヴィング朝は古代史の枠に入るんじゃないかという説が、最近強くなり出しているような気がします。

倉本　江戸時代の京都の公家も将軍のことを代官とか言ってたみたいですね。

日本史から時代区分を発信する

倉本　それでは続けて、中町さんどうぞ。

中町　皆さんがすでにおっしゃっていたこととよく似た話になりますけれど、私も日本史を学び始めたころに時代区分に関する授業を受けたことがありまして、そのときには時代区分というものは便宜的で、区分自体を論じる意味がどのくらいあるんだろうかというようなことを考えていました。けれども、今、井上先生からグローバルな意味としての時代区分のお話を聞いて、なるほどと思いました。

　私は西洋史は詳しくないですが、ヨーロッパ史には古代と中世と近代しかないと、以前聞いたことがあります。そうなると、中世や近代がかなり長くなって、その枠組みで研究はしづらいんじゃないかと思ってしまいますが、どうなんでしょうか。

　古代、中世という言い方がグローバルな視点では言葉のニュアンスが違ってしまうということなんですが、何か名称をつけないと研究はしにくいのだと思います。そういう事情でこういう言葉が今も生きているんだろうなとは思うんですが、ただ、そういうグローバルな目で見た言葉というのと、日本の中だけの時代区分で便宜的に使われている言葉というのは分けて考えないといけないんだなということは勉強させていただきました。

井上　このごろは、ヨーロッパ史においても「近世」と言われることがあるようです。むしろ日本の影響で、「近世」という区分が出てきたようです。

いまのお話ですが、時代区分が便宜的な符牒でしかないというのはおっしゃるとおりだと思います。しかし、これは遡ると、明治時代にこしらえられて、その後昭和戦前期のマルキストたちによって固められていったものです。単純な講座派風のマルクス主義歴史観はもう雲散霧消していると思いますが、彼らが固めていった時代区分自体は強固に動かないわけです。結局、理念的には否定されている人たちがこしらえた枠組みの中で、その後に続く世代はひたすら細かな仕事をしているわけです。つまり、パラダイムじたいは変わっていないんですね。一つのパラダイムができると、その土俵の上で細かい仕事が続くという科学史のあの歩みを、恐らく歴史学もたどっているんではないかと思います。それを考え直されたらどうですかというのは、まあ私なんかが言うべきことではないのかもしれないけれども。

倉本さんもそんなのはもう終わったんだと、マルクス主義風の中世史なんて意味がないんだとおっしゃりながら、とりあえずその符牒を便利に使われておられる。けっきょく、その上に乗っかっている、悪く言えばあぐらをかいているのではないかというふうに私は見てしまいます。

倉本　私にだけ言われても困るんですけれども（笑）。それでは宮川さん、お願いします。

宮川　いつもはなかなか考えないような、貴重な問題提起を伺って勉強になっております。本当に難しい問題だと思います。私自身便宜的に時代区分を使ってしまっていたことを反省するのですが、一方で、細かい研究を積み重ねていった上でないとそういう大きいことはなかなか見えてこないかなとも思いました。

現在の時代区分が使われ続けているのは、必ずしも近代以来のパラダイムに乗っかっているからではないと思います。新たな区分を打ち出して、各時代の特徴を早急に結論づけてしまうよりも、細かな分析を優先させていると見ることもできます。おっしゃるとおり、それは従来のパラダイムに乗っかっているように見えてしまうのかもしれませんが。

井上　歴史学のみならず、当該分野に携わっていらっしゃる方は乗っかっているという意識を持たないのが普通だと思います。しかし、外部から見た場合、少なくともトーマス・クーン以降の科学史の研究者ならば乗っかってしまっているとみなすでしょう。

倉本　ありがとうございました。それでは、中村さん、お願いします。

中村　井上さんのお話を伺い、いろいろと考えるところがありました。

日本史がやっぱり没交渉になってしまったのは、白鳥庫吉が東洋史をつくって、西洋史、東洋史、日本史を三分科制にしてしまったことが大きいと思います。それで日本史の中だけの時代区分論が固定しまった面はあるのではないでしょうか。『愚管抄』の慈円が天皇の世、摂関の世、武家の世というのを、先ほどお話に出てきました山鹿素行をはじめ後の人々が受け継いできたものがそのまま残り続けてきています。

リースとかランケは確かに日本に世界史を伝えてくれましたが、日本人がつくる日本史のなかでは、せいぜい実証主義とか唯物史観というところくらいしか受け入れることができなかったのだと思います。日本史がようやく時代区分論に取り組むようになったのは、先ほどから話題が出ているマルクス主義歴史学を取り入れて、安良城盛昭などが、日本は江戸時代からが中世なんだというような言い方をして一時期沸騰しました。しかし、僕が歴史学を勉強しようと思ったころには、日本は西洋史のそういう理論を取り入れられないという考え方が大勢で、アジア的生産様式論の議論などもありましたが、それもあんまり意味がないというような感じになっていました。

封建制を指標にした場合には、僕なんかはやっぱり天皇が荘園を持ったとき、何かそのあたりが前期の「中世」になるんじゃないかなというふうに個人的には思っているんです。先ほどより皆さんもおっしゃっていますけど、ヨーロッパの論理が日本でもそのまま指標として通用するかというところをもう一回議論しなければいけませんし、そういったところで古代・中世というのをもう一回議論しないといけないと思います。

というのは、日本において奴隷制とか、専制、農奴といったようなものがないなかで、土俵が違うものをやはり日本に当てはめられないというところで、いま時代区分論は終わってしまっていると思います。広い視野でやろうというところ、先ほどのモンゴルより東で考えるというところなども私もかなり賛成ですし、どこまでが東西で共通のことができるのかというのはぜひもっとご意見を聞かせていただきたいと思いました。今のところでそういうような考えがあればお聞かせ願いたいと思うんですけど。

井上　ちょっと私も根が浮気っぽいものか、今は明治以降の日本におけるフランス革命の語り方の大きい移り変わりに興味が向かっています。で、実を言うと、このフランス革命語りの移り変わりが、おもしろいことに結構中世・古代語りと結びついているような気がしています。いずれはそんなことをまとめてみたいと思っています。

あと、もう一回くどいけど言わせて下さい。ヨーロッパの見方がそのまま日本に適応できるのかというお話には、私もうなずけます。しかし、私は原勝郎以後の日本史に、ヨーロッパの史観をしりぞけているところがあると思っています。日本のマルキストも、ソビエト史学をはねつけてきたと考えます。そのまま、とり入れたとは思えません。

倉本　ありがとうございます。

リチャード・トランスさんはアメリカからいらっしゃいましたけど、井上さんのお話を聞いて何か思われることはありますか。

トランス　私の専門は現代文学ですから、この問題について話す資格がないんです。けれども、アメリカの講座の区分けの事情で、日本文化を教えなくてはならないことはあります。そういう時に、奈良時代・平安時代という言い方はしても、古代という時代区分はあまり使いません。

文学の場合は、古代と言うと protohistory（文字以前の歴史）という感じがします。すなわち、文学の歴史としての「古代」はなくて、昔々のことを回想して記述したものということです。それはそれで意味のあることなのですが。

井上　ローマのキケロとかセネカは、古代文学にならないのですか。

トランス　たしかに古代文学になると思います。日本の古事記でも、「古代」としておけば区分としては便利なのでしょう。

倉本　この本の編者のおひとりである加藤謙吉さんからもご意見をいただけますか？

加藤　非常に鋭いご指摘で、共感する部分は非常に多かったと考えています。

関東と関西という区別は、それほど直接的には考えないんですけれど、いわゆる官学アカデミズム的な解釈だけがはばを利かせて、自由に物が言えないという雰囲気は非常によくないんじゃないかというふうに考えています。そういう意味で井上先生の考え方には納得する部分が多かったということです。

倉本　ありがとうございます。

つづいて、東京大学でいま教壇に立たれている佐藤信さんにもこの後、ご発言をお願いしたいと思いますが、その前に私からもう一言申し上げたいことがあります。

この本では、「東の歴史学」と言った場合、大体東京大学を指していて、「西では」と言った場合、大体京都大学を指している、これが一番の問題じゃないかと。東京には慶應大学もあれば、早稲田大学、明治大学もある、京都には同志社大学もあるという気がするんですが、そういう視点はどうなのでしょうか。

井上　立命の日本史にも注目すべきでしょうね。でも、東大と京大のはりあいは、あると思いますよ。そして、東大と京大にさやあてがある場合は、「東の歴史学」、「西の歴史学」なんてごまかさずに、「東大」、「京大」と書いてほしいものですね。ある私立大出身の人に聞きました。東洋史の人なんだけれども、隋唐が古代なのか中世なのかなんていうのは若いうちから議論しない方がいい、あなたは東大系の学校か、京大系の学校か、どっちに就職できるかわからへんのやから、そういう厄介なことには口をつぐんでおいた方がいいというようなことを先輩から言われ続けていますというふうに言われて、これは根の深い、暗い問題やなというふうに思ったことは覚えています。

倉本　ほんまですね。それでは、東京大学教授の佐藤さんにお願いいたします。

佐藤　たまたま今、職場がそこにあるだけで、私は最初に就職したのが奈良で、京大の人たちと一緒に研究会やったりしてきておりまして、別にそんな東と西というような意識はないんですけれども（笑）、今日お話していただいてまた改めて自分なりにそういう時代区分について考えなくちゃいけないということを突きつけていただいて大変ありがたいと思います。

日本の近代史学が史学史的にヨーロッパから時代区分を導入したというのを短絡的に理解するのはおかしいというのは私もそのとおりだと思いました。日本における「国史」というものが一国中心で歴史を時代区分しようという形であるとすれば、やっぱりちょっとまずいかなという気もいたします。

ただ、先ほど何人かの方が言われたけれども、ヨーロッパの基準を例えばアジアに、また日本も含めて、そのまま当てはめるのがいいかどうかということも考えます。グローバルな時代区分も必要だと思うのですが、一方でアジアあるいはアフリカの時代区分をどう考えるかというときに、やっぱりヨーロッパの概念をそのままに持ってくることは、難しいのではないか。

例えば私が研究したところでは都市の概念が東西ではやっぱり全然違って、ヨーロッパの都市概念をそのままアジアで持ってくるのはちょっとまずいかなということを考えているものですから、時代区分についてもグローバルであってほしいということと、一方やっぱりそれを当てはめていいのかなという感じがします。

その点では、交通の発達によって実態として世界の結びつきが強くなってきたというところから一体としての理解というのができると思います。そうすると、近代と前近代という一つの時代区分しか残らないのかなという感じがしなくもないのですが。そのあたりのことは、今すぐにこうだということは言えるわけではないんですけれども。

それからもう一点、近畿を貶める歴史観みたいなのはあんまり私は考えたことはなかったんですが、今の教科書ではそういう書き方はしてないと思います。また、中世でもちゃんと京都のことは書いていると思うし、近世も三都と称して、江戸だけだとか言ったりしてなくて、大坂、京も扱っていると思うのですけれども。

ただしやっぱり古代、中世、近世、近代というのは書かれているんですよね。さっき中村さんが言われたけれども、近代の史学史だけじゃなくて、もっと遡った形で形成されてきた時代の観念みたいなものがありました。そうした蓄積に、近代になってからのヨーロッパの歴史学、あるいはマルクス主義の歴史学が持ちこんできたものがリンクして、日本史の時代区分が何か混然とできている。

それは必ずしも、近世の歴史家あるいは近代でヨーロッパの歴史学を輸入した人、そしてマルクス主義の歴史学に拘束されているということではないような気もしているんです。例えば文書のあり方を見ると、公式様・武家様だとか、いわゆる中世文書と近世文書とで違いが認められます。

そのあたりのことに関しては、たしかに便宜的に使っているという感じはちょっとします。それをもう一度、設定を再検討しなさいというのはやっぱりそのとおり、おっしゃるとおりだなというふうには思います。

それに加えて、先ほど何か日本史の近世の影響を受けてドイツでも近世史みたいなものを設定し始めたみたいなお話をなさったんですが、逆に、日本史学における今一般的な時代区分というのがどう受け入れられるのかというのをむしろ世界へ発信して叩いてもらうようなことをやらないといけないんじゃないのかということを強く感じました。つまり、世界史を受け入れるだけじゃなくて、日本史学が今常識だと思っているものがどうなのかということをむしろ世界史に訴えかけていかなくては、試していかなくてはいけないんじゃないのかなということをちょっと考えました。

井上　よく私の素人のこんな議論におつき合いいただいて本当にありがとうございます。日本史が世界史に訴えかけるというのはこの研究所の使命でもありますし、今後十年間、倉本さんがそのために大いに働いてくれると思います（笑）。

交通機関の発達による世界史の一体化は、私も進行していると思います。と同時に、地球気候学がこのごろ唱えている紀元前後から三世紀、四世紀、五世紀あたりの寒冷化、これによって北方の異民族が暖かい方へ行き、南の方にあった帝国を壊していくという趨勢も、少なくともユーラシアにまたがる世界史ではあるかなと思います。日本の国の成り立ちもこの余波を被っているようには思います。だから、その意味でグローバルな時代区分はあり得ると思います。

京都はそんなにひがまなくてもいいのかもしれません。私が最近ひがんだのは「平清盛」という大河ドラマでした。あの番組は追剥と海賊だけに関西弁をしゃべらせている。そこには違和感を持ちました。別に摂関家と清盛に京都弁をしゃべらせろとは言いません。もう標準語でいいと思います。全員標準語でいいと思いますが、どうして追剥と海賊だけを関西弁にさせるんだという、そこに中央のイデオロギーを感じました。恐らく関東地方の人は追剥がしゃべる関西弁に何の違和感も持たないのだと思います。そうだろうと思うとますます憤りの感情が出てくるという、まあわかってはもらえないのかもしれませんが、それはまあ私の気持ちです。

倉本　ありがとうございました。今度、Hに会ったら言っておきます。

それでは、歴史学会の人がいかに優しい人たちかというのがよくわかっていただいたと思いますので、それでは「『日本に古代はあったのか』をめぐって」を終わらせていただきたいと思います。

補記　この後、解析室（通称「畳部屋」）で数時間にわたる議論が行われ、その後、日文研ハウスのラウンジで数時間にわたる議論が行われたが、残念ながら録音していなかったため、割愛することとする。

「おわりに」に代えて　日文研と歴史学会

倉本一宏

一九八五年に「国際日本文化研究センター」設立構想が公にされ、翌八六年に設立準備室が発足すると、歴史学関係の各学会では、これに反対する運動が沸き起こり、「声明」の発表が相次いだ。

歴史学研究会は「広範な学会《（ママ）》の総意を結集できるような民主的な設立準備体制《（ママ）》を再構築するように強く要求」し（『歴史学研究』五六五、一九八六年三月）、日本史研究会は計画の「白紙還元を重ねて要求」し（『日本史研究』二八四、一九八六年四月）、考古学研究会は構想の「白紙還元・再検討」を強く求め（『考古学研究』一二九、一九八六年六月）、歴史科学協議会は「衷心からの危惧と憂慮を表明するとともに、同センターの今後の展開において、適宜私達の態度をあきらかにしていくこと」を決意している（『歴史評論』四三九、一九八六年十一月）。

また、日本歴史学協会には「「国際日本文化研究センター」特別委員会」が設置され、「同センターの動静把握とその対応に努め」、その結果、「埴原和郎氏が研究調整主幹であることが判明」したとの由である（『歴史学研究』五七八、一九八八年三月）。

一九八六年十二月十三日には専修大学神田校舎においてシンポジウム〝「国際日本文化研究センター」の現状と問題点〟が開催されている（『歴史評論』四四二、一九八七年二月）。ここでは約八〇の学会と日本学術会議の歴史学研究連絡委員会委員・日本歴史学協会委員に参加を呼びかけた結果、一三団体、四二名の参加を得た。吉田伸之・宮地正人氏が問題提起を行なわれ、加藤幸三郎・黒田俊雄・直木孝次郎・桜井清彦氏が発言されている。それにしても、関西から黒田氏や直木氏が参加されているというのは、この問題に対する関心の高さを示しているものと言えよう（八〇の学会等に呼びかけて参加が一三団体というのは、いささか少ないような気もするが）。

その後も日本史研究会は、センターで国際研究集会が開かれる度に「オブザーバー」参加し、その報告を載せている（『日本史研究』三一三、一九八八年九月、『日本史研究』三二八、一九八九年十二月、『日本史研究』三三五、一九九〇年七月）。

これらの学会が国際日本文化研究センター（日文研）の設立に危惧の念を懐いたのは、日本史研究会の「声明」に端的に集約されている。第一に、計画が「当初から一握りの人々だけの見解を基礎に作り上げられようとしたもの」で、日文研が推進しようとしている共同研究も「学問として最小限必要な科学性と実証性とから離れ、単なる〈思いつき〉か、低俗な実用主義に陥りかねないし、その主張者は〈独善〉と〈思い上がり〉の誹りを免れない」点、第二に、日文研の組織が「果たして研究機関としての自主的・民主的で、真に構成員の創意《（ママ）》を結集する組織的保障《（ママ）》が得られるものかどうか、大いに疑問が残る」点、第三に、計画全体の推進が梅原氏や上山氏らの、いわゆる「日本学」に基づくものであることは一目瞭然としたうえで、この「日本学」が日本文化の国際的・学際的・総合的研究の方法・視角として、大方諒解《（ママ）》を得ているわけではない点である。そして中曽根内閣が進めてきた「新たな国家主義による国民の統合を促すための、いわばその理論的・思想的中核をつくりだすという、きわめて強い政治的役割と使命とをこの計画に期待している」として、その政治利用への「重大な懸念」を表明している。

考古学研究会はさらに、新納泉氏の「展望」を載せている（新納泉「「国際日本文化研究センター」構想と「梅原日本学」」『考古学研究』一二九）。「梅原日本学」の問題点を詳しく分析され、「もはやこれは学問とは言い難い」と結論付けられ、「(梅原氏が)首相の宣伝に一役買っているのを見るとき、本当に人間とは恐ろしいものだと感じざるをえない」とされたうえで、井尻正二氏の文章を引き、「戦争は、財閥や軍閥だけがおこすのではなく、科学者も文化人ている。

も、その責任の一端をになっている、という反省が、今ほど必要なときはないのではないだろうか」と締めくくられている。

なお、先に挙げた「シンポジウム」では、宮地氏が、「創設準備室長梅原猛氏の学者としての資格」を指摘され、梅原氏が「国立大学共同利用機関の長等の選考基準（七七年文相決裁）『人格が高潔で学識がすぐれ』に適合しない」ことを問題とされている。

私はこの頃は博士課程の学生で、日文研が京都に設立されるということは薄々聞いていたが、二〇〇八年五月に突然、井上章一氏から来た手書きの手紙によって、勝手に古代史の人事が進められ、その結果、私が教授に決まった旨を知らされるまでは、日文研が京都のどこにあるかも、どんな教員がいてどんな活動をしているかも、まったく知らなかった。樫原廃寺や高野新笠墓や「酒呑童子の首塚」は訪れてはいたものの、近辺に巨大な研究所ができつつあることには、まったく気付かなかった。

一九八七年といえば、日本史研究会大会の虎尾達哉氏の報告「律令国家と皇親」の報告批判をせよとの命を受け、はじめて十一月の日本史研究会大会に出席し、大会報告批判を書いたのであるが（「一九八七年度日本史研究会大会報告批判・『律令国家と皇親』について」『日本史研究』三〇九、一九八八年五月）、まさかその頃、日本史研究会が日文研批判を行なっているとは知らなかった。そういえば、歴史学研究会でも、この年に古代史部会で「議政官組織の構成原理」という発表を行なっている。

わずかに一九八〇年代の末に、ある老大家が、「村井君（村井康彦氏）もあんな所に行っちゃって」とこぼしていたのを聞いたのをかすかに記憶しているが、要するにその頃の私は、歴研も日本史研も日文研もあまりよく知らない、時勢に疎い学生だったのである（今でもあまり変わるところはないが）。

二〇〇九年に日文研に就職し、内部に身を置くようになってからは（かつて在職者が「判明」した研究調整主幹も務めた）、各学会が批判した内容について、御説ごもっともと感じる部分もあるし、それは違うんではないかと思う箇所も多い。各学会にしても、完成された日文研を見て批判しているのではなく、主に設立構想時の書類を見て、また当時の内閣への批判とリンクさせて批判しているのであるから、しばしば的外れな批判を行なっていても、致し方のないところであろう（それでも当たっている点も多いのは、慧眼と称すべきか）。

ただ、「特別委員会」まで作って動静を注視し、あれほど激しく批判したのであるから、設立以降の日文研の動静にも関心を持っていただきたかったし、そろそろ創設三十年を迎える日文研に対して、現時点での評価を下してくださってもいいのではないかという気もする。だいたい、「委員会」はその後、どうなったのであろうか。不明にして誌面からは探すことができなかった。なお今回、各学会誌の日文研批判のコピーを井上さん（ただ一人の設立時からのメンバーで、現副所長）に見せたところ、「昔は気に掛けてくれてたんやねえ」と感慨深げであった。

なお、日文研内部から見た設立時の様子は、猪木武徳他編『新・日本学誕生 国際日本文化研究センターの25年』（角川学芸出版、二〇一二年）に詳しい。資料編として、『国際日本文化研究センター25年史・資料編』（非売品、二〇一二年）もある。

というわけで、日文研に就職して二十五年史編纂に関わるようになり、設立当初の歴史学会との関係を知るようになってからは、務めてこれらの学会と良好な関係を築くように心掛けている（つもりである）。日本史研究会では、古代史部会や歴史学入門講座で何度も発表しているし、歴史学研究会古代史部会の新年会の研究発表も行なった。かつて日本史研究会の「若手」として日文研の動静を探りに来ていた方も客員教授にお招きし、共同研究を主宰していただいている（彼は実は当時、日文研の助手の公募に応募していたことが「判明」したのだが）。

このシンポジウムも、その一環という意味付けも、無理にやろうと思えばできなくもない（第一義的には、仲のいい研究者と語り明かしたいというのが動機であることは、言うまでもないが）。要するに、様々な手段を使って、日文研の実状に係る認知度を、特に東日本で高めたいのである。かつてもっとも先鋭に対立した歴史学会から、まずは良好な関係を構築していきたいものである。

「おわりに」に代えて、いささか想いを述べてみた。

編者・執筆者紹介（執筆順）

佐藤　信（さとう　まこと）：編者、はしがき　執筆
1952年東京都生。東京大学大学院人文科学研究科国史学専門課程博士課程中退。博士（文学）。東京大学大学院教授。日本古代史。『出土史料の古代史』東京大学出版会、2002年。『古代の遺跡と文字資料』名著刊行会、1999年。『木簡から読み解く平城京』NHK 出版、2010年。

倉本一宏（くらもと　かずひろ）：編者、はじめに・「おわりに」に代えて　執筆
1958年三重県生。東京大学大学院人文科学研究科国史学専門課程博士課程単位修得退学。博士（文学）。国際日本文化研究センター教授。日本古代史。『蘇我氏—古代豪族の興亡』中公新書、中央公論新社、2015年。『平安朝—皇位継承の闇』KADOKAWA、2014年。『藤原道長の日常生活』講談社現代新書、講談社、2013年。

加藤謙吉（かとう　けんきち）：編者、第１章　執筆
1948年三重県生。早稲田大学大学院文学研究科史学専攻博士課程単位取得満期退学。博士（文学）。成城大学・中央大学講師。日本古代史。『ワニ氏の研究』雄山閣、2013年。『秦氏とその民—渡来氏族の実像』白水社、2001年（新装版2009年）。『日本古代の王権と地方』（編著）大和書房、2015年。

*　*　*

三舟隆之（みふね　たかゆき）：第２章　執筆
1959年東京都生。明治大学大学院文学研究科史学専攻博士後期課程単位取得退学。博士（史学）。東京医療保健大学准教授。日本古代史。『日本古代地方寺院の成立』吉川弘文館、2003年。『日本古代の王権と寺院』名著刊行会、2013年。『浦島太郎の日本史』吉川弘文館、2009年。「『日本霊異記』地方関係説話形成の背景—備後国を例として」『日本歴史』758号、2011年。

宮川麻紀（みやかわ　まき）：第３章　執筆
1983年東京都生。東京大学大学院人文社会系研究科日本文化研究専攻（日本史学）博士課程単位取得満期退学。博士（文学）。帝京大学専任講師。日本古代流通経済史。「八世紀における諸国の交易価格と估価」『日本歴史』778号、2013年。「日本古代の交易価格と地方社会—国例の価を中心に」『史学雑誌』121編12号、2012年。

久米舞子（くめ　まいこ）：第４章　執筆
1982年東京都生。慶應義塾大学大学院文学研究科史学専攻後期博士課程単位取得退学。国際日本文化研究センター技術補佐員。日本古代史。「平安京都市民の存在形態—道々細工を中心として」三田古代史研究会編『法制と社会の古代史』慶應義塾大学出版会、2015年。「平安京『西京』の形成」『古代文化』64巻３号、2012年。「松尾の祭りと西七条の共同性」『日本歴史』742号、2010年。

中村友一（なかむら　ともかず）：第５章　執筆
1972年埼玉県生。明治大学大学院文学研究科史学専攻博士後期課程修了。博士（史学）。明治大学専任講師。日本古代史。『日本古代の氏姓制』八木書店、2009年。「地方豪族の姓と仕奉形態」。加藤謙吉編『日本古代の王権と地方』大和書房、2015年。「恩智神主氏について」『日本古代学』４号、2012年。

河内春人（こうち　はるひと）：第６章　執筆
1970年東京都生。博士（史学）。明治大学大学院文学研究科史学専攻博士後期課程中退。明治大学・中央大学・立教大学・大東文化大学・首都大学東京兼任講師。日本・東アジア古代史。『日本古代君主号の研究』八木書店、2015年。『東アジア交流史のなかの遣唐使』汲古書院、2013年。

堀井佳代子（ほりい　かよこ）：第７章　執筆
1981年京都府生。同志社大学大学院文学研究科博士後期課程退学。博士（文化史学）。同志社大学嘱託講師。日本古代史。「平安前期の渤海観」『文化史学』63号、2007年。「対渤海外交における太政官牒の成立」『日本歴史』744号、2010年。「節会における列立法」『延喜式研究』28号、2012年。

河上麻由子（かわかみ　まゆこ）：コラム　執筆
1980年東京都生。九州大学大学院人文科学府歴史空間論専攻博士後期課程単位取得退学。博士（文学）。奈良女子大学准教授。日本古代外交史。『古代アジア世界の対外交渉と仏教』山川出版社、2011年。「唐代における僧侶と対外交渉」『日本史研究』615号、2013年。

多田伊織（ただ　いおり）：第８章　執筆
1960年北海道生。総合研究大学院大学文化科学研究科国際日本研究専攻博士課程修了。博士（学術）。皇學館大學・鈴鹿医療科学大学・富山県立大学非常勤講師。日中文化交流史、医学史。『「日本霊異記」と仏教東漸』法藏館、2002年『術数学の射程―東アジア世界の「知」の伝統』（共著）京都大学人文科学研究所、2014年。『「作庭記」と日本の庭園』（共著）思文閣出版、2014年。

井上章一（いのうえ　しょういち）：第３部　基調講演
1955年京都府生。京都大学大学院修士課程工学研究科修了。国際日本文化研究センター教授。建築史、意匠論。『日本に古代はあったのか』角川学芸出版、2008年。『京都ぎらい』朝日新書、朝日新聞出版、2015年。『日本文化事典』（共編）丸善出版、2016年。

【第３部ディスカッサント　＊上記執筆者以外】
藍原有理子（あいはら　ゆりこ）　東京大学史料編纂所学術支援職員
磐下　徹（いわした　とおる）　大阪市立大学文学研究院准教授
黒須利夫（くろす　としお）　聖徳大学文学部教授
リチャード・トランス（Richard TORRANCE）　オハイオ州立大学教授・国際日本文化研究センター外国人研究員
中町美香子（なかまち　みかこ）　国際日本文化研究センター機関研究員

日本古代の地域と交流

二〇一六年五月三一日　初版発行

編者　加藤謙吉
　　　佐藤　信
　　　倉本一宏

発行者　片岡　敦

印刷製本　亜細亜印刷株式会社

606-8204　京都市左京区田中下柳町八番地

発行所　株式会社臨川書店

電話（〇七五）七二一―七一一一
郵便振替　〇一〇七〇―二―八〇〇

落丁本・乱丁本はお取替えいたします
定価はカバーに表示してあります

ISBN 978-4-653-04339-3 C0021